全国高等院校人力资源与社会保障管理专业“十三五”规划系列教材

社会保障学

主　编　许艳丽
副主编　吴春晖

中国商业出版社

图书在版编目(CIP)数据

社会保障学/许艳丽主编.—北京:中国商业出版社,2016.03

ISBN 978-7-5044-9317-0

Ⅰ.①社… Ⅱ.①许… Ⅲ.①社会保障-高等学校-教材 Ⅳ.①C913.7

中国版本图书馆CIP数据核字(2016)第026217号

责任编辑:蔡凯

中国商业出版社出版发行

010-63180647 www.c-cbook.com

(100053 北京广安门内报国寺1号)

新华书店总店北京发行所经销

北京航天伟业印刷有限公司印刷

* * * * *

开本:787×1092毫米 1/16 印张:14 字数:260千字

2016年03月第1版 2016年03月第1次印刷

定价:35.00元

* * * *

(如有印装质量问题可更换)

编写说明

社会保障作为事关全体国民切身利益、构建和谐社会的重大制度安排，在我们国家的政治、经济、社会发展进程中占有着越来越重要的地位。处于经济体制转型阶段的中国，社会保障制度的建立和完善更具有紧迫性，因而它的指导理论、制度框架、政策内容和具体措施，都发生了或正在发生重大的变革。在这样的背景下，社会保障成了高等院校许多专业都开设的基础课程或专业课程，从而客观上需要有合适的教材。本书即是一本高等院校本科层次使用的社会保障专业课程教科书。它按照知识性与思辨性相结合、总结性与前瞻性相结合、理论性与实践性相结合的原则编写而成。

全书共分十三章，全面、深刻地阐述了社会保障的基本概念、基本理论基本规律及主要模式，系统介绍了包括社会保障立法与管理、养老保险、医疗保险、失业保险、工伤保险、社会救助、社会福利、补充保障等在内的各种制度安排。每章均附有思考题，以引导学生把握书中的重点、难点内容，同时增进学生对社会保障理论与实践的了解与理解。本书适合高等院校经济类、管理类、人口与社会学类及社会工作专业师生作为教材使用，同时也适合所有对社会保障有兴趣的人士阅读。

本书由中国劳动关系学院许艳丽（第二章、第三章第一节、第四章、第五章、第十二章、第十三章）担任主编，副主编由武警北京指挥学院吴春晖（第一章、第十章）担任，参加编写的还有上海市金山区政协周欢（第三章第二节、第六章）、中国劳动关系学院公共管理系王祎（第七章第一、二节，第十一章第三、四节）、中国劳动关系学院公共管理系郭鹏（第七章第三、四节）、中国劳动关系学院公共管理系崔钰雪（第八章，第十一章第一、二节）、中国劳动关系学院公共管理系吕茵（第九章）。

本书编写工作能在较短时间内顺利完成，首先得益于众位作者的努力，作为教材的主编，我想借此机会向各位作者的支持与合作表示感谢。教材策划、编写和出版过程中，中国劳动关系学院的杨思斌教授给予了大力支持，在此深表谢意。教材编写中，我们参阅了许多专家学者编写的相关著作和教材，他们的研究成果为我们的工作奠定了良好的基础，借本书出版之机，也表达我们真诚的谢意。中国劳动关系学院研究生贾永青同学，社会工作专业本科班学生王倩、孟雪等同学在资料整理中做了大量工作，在此一并表示感谢。

编写高水平的专业教材谈何容易。参与编写本教材的众位作者倾其所有之力，但是教材中肯定会有一些不尽如人意之处。欢迎高校师生及读者提出批评意见，以期不断修订完善。

许艳丽
2016 年 3 月

目　录

第一章　社会保障概述

第一节　社会保障的概念与内容

一、国内外学者对社会保障概念的理解

社会保障一词源于英文 social security，最早官方使用见于美国 1935 年罗斯福总统签署的一项历史性法案——《社会保障法》。1938 年新西兰也在其相关法案中沿用了该名称。后英美两国于 1941 年签署的《大西洋宪章》、1942 年英国的贝弗里奇报告、国际劳工组织第 26 届大会通过的《费城宣言》，以及 1948 年联合国《人权宣言》也先后使用了该词。1952 年第 35 届国际劳工大会通过的《社会保障公约》，规定了社会保障的基本准则，从此，"社会保障"一词逐渐被有关国际组织及世界各国普遍采用，成为社会安全保障制度的统称。但由于各国的政治、经济、历史、文化和传统存在很大的差异和发展的不平衡，并且各国都是根据本国的国情制定政策，因此各国对社会保障的理解和阐述也不同。

德国是最早建立现代社会保障制度的国家，德国将社会保障理解为社会公平与社会安全，认为社会保障是"为因生病、残疾、老年等原因而丧失劳动能力或遭受意外而不能参与市场竞争者及其家人提供的基本生活保障，其目的是通过保障使之重新获得参与竞争的机会"。该理论主要是将社会保障纳入市场经济体系来考察，将社会保障作为社会公平和社会安全的重要保障。

美国社会保障总署编写的《全球社会保障》中认为社会保障"系指根据政府法规而建立的项目，给个人谋生能力中断或丧失以保险，还为结婚、生育或死亡而需要某些特殊开支时提供保障。为抚养子女而发给的家属津贴也包括在这个定义之中"。

作为西方福利国家代表的英国，在 1942 年由贝弗里奇主持起草的《社会保险及相关服务》报告中，将社会保障概括为"国民在失业、疾病、伤害、老年以及家庭收入锐减、生活贫困时予以的生活保障"。

日本官方在 1950 年社会保障制度审议会上将社会保障界定为"对于疾病、负伤、生育、残疾、死亡、失业、多子女及其他原因造成的贫困，从保险方法和国家直接负担上寻求经济保障途径，对陷入生活困境者，通过国家援助，保障其最低限度的生活。同时，谋求公共卫生和社会福利的提高，以便使所有国民都能过上真正有文化的社会成员的生活"。

前苏联认为社会保障是一种分配关系体系，是"依靠社会为因年老、疾病、残疾等原因而丧失劳动能力，或因某种原因需要物质帮助的公民给予生活保障的分配关系体系"。

国际劳工组织对社会保障的界定:"社会通过一系列的公共措施来向其成员提供保护，用以抵御因疾病、生育、工伤、失业、伤残、年老和死亡等原因造成停薪或大幅度减少工资而引起的经济和社会贫困进行斗争，并提供医疗和有子女的家庭实行补贴"。①

尽管这些国家或组织对社会保障的阐述不同，但在基本含义上存在共同之处，都认为社会保障是国家为了维持经济和社会的发展和稳定，通过立法，以国民收入分配和再分配的形式，为那些丧失劳动能力以及需要特殊帮助的人提供保护，确保全体社会成员的基本生活需要的制度。

在我国，自《国民经济和社会发展第七个五年计划》提出"我国将逐步地建立起具有中国特色的社会主义的社会保障制度雏型"以来，社会保障一词得到广泛使用和深入研究。

对于社会保障的概念，我国的专家学者根据自己的理解和认识对社会保障进行了不同的界定。如:(1)陈良瑾在《社会保障教程》中将社会保障定义为"国家和社会，通过国民收入的分配与再分配，依法对社会成员的基本生活权利予以保障的社会安全制度"。(2)郭崇德认为社会保障是指社会成员因年老、疾病、伤残、失业、生育、死亡灾害等原因而丧失劳动能力或生活遇到障碍时，有从国家、社会获得基本生活需求的保障。(3)郑秉文在《社会保障分析导论》中认为"社会保障是与社会主义市场经济的体制基础相适应，国家和社会依法对社会成员基本生活予以保障的社会安全制度"。(4)葛寿昌在《社会保障经济学》中认为"社会保障是社会(国家)通过立法，采取强制手段，对国民收入进行分配和再分配形成社会消费基金，对基本生活发生困难的社会成员给予物质上的帮助，以保证社会安定的一种有组织的措施、制度和事业的总称。"(5)王全兴认为社会保障是国家为了保障社会安全和经济发展而依法建立的，在公民由于年老、疾病、伤残、失业、灾害、战争等原因而生活发生困难的情况下，由国家和社会通过国民收入再分配，提供物质帮助，以维持公民一定生活水平或质量的制度。(6)方乐华认为社会保障是国家为了维护经济发展和社会安定，通过强制性立法，以国民收入分配和再分配的形式，对全体社会成员的基本生活需要和经济发展享受权予以保障的制度。(7)侯文若认为社会保障可理解为对贫者、弱者实行救助，使之享有最低生活，对暂时或永久丧失劳动能力的劳动者实行生活保障并使之享有基本生活，以及对全体公民普遍实施福利措施，以保证福利增进，而实行全社会安定，并让每个劳动者乃至公民都有生活安全感的一种社会机制。(8)蒋月认为社会保障是旨在保护公民免除因年老、疾病、伤残、失业、死亡或者灾害等原因而遭受损失，并保证其基本生活的各种措施的总称。(9)覃有土认为国家和社会对社会成员在生、老、病、死、伤、残而丧失劳动力或因自然灾害面临生活困难时给予的物质帮助，以此来保障每个公民的基本生活需要和维持劳动力再生产而建立的一种制度。(10)郑功成认为社会保障是国家或社会依法建立的、具有经济福利性的、社会化的国民生活保障系统。在中国，社会保障则是各种社会保险、社会救助、社会福利、军人福利、医疗保障、福利服务以及各种政府或企业补助、社会互助等社会措施的总称。

从上述国内外学者对社会保障下的定义来看，由于研究视角不同，各国社会保障的内容和范围也会有所不同，从而造成不同的学者对社会保障概念的界定的着眼点或强调的重点也不同。有的从经济分配关系着眼，有的则强调社会保险的功能，有的从社会保障法涉及的具体内容方面分析等等。总的来看，对于社会保障的内涵，可从以下几个方面进行界定:第一，

① 国际劳工局社会保障司编著:《社会保障导论》，第3页，管静和、张鲁译，劳动人事出版社，1989。

关于社会保障的责任主体。从历史和实践来看，各国的社会保障制度都是国家和社会通过干预公民生活从而规避和解决各种社会风险，进而保证公民的生存和发展。虽然个人和单位也承担相应的义务，但如果没有国家或政府的支持，社会保障的功能也很难充分发挥。第二，“依法”实施。从各国社会保障事业的发展来看，都是遵守立法先行的原则，通过国家的社会保障法立法来确立社会保障制度。社会保障制度又借助于法律的权威性在社会中普遍实施，从而为全体社会成员提供保障。第三，社会保障实施的目的。不管是分析各国对社会保障所下的现有定义，还是观察社会保障的实践，社会保障都是针对社会成员的生活风险，也即通过预防和解决生活风险来保证社会成员的生活安全，使社会的每个成员达到维持生存所需的社会标准，即保证人的生存权和发展权，这是社会保障的基本目的和主旨所在，也是社会保障追求实现社会公平和社会正义的价值所在。第四，社会保障的对象。社会保障的对象应该是全体社会成员。无论是西方国家，还是国内学界，虽然用词不同，如有的用“国民”“社会成员”，有的用“个人及其家庭”。但其表述实质上都泛指一个国家的全体社会成员，不分男女老少，不分职业身份，不分城市农村，不管是现在事实上处于“贫困”还是将会面临“贫困”，只要其生活遇到了困难，都有权利享受到政府规定的社会保障，在社会保障面前，人人平等。

关于社会保障的外延问题，国内外制度表现出很大的差异性。如英国的《贝弗里奇报告》，将社会保障制度的外延界定为：社会保险、社会互助、自愿保险三大部分。随着社会保障事业的发展，社会保障的外延不断的扩展，如美国，社会保障的外延相当广泛，大小项目共计有 300 余项。

我国对社会保障外延的界定，最早在 1986 年的《中共中央关于制定国民经济和社会发展第七个五年计划的建议》中，明确界定为社会保险、社会救济、社会福利和优抚工作四项内容。1993 年，中共十四届三中全会通过的《中共中央关于建立社会主义市场经济体制若干问题的决议》明确指出：“社会保障体系包括社会保险、社会救济、社会福利、优抚安置和社会互助、个人储蓄积累保障”。学界对社会保障外延的认识也不统一。有的将教育、住房、社区服务、环境保护等项目也纳入到了社会保障的外延中。

在我国生产力相对不发达的国情条件下，非常有必要将社会保障的内容按一定的标准区分开来，以便根据当前的经济条件，分类立法。另外，广义的社会福利和广义的社会保障并没有太大的差别，只是各国采取的用语不同而已——社会福利是英国用语，社会保障是美国用语。而我国目前还不具备发达国家的那种高福利水平，还无法将社会保障等同于社会福利。所以，有必要区分广义社会保障和狭义社会保障，按英国的社会福利概念定义广义社会保障，成为广义的社会保障，而将狭义社会保障的外延限制在社会保险和社会救济两个方面。同时，将英国社会福利定义为广义的社会保障，称之为广义社会福利，而将其中除去社会保险和社会救济之外的内容定义为狭义社会福利。基于这样的分析，狭义的社会保障只针对一般的生活风险，是保障社会成员基本生活需要的行为，而广义的社会保障（等同于广义的社会福利）应包括一切保障全体社会成员生存权与发展的行为和措施，即内容上包括狭义社会福利（简称社会福利）、社会保险和社会救济三个项目，是保障、改善和提高社会成员生活水平的行为。前者主要是维持社会成员的基本生活需要，后者是在生产力较发达，物质条件优越的情况下提高和改善社会成员的生活质量的措施，是一种更高层次的社会服务。从我国目前的国情看，使用广义的社会保障概念为宜。因此，我们将社会保障的概念理解为：社会保障是指国家立法强制规定的、由国家和社会出面举办，对公民在年老、疾病、伤残、失业、生育、死亡、遭遇灾害、面临生活困难时给予物质帮助，旨在保障公民个人和家庭基本生活需要并提高生活水平、实现社会公平和社会进步的制度。

二、社会保障制度的内容

社会保障由社会保险、社会救助、社会福利、社会优抚及补充保障组成。

(一)社会保险

社会保险，是指国家依法建立社会保险基金，通过统筹互济，对参加社会保险的劳动者在丧失或暂时丧失劳动能力时提供经济帮助、确保其基本生活的制度。社会保险包括养老保险、医疗保险、失业保险、工伤保险和生育保险等。社会保险是社会保障制度中最核心的制度。

(二)社会救助

社会救助是指国家和社会对依靠自身努力难以满足其生存基本需求的公民给予的物质帮助和服务的社会保障制度。社会救助的对象是一国国内生活困难的公民，救助的目标是扶危济困，助人自助，促进社会公平与和谐。社会救助是现代社会保障制度的重要组成部分，它体现了浓厚的人道主义思想，也是在现代市场经济社会里，为保障普通公民的生存权而设定的最后一道防线和安全网。社会救助由国家承担全部或主要财政责任，救助基金来源于国家税收。

(三)社会福利

社会福利是指国家和社会通过举办各种福利事业和采取各种福利措施，为社会成员提供基本生活保障并不断提高生活质量的一种社会保障制度。福利基金主要来源于国家税收及社会各方捐赠，其内容包括公共福利制度和特殊福利制度。

(四)社会优抚

社会优抚是针对军人及其家属所建立的社会保障制度，是指国家和社会通过立法对军人及其家属所提供的各种优待、抚恤、养老、就业安置等待遇和服务的保障制度。社会优抚包括物质和精神两个方面。社会优抚具有直接的政治目的，基金主要由政府筹集，社会优抚是特殊的社会保障。

(五)补充社会保障

补充社会保障是基本社会保障制度安排之外的，以非政府主导性、非强制性为特征的各种社会化保障机制的统称，它与政府主导的基本社会保障制度一起，共同构成国民生活保障系统。

补充保障具有“查漏补缺”的功能：为尚未被基本社会保障覆盖的人群提供化解风险的途径；对基本社会保障之外的保障项目进行补充。

第二节　社会保障的原则与功能

一、社会保障制度构建的原则

（一）公平原则

公平原则是社会保障制度的首要原则。社会保障制度中公平原则的体现主要有以下几个方面：

一是保障范围的公平性。平等是公平的基础，因此，社会保障的公平原则首先应表现为平等，体现了社会保障范围的公平性，即任何社会成员不受其地位、性别、民族、职业、贫富等方面的限制，人人都享有社会保障，享有同等的权利，受到同一尺度的待遇，一视同仁。

二是保障待遇的公平性。社会保障一般只为国民提供基本的生活保障，超过基本生活保障之上的需求通常不能从社会保障途径得到解决。如果公民要获得基本生活以上的需求，就应该贯彻“经济责任自负”原则，依靠个人努力，自我保障去实现。例如，我国目前对企业职工养老保险实施的“资金来源多渠道，保障方式多层次”就是很好的说明。

三是保障过程的公平性。社会保障法的公平理念是国家通过运用经济法律手段对部分社会成员的过高收入和社会财富实行直接干预，对社会财富的再分配来实现的。如通过国民收入再分配，从高收入者转移到低收入者，从强者转移至弱者等等，借助政府的力量弥补因市场第一次分配不均产生的贫富分化，缓解因利益分配严重不均而导致的社会冲突，实现社会公平，维护社会整体利益的平衡。社会保障制度对社会公平起着巨大的维护作用，如社会保障为社会成员解除许多后顾之忧，维护着社会成员参与社会的起点和过程的公平；通过社会保障资金的筹集与保障待遇的给付，在一定程度上缩小着社会成员发展结果的不公平。

需要注意的是，我们在强调社会保障要以维护并创造公平的同时，还要注重效率。公平和效率是社会保障理论的核心，就二者的关系来讲，既有相互矛盾的一面，但又有相互促进的一方面。社会保障所追求的公平目标的实现是通过国民收入的再分配实现的 ·种相对公平，这在一定程度上是以牺牲效率为代价的。但公平对效率也能产生积极的影响，如制度的公平会激发人们创造的热情和积极性，从而创造出高效率，相反会导致生产效率低下。社会保障对效率的作用，可以“从人力资本的数量和质量两个方面来保障对经济发展必要的要素收入，从宏观的意义上促进资源的有效配置”。

（二）普遍性与选择性原则

对公民实行普遍的社会保障，是各国社会保障立法共同奉行的一条基本原则。普遍性的含义，在于社会保障法的覆盖范围应包括所有社会成员，强调一切社会成员都有享受社会保障的权利。这也是国家宪法赋予公民的一项权利，即公民在年老、疾病、失业等生活发生困难的情况下，享有从国家和社会获得物质帮助的权利。并且法律面前人人平等，每一个公民在其发生困难时都有权从国家和社会获得物质帮助的权利，而不是一部分享有而另一部分不享有。因此，普遍性原则是符合社会保障制度对社会公平、公正的追求，体现了人类社会的终极目标，从而被许多发达国家所认可。特别是二战以后，西方福利国家的福利政策几乎惠及每一个人，普遍性原则成为西方国家普遍遵守的一项原则。

选择性原则是根据国家财政的承受能力和受保障者的经济收入状况及对社会保障的需求程度，针对不同类型的社会成员有区别地安排社会保障的项目、筹资方式、待遇水平等。与普遍性原则相比，它并不是针对全民的保障，因为人们对社会保障的需求客观是存在差异的，一些国家的地区发展也不平衡，城乡之间的社会经济、文化存在差别，这些都极大地制约了普遍性原则的实践，而选择性原则能够满足社会成员不同的社会保障要求，实现事实上的平等。我国目前社会经济发展不平衡，东、中、西部社会经济发展水平差距很大，特别是城乡之间的经济差别在短期内还很难消除。再加上我国是农业大国，社会保障制度又处于创建阶段，要一下子在全体公民中实现普遍的社会保障，是不现实的。

因此，我国在进行社会保障立法时，应当将普遍性原则和选择性原则有机结合起来，建立起覆盖全体社会成员但城乡处于不同保障水平和层次的新的社会保障制度。为此，一方面要在社会保障法中，承认一切社会成员享有获得相同标准的社会保障的权利，以体现社会保障的普遍性原则；另一方面应坚持城乡一体化原则下的有别原则，制定适合城乡之间、各经济区域之间、各地区之间的社会保障水平和标准。

（三）社会保障水平与经济发展相适应原则

社会保障是国家用经济手段来解决特定社会问题和实施特定社会政策的一项宏观调控措施，它必须与一定的经济发展水平相适应。社会保障水平高于经济发展水平的，势必给经济的发展背上沉重的包袱。如20世纪70年代以后，很多高福利国家的社会保障支出大大超过社会保障基金的增长速度，超过了经济的承受能力，导致财政负担过重，降低了国家的国际竞争力；而如果社会保障水平低于经济发展水平的，不能真正起到保障社会成员的作用，还会引起社会成员的不满，带来不稳定的社会因素。因此，一方面，经济发展水平决定社会保障水平。如前所述，社会保障实质上是一种经济制度，必须以国民收入为物资基础。如果经济发展水平低，国民收入自然就低，用于分配和再分配的物资基础没有了，社会保障也就没有了，所以社会保障的水平受制于经济发展的水平，二者是正相关的关系；另一方面，社会保障水平与社会成员的生活水平也有直接的关系。如经济发展了，社会成员的工资水平提高了，缴纳的社会保险费随之增加，用于分配和再分配的国民收入增加，社会保障水平自然提高。同时，社会成员的生活水平提高，必然要求有相应的社会保障给付，这种要求，也将会影响到国家调整给付标准。最后，社会保障水平也对经济发展产生各种影响。当然，如果社会保障水平与经济发展水平相适应，必定使社会保障发挥其稳定机制的作用，对社会经济产生积极的影响，促进经济稳步增长；但如果高于经济发展水平，会使社会成员依赖它过上舒适的生活，减弱社会成员的勤劳意欲，滋生不劳而获的思想；也会抑制社会资本的积累，进而影响到整个社会的经济发展。另外，一旦经济发展水平降低了，过高的保障水平陷入危机而降下来，必定引起社会成员心理和行动上的反抗，影响社会的安定。

由此可见，社会保障水平是受经济发展水平制约的，而且必须适应经济发展的水平，保障水平与经济发展相适应也就成了社会保障法的另一个基本原则。

（四）强制性原则

现代社会保障制度是由国家强制实施的，从各国社会保障的实践来看，社会保障制度离不开法制，各国都是通过立法将社会保障的各项政策和措施法制化，使它在全国范围内得以实施，社会保障制度的发展过程中每一步都离不开法律的支持，主要表现在：一是将社会保障的各方主体的权利、义务和职责通过法律明确规范。对于未上升到法律层面的国家政策和保障措施而言，公民所享受的保障不是权利，国家对公民的给付也不是义务，充其量是政府的一种福利和慈善。而如果将社会保障以法律的形式确定下来，此时的社会保障就成为公民的法定权利而不再是政府的施舍或慈善。另外，以法律明确规定雇主、雇员及其他人员缴费的义务，否则要负相应的法律责任。如果没有强制性，社会保障制度有可能滑出正常轨道。二是社会保障资金的筹集涉及到国家、企业及其他法人团体与个人的权利义务及经济利益，必须通过法律的强制性保证才能够完成，否则，社会保障制度赖以存在的财政基础就难以稳定。因此，当社会保障体系被确定下来后，就需要借助法律的强制性来保证其有效地运作，也只有在法制的环境下，才能使社会保障有效地运行。

二、社会保障制度的功能

对于社会保障的功能，不同的学者有不同的表述。但从其本质和实践效果出发，其基本功能应当包括稳定功能、调节功能、促进功能和互助功能。

(一)稳定功能

没有社会的稳定，就没有经济的发展和社会的进步，社会稳定是人类赖以生存和发展的前提和基础。个人的生活稳定又是实现社会稳定的前提和基础，如果公民个人的生活稳定得不到保障的话，整个社会稳定的实现将成为空谈。而随着社会经济的进步和发展，各种特殊事件的客观存在，又给人们带来潜在的安全风险如失业、年老、疾病、伤残、生育等，这些风险是客观存在的，并会导致收入丧失以及失去有效的生活保障，如果这些问题不能很好的解决，一些社会成员可能出现对社会、对政府的反叛心理和反叛行为，影响到社会秩序的稳定，进而破坏整个社会经济的正常发展。而社会保障制度通过社会保险、社会救助、优抚安置、社会福利等“消防”措施较全面地消除了影响个人生活和社会生活的不安全因素，从而使个人生活安全和社会生活安全的目标得以实现。因此，社会保障在许多国家又被誉为“社会安全网”和“社会减震器”。

(二)调节功能

社会保障的调节功能表现在政治、经济与社会发展等等各个领域，但在经济领域尤为显著。社会保障调解着国民收入的分配与再分配，以国家立法的形式向高收入者征税，通过社会保障体系按预定的给付原则，根据家庭或个人收入情况，分配给受保障者或有需要者。社会保障起着“经济蓄水池”的作用，在一定程度上避免经济过热或过冷的现象促进国民经济的良性循环。在经济处于高涨时期，社会保障的支出会相应地缩减，社会保障基金的存储规模因此增大，从而减少社会需求的急剧膨胀;当经济衰退，失业率提高，由于失业者不再缴纳社会保险费导致社会保障基金收入的减少，而失业者及经济衰退带来低收入阶层规模的扩大从而导致对社会保障的要求随之增大，社会保障基金支出规模扩大，并在一定程度上促进经济的复苏。

(三)促进发展的功能

市场经济是人类社会历史进步过程中不可逾越的经济发展阶段，而社会保障制度是市场经济建立和发展的必要条件之一。社会保障的促进发展功能主要表现在:首先，社会保障法以立法的形式确立起公民的生活保护体系，使社会成员在遭遇疾病、年老、伤残、失业、受灾等风险而失去基本生活来源时，为社会成员提供物质帮助，消除、摆脱贫困，使其获得生活安全与稳定感，免除生活的后顾之忧，增强其信心，促进人在心理、人格、精神等方面的全面发展。其次，社会保障具有稳定功能，能够保障社会成员在各种风险面前仍然可以安居乐业，有效地缓和乃至消除社会的震荡以及一些潜在的风险，社会保障通过营造的稳定的社会环境促进着经济的发展，同时也通过保障基金的运营直接促进着某些产业的发展。第三，随着市场经济的发展，社会保障制度的完善，能够促使政府有关社会政策的顺利实施，如养老、生育政策。同时日益增多的社会保障项目，也为社会成员提供更多的社会保障服务，增加了就业机会，促使社会成员精神与物质生活水平的提高，使其更加努力地为社会工作。第四，促进劳动力的再生产和动力资源的合理配置。在市场经济条件下，社会成员在其一生中遇上老、病、死、伤、残在所难免，还可能遇上失业、意外伤害，影响身体健康和正常劳动收入，从而影响到劳动力的再生产，社会保障制度的建立则使社会成员在遇到上述情况时可以获得必要物质保障，使劳动力再生产得以顺利进行。

（四）互助功能

社会互助是社会保障制度的一个重要内容。从社会保障制度的本质讲，国家通过税收、缴费、捐献等等多个渠道筹集的社会保障资金，又被支付给受保障者，这种分配机制其实质就是一种风险共担机制，以互助为基石并在互助中使风险得到化解。从社会保障制度的作用来看，在经济发展水平不高，现有的社会保障制度还不能实行普遍性原则的情况下，希望完全的自助或完全的他助都是不现实的，不管是农村还是城市都需要发挥社会互助的功能来弥补社会福利、社会保险等项目的不足，弥补社会救济可能遗漏覆盖的需要。因此强调以互惠为基础，充分发挥社会保障的互助功能，同时发挥社会成员自助与他助的作用，将不仅有利于正确理解社会保障制度的真实面目，也更有利于社会保障制度得到持续、健康的发展。从社会保障的目的和方法来看，无论是考察社会保障的历史，分析社会保障的现有定义，还是观察社会保障实践，都可以发现，社会保障是通过互助实现风险共担、福利共享的，具体方法包括国家的互助、通过社会组织的互助、家庭互助和民间的私人互助，实现预防和解决生活风险来保证生活安全，从而保障人的生存权和发展权的目的。

第三节　社会保障的意义

社会保障作为人类社会久远的福利制度安排，在进入工业社会后，竟然发展到了事关各国国民切身利益，并对许多国家的政党与政治家的前程产生重要影响的客观事物，这是一种历史的必然，其中也蕴含着一些偶然。就像现代社会保障体系中的重要组成部分——社会保险制度不是产生于老牌资本主义发达国家英国，而是产生于较为薄弱的德意志一样，它本身即表明了这种制度受着诸多因素包括经济的、社会的、政治的、伦理的因素乃至本土历史文化和国外榜样的影响等，有时是多种因素综合影响的结果，有时则可能是单一因素影响的结果。

社会保障的意义，主要表现在以下几个方面：

第一，社会保障突出以人为本，彰显人道主义，是人类文明发展进步的重要成果与推动力量。现代社会保障制度强调的是以人为本，其伦理基础是人道主义和公平价值理念，包括面向低收入阶层的各种社会救助项目、面向劳动者的各种社会保险项目、面向全体国民的各种社会福利以及各项具有互助互济、分散风险性质的保障措施，健全的社会保障体系不仅能够解除人们的后顾之忧、保障着人的基本生活，而且实践着缩小社会不公平和维护社会公平等多方面的功能，直接体现了对弱者的重视与照顾以及人文关怀的精神，直接促进着人的全面发展甚至解放了人类自身，是人由家庭人转化为社会人的必要条件，最终必然促进整个社会的和谐健康发展。因此，世界各国在评估社会进步时，普遍将社会保障状况作为十分重要的指标，社会保障制度健全的国家同时也会是社会发展进步水平高的国家。可见，社会保障制度因价值理念的先进性和实践中的巨大功能，对社会文明发展进步有着重要贡献。

第二，社会保障维护并创造着公平的竞争环境，促进着经济社会的正常发展。一方面，社会保障解除了人们的后顾之忧，增强了人的安全感与对未来的信心，从而不仅为人的全面发展提供了制度保障，而且能够帮助遭遇特殊事件的社会成员恢复正常生活并重新投入社会，如医疗保险化解着人们不确定的疾病风险，工伤保险解除了劳动者职业伤害的后顾之忧，各项社会福利又弥补着家庭保障功能的弱化等等，这些问题的解决，客观上消除了个人因不确定事件或意外风险导致的非公平竞争，同时也切断了个人风险转化为社会风险进而转化为社会问题的可能，避免这些问题可能导致的社会危机。另一方面，社会保障还不仅直接提高着劳动者的素质，促进着劳动生产率的提高，而且维系着劳动力市场的一体化，推动着劳动力资源的优化配置。可见，建立健全的社会保障制度，并非仅仅是为了被动地解决某些社会问题，而是作为社会发展与市场经济的维系机制和促进机制发挥作用。

第三，社会保障可以不断增进国民福利。任何社会保障项目的建立，都是受益者福利的直接提升，而健全的社会保障体系则带来社会福利的普遍提升。如住房福利在不损害高收入阶层的住房条件的同时，使低收入家庭也能够有机会获得住房条件的改善；医疗保障因消除了疾病导致贫困的根源，亦是间接提升了人们的福利水平；养老金制度与老年福利事业的发展，更是使老年人所享受到的福利与人类社会的发展进程和人均预期寿命的延长保持了协调。因此，一个国家的社会保障制度健全与否，与其国民福利水平的高低通常呈现正相关的关系。

第四，社会保障能够为其他相关政策的实施提供配套。社会保障是一项基本的社会制度，它作为整个社会结构中的一个系统或一个构成部分，既需要其他政策体系等为之配套（如医疗保险离不开医疗卫生事业的配套，基金式的养老保险制度离不开资本市场的配合），也可以为其他政策体系的实施提供配套。例如，就业问题在相当长时期内都将是中国面临的严峻挑战，要解决或缓和就业问题就需要促进灵活就业，但若没有相应的社会保障制度配合，灵活就业方式就很难被接受，或者被接受也是以损害劳动者的权益为代价的无奈之举等等。因此，国内外社会保障可以促进其他相关政策顺利实施的实践，表明了这一制度的功能还需要重新评估，国家亦需要综合考虑各大政策体系的配合协调，尽可能实现各相关政策相得益彰。

第五，社会保障能够创造就业机会，改良社会产业结构。社会保障是一个庞大的体系，它需要众多的专业人士的参与，从而是能够容纳众多劳动力的新兴部门。如社会保险制度的建立，需要社会保险费的征收与基金管理人员，需要相应的工伤鉴定工作人员，需要相应的基金投资人员，需要相应的待遇给付机构与工作人员；各种社会福利多以提供服务的方式出现，更是需要大量的劳动者参与进来。因此，社会保障事业的发展，既直接创造出大量的就业岗位，也改良着社会产业结构，这一意义应当得到重视。

思考题

1. 如何理解社会保障理论界定的差异？
2. 如何理解社会保障的目标的嬗变？
3. 为什么说社会保障具有多重功能？
4. 社会保障具有哪些基本特征？
5. 社会保障应当遵循哪些原则？
6. 如何理解社会保障的积极意义？

第二章　社会保障制度形成与发展

第一节　慈善事业与济贫制度

一、慈善事业时代

慈善事业时代相当漫长，它可以从不同国家出现自发的、临时性的救灾济贫活动算起，到国家以立法的形式介入社会保障活动时止。

慈善事业时代作为社会保障发展史上的第一个阶段，它的社会背景即是不发达的农牧社会。在这一时期，民族国家逐渐形成并走向巩固，但生产力水平仍处于非常落后的状态，对统治者而言，防御外强入侵与开疆拓土可能是最重要的事业，尽管需要帮助者众，而能够提供帮助者却少，国家更是缺乏足够的财力。因此，各种救灾济贫活动，无论是西方宗教组织开展的，还是古代中国历代统治者开展的，抑或是民间自发开展的，其特色都是取决于举办者的意愿与财力，并非为满足社会成员的需要，从而只是一种随机的、临时的、非常落后的救助活动。

构成慈善事业时代的三大支柱是:宗教慈善事业、官办慈善事业与民间慈善事业。

(一)宗教慈善事业

在慈善事业时代，值得大书特书的应当是宗教慈善事业。西方盛行的各种宗教不仅是当时社会保障思想的重要来源，而且直接指导着各宗教团体的慈善活动，其中尤以佛教、基督教、天主教等对慈善事业的影响最大。一方面，各种宗教教义多将行善列为基本的准则。如佛教教人慈悲为怀，强调以深度的爱护之心予众生以快乐幸福，以深度的同情怜悯之心拔除众生的痛苦，倡导布施、福田、利行等行善方法，并将照拂他人特别是贫弱无依的人的行为称之为“善”，反之就被称为“恶”;基督教则强调爱人如己，并将行善作为《圣经》的基本内容来约束教徒等等。另一方面，教会组织开展的各种救灾、济贫、施医助药等活动，在这一时代成为一些西方国家主要的社会保障方式，并随着宗教影响区域的扩大而扩大到全世界。尽管后来国家政府组织逐渐介入济贫事业和其他社会保障事业，但宗教慈善事业一直未有间断，迄今仍在许多国家或地区发挥着传统的救世济困作用，并构成对现代社会保障制度的有益且重要的补充。

(二)官办慈善事业

所谓官办慈善事业，可以理解为由官方开展但尚未制度化的救济活动。与宗教慈善事业不同，官办慈善事业是以国家的介入并以传统道德及政治需要为基础而产生且得到发展的，这在西方国家有一个渐进的过程，即政府根据需要与实力，在宗教慈善事业不能满足贫弱社会成员的需要时，亦直接出面举办有限的临时性救济活动；而在中国，官办慈善事业则是源远流长，因为中国历史上一直是皇权至上，宗教在社会上的影响一直未能像西方社会那样，势力不大，而贫弱社会成员对救灾济贫的需要便只能由官方来满足。

在中国，历史上最富有特色与创见的官办慈善事业，莫过于仓储后备和以工代赈两种救灾济贫方式。所谓仓储后备，是平时建立谷物积蓄以备灾荒并济贫民的一种古老的社会保障措施，《礼记·王制》中说："国无九年之蓄，曰不足；无六年之蓄，曰急；无三年之蓄，曰非其国也。三年耕必有一年之食，九年耕必有三年之食，以三十年之通，虽凶旱水溢，民无菜色然后天子食，日举以乐。"《礼记·月令》中有"天子布德行惠，命有司发仓廪，赐贫穷，振乏绝"的记述等。至于义仓的建设，自隋唐至明清一直未有间断，并发挥过很大的作用。可见，中国古代统治者很早就有过救灾济贫的实践活动，并一直延续下来。①

在西方，在《济贫法》颁布前，官方介入救灾济贫活动的事例亦不罕见。如早在6世纪末的罗马城邦社会，城邦的市政府当局就曾经用公款和捐款购买谷物，用以无偿分发给丧失劳动能力的人和阵亡将士的遗属或低价出手以平抑物价；在15—16世纪之交的法国，由宗教团体掌握的福利设施亦逐步地为世俗政权所接管，它通常被视为教权衰落、王权兴起的直接反映；在《济贫法》颁布前的英国都铎王朝，甚至通过了一项强制征收济贫税的条例，规定每一教区须对其贫民负责等等。因此，历史上官方参与开展救灾济贫活动，可以视为现代社会保障制度从一产生就由政府充当责任主体或主要责任主体的直接来源。当然，在这一时期的政府介入，并非固定的、经常性的措施，没有法制约束，所提供的救助被看成是一种恩赐行为，且救济活动十分有限，因此，它只不过是举办者的一般改变而已，仍然是与宗教慈善事业性质相同的一种传统意义上的慈善事业，从而不能与现代社会政府举办的济贫事业相提并论。

（三）民办慈善事业

除宗教慈善事业与官办慈善事业外，古代的社会保障活动事实上还有第三极，即由民间人士自发举办的各种慈善活动。民间零星的互助或他助活动，在中外历史上不乏记载。有组织、有规模的民间慈善事业大约是在中世纪以后出现的。且不论欧洲国家，仅看只有200多年立国历史的美国，亦可以发现这种事实。如在1657年，美国波士顿就出现了民间的苏格兰人慈善协会，它由住在该市的27位苏格兰人组成，并开展着多种济贫活动。②

在中国，宋代范仲淹举办的"义田"、朱熹的"社仓"、刘宰的"粥局"，清代熊希龄办的慈幼局等等，均是被史家关注的慈善典型；而迄今仍在香港地区享有很高声誉与影响的东华三院，亦是1851年由部分华人乡绅创办的广福义祠基础上不断发展、壮大起来的民间慈善团体，一个半世纪以来一直为香港有需要的人士提供着医疗与医药救助。③

此外，以互助为基本特征的社会性救助活动亦开始出现。如在中世纪的德国，出现了"基尔特"即手工业者互助基金会，它通过向会员收取会费筹集基金，以帮助那些丧失工作能力又没有土地作为生活依托的手工业会。在18世纪的英国，则出现过很多具有互助性质的

---

① 参见郑功成著：《中国社会保障论》（渊源篇），湖北人民出版社，1994。

② 郑功成著：《社会保障学——理念、制度、实践与思辨》，第120页，商务印书馆，2000。

③ 参见郑功成等著：《中华慈善事业》第二章、第七章，广东经济出版社，1999。

"友谊会"，其形式与"基尔特"类同。中国亦在同一时期出现过各种行会，并开展着具有互助性质的救助活动。

综上，在济贫制度确立前，社会保障实践活动虽然在中西之间存在着极大的差异，但总体上仍可以称为宗教慈善事业、官办慈善事业与民间慈善事业是共生的时代，即可以统称为慈善事业时代。这一时代尽管层次极低，却说明了人类社会对社会性保障机制的需要，以及他助与互助的道德基础，并提供了某些可行的解贫济困方式与手段，从而仍然具有它的历史价值与现实启迪。

二、济贫制度的出现与发展

（一）《济贫法》的颁布与济贫制度的确立

国家通过立法的形式来介入济贫事务，是社会保障发展史上的一个重要里程碑，这个里程碑显然应当以1601年英国颁布《伊丽莎白济贫法》为标志。

在英国颁布《济贫法》前，英国社会处于动荡不安的时期，这一时期人口大量流动，贫困、失业、流浪现象急剧增加，社会陷入极不稳定状态，而仅仅依靠宗教的力量已不能解决当时的诸多社会问题；同时，商品经济的发展，推动欧洲地区进入了民族国家时代，这一时期也开始出现教权衰落、王权兴起的现象，政府亦期望通过逐渐介入济贫事务来加强和发展世俗政权的力量。这样，原来由宗教组织主持的济贫事务，亦不可避免地要部分地转移到政府手中，因此，社会动荡、教权衰落、民族国家，与王权的兴起，是这一时期的特定时代背景。

面对社会的极度不稳定，一些国家便开始考虑采取相应的措施来缓和社会矛盾，促进民族国家的发展，并使王权得以巩固。首先是1572年英国都铎政府通过了征收济贫税的条例，于后才是1601年颁布世界上第一部《济贫法》①；该法将已有的宗教或社会救助活动惯例用法律的形式固定下来，首次由官方划定一条贫困线，对有需要的孤、老、病人进行收容，同时为失业者、贫民小孩提供有限的帮助。

在西方由农业社会向工业社会过渡时期，济贫制度可以说是一种主要的社会保障模式。

（二）济贫制度的发展

英国自1601年颁布《济贫法》后，又于1723年通过了设立济贫院的法律，其目的是强调使穷人"懂得"劳动。1774—1824年，英国议会通过了一系列劳工协议法案；1782年通过了格伯特法，放宽了济贫法的实施范围，缓和了旧济贫法因"惩戒性"救助所造成的某些惨况。到1834年，英国议会又通过了著名的《济贫法修正案》（即新济贫法），它确立了"劣等处置"与"济贫院"规则，实现了减少济贫税的目标，从而赢得了社会上层与中产阶级的欢迎，却因缺乏人道而遭到了下层民众的诅咒。

自英国济贫法颁布后，欧洲其他国家亦开始仿效，如瑞典于1763年制定了《济贫法》，经多次修订而在1871年将救济对象限定为老年人；荷兰于1854年颁布了《济贫法》。

在北美，当时正处于殖民地时代，英国的济贫法很自然地直接影响着该地区的早期社会救助活动。较早的文献记载是马萨诸塞殖民地首任总督翰·温思罗普在1630年写的《基督慈

① 为了与二个世纪后颁布的《济贫法》相区别，历史上称1601年英国颁布的《济贫法》称为"旧济贫法"或"伊丽莎白济贫法"；而将1834年通过的《济贫法修正案》称为"新济贫法"。

善的典范》和1635年写的《日志》，文中即记载了该殖民地议会对某人的救济活动；一些殖民地则通过了类似英国济贫法式的法律，规定每一城镇都要为穷人提供基本的食品、衣着和居住等①。

在中国，历史上并未像英国等国家那样颁布专门的济贫法，但仓储后备经过历代统治者的继承与发展，又确实成为一项用于赈灾济贫的常备制度。

(三)对早期社会保障发展的简要评论

从慈善事业时代的济贫活动到济贫制度的确立，再到现代社会保障制度的建立，凭的是慈悲为怀的道德观念，而强制性的制度安排并通过征税或征费来实现社会保障再分配的目的，值得肯定。正如有研究者所言，“社会福利发展的历史就是从慈悲到正义之路，慈悲是善心是情操，正义是制度化公理，前者无法持久，而后者却可以长久运行。”②因此，济贫制度作为现代社会保障制度产生之前的尝试，具有进步意义。

然而，在漫长的农业社会里，社会保障实践始终处于社会救助型阶段。一方面，社会保障活动限于当时的生产力水平与社会经济发展状态，除有限的济贫活动与仓储后备外，根本不可能建立起社会保障基金，从而只能满足部分社会成员因灾或因其他不幸事件濒临死亡线上时的最起码的社会性保障需求；另一方面，当时的社会结构也比较简单，社会成员被分为统治阶级与被统治阶级两大对立阶级，职业结构亦主要是从事农业生产，因此，除宗教慈善事业与民间慈善事业外，官方的社会保障活动便只是统治者对被统治者实施的所谓“仁政”，其目的还在于防止被统治者无法生存时的反抗。

对这一时代社会保障活动，我们可以作出如下评价：

第一，性质上是居高临下的施舍型。无论是慈善事业时代还是济贫制度出现以后，因为统治者与被统治者的不平等，加之并没有相应的法律制度来规范这种行为，或者虽然有法律制度却完全是有利于统治阶级的，其各种救济活动便很自然地成为统治者对被统治者的一种施舍行为，即灾民与贫民并不天然具有获得救助的权利，他们是否能够得到救助，或这种救助能否解决灾民和贫民的生存危机问题，都完全取决于统治者和实施救助的教会等机构，有时甚至以牺牲人格或接受惩罚为条件。因此，受助者不得不对给予救助者感恩戴德，而救助者则可以驱使受助者，两者处于极不平等的地位。

第二，保障项目极端有限。这一阶段的社会保障项目在世界各国都是极为有限的，并集中体现在救灾济贫项目上。以中国封建社会的社会保障为例，就只有救灾、济贫、优抚等三大项目，其中：救灾项目可以分为赈款救灾、赈谷救灾、以工代赈等内容，它是旧中国社会保障制度中的主体项目；与救灾措施相比，旧中国的济贫措施显得十分薄弱，基本上限于对部分无家可归、无力生存的孤寡残幼进行有限的临时救助，它只能看作是救灾措施的补充。

第三，保障水平极端低下。由于慈善事业和政府济贫都不是固定的、必行的社会政策，加之受限于财力，其保障水平极端低下。如中国古代的救灾，多数情况下是采取赈谷救灾的方略，但赈谷也不过是临时的应急之策；有时大灾发生，官方只在灾民外流路边设置粥棚向流民施粥，解决的只是一顿一天的生存问题。

第四，保障效果不佳。由于身份极不平等，加之项目太少、水平太低，古代社会保障的实

① 郑功成著：《社会保障学——理念、制度、实践与思辨》，第122－123页，商务印书馆，2000。

② Trattner, Walter I. (1989). From Poor Law to Walfare State. US: The Free Press。

践效果也并不佳，甚至难以解决有需要的社会成员的生存保障问题。因此，每当大的灾荒发生，饿殍遍野甚至“人相食”的惨剧多见史载，中外历史上不乏民众因无法生存揭竿而起的实例，从而充分说明了这一时代的社会保障效果是有限的。

可以说，慈善事业时代只能算是社会保障的起源，而济贫制度的确立亦只不过是社会保障由非制度化向制度化发展的一个过渡，它们均因非制度性和非权利性，只能算是社会保障发展进程中的初级阶段。

第二节　社会保障制度产生的背景条件

一、社会保障制度的产生

（一）社会保障制度的萌芽

现代社会保障制度发祥于最早实现工业化的英国，它是以社会救助的形式出现的。

16—17 世纪，英国地主贵族通过大规模圈地运动剥夺农民土地，使大批农民背井离乡沦为乞丐和流浪者。圈地运动改革了英国的土地制度，同时也促进了英国资本主义经济的发展。许多人被迫同自己的生产资料分离，成了不受法律保护的无产者而被抛向劳动市场。为了缓和被剥夺土地的农民的反抗，防止骚乱，1536 年英国颁布法令，让教会承担救助贫农的义务。1572 年开征济贫税，命令审判官任命负责救济事宜的管理人员和监督员。1576 年和 1597 年又两次颁布法令，推广感化院制度。

1601 年，英国政府正式颁布《济贫法》（旧《济贫法》）。它的主要内容有：建立地方行政和征税机构；为有劳动能力的人提供劳动场所；资助老人、盲人等丧失了劳动能力的人，为他们建立收容场所；组织穷人和儿童学艺；提倡父母和子女的社会责任；从比较富裕的地区征税补贴贫困地区。当时英国政府所提供的保障，主要是就业保障和财政补贴，兼有强迫劳动和福利救济的性质。这种保障形式是与前工业化社会结构和当时的生产力发展水平相适应的。

18 世纪，圈地运动经议会批准合法化，使贫农大量增加。1723 年为减轻教区救济金负担，英国政府颁布法令要求各地设立救济院，同时也进行院外救济。19 世纪初，随着产业革命的深入，工业资产阶级政治力量不断壮大，终于在 1832 年掌握了政权。由于济贫费用逐年增加，财政负担不堪重负。为此，英国议会根据 1817 年和 1832—1834 年的《济贫法》调查委员会的报告，于 1834 年通过了《济贫法》修正案。这就是英国社会保障史上重要的新《济贫法》。新《济贫法》的主要原则是：保障公民生存的义务，认为救济不是消极行动，而是一项积极的福利举措，并经过专门训练的社会工作人员从事此类工作。

新《济贫法》对于贫民实行社会救济，安定了社会秩序，对英国在 19 世纪的大发展做出了贡献，也为欧洲其他工业化国家建立社会保障制度提供了制度借鉴。其他欧洲国家在土地革命后，也都实行了与英国类似的贫农救济计划，如瑞士在 1847 年和 1871 年制定了《济贫法》，法国则发布了一些济贫法令。欧洲的济贫法采取了由政府出面强迫贫民劳动与救济相结合的原则，使社会团体实施的慈善救济转化成为以国家为责任主体的政府救济，其实质是慈善救济的发展，是宗教团体区域慈善救济的扩大化，是国家对全国范围内的普遍慈善济贫。国家被推进了承担社会保障责任的历史阶段，并为社会保障制度确立了国家承担最终责任的原则。

(二)社会保障制度的诞生

19 世纪 80 年代，伴随着工业革命生产社会化的发展和市场经济的建立，社会保障制度进入质的飞跃阶段，其标志是作为社会保障制度的基本项目——社会保险事业出台。从此，社会保障开始制度化。

德国是第一个建立社会保险制度的国家。19 世纪 80 年代，当时执政的俾斯麦政府颁布了一系列法令:1883 年，颁布了《疾病社会保险法》;1884 年，颁布了《工伤事故保险法》;1889 年，颁布了《老年和残障社会保险法》。德国先于其他走上工业化道路的国家制定并实施社会保险制度，有其深刻的历史原因。

一是德国工人运动的迅猛发展。19 世纪下半叶，马克思主义在工人群众中传播开来，德国工人阶级为了争取自己的经济利益和劳动利益，与资产阶级展开了不屈不挠的斗争。他们一方面强烈要求政府当局实施保护劳动权益的社会政策;另一方面自发地组织各种互助互济的民间组织。德国统治阶级为了缓和工人运动，也为了瓦解工人群众的各种自发组织(包括互助互济的基金会在内)，被迫推出带有强制性的社会保险制度。可见，工人运动成了社会保险事业出台的催化剂。

二是为了加快工业发展和对外扩张。当时的首相俾斯麦认为，若要达到加快发展和谋求欧洲霸主地位的目的，必须安抚好国内的工人群众，调和好劳资关系，实施一整套社会政策，其中包括社会保障政策。

三是德国新历史学派的出现。新历史学派又称讲坛社会主义学派，它鼓吹劳资合作和实行社会改良政策。

德国社会保险法规的诞生，使得奥地利、瑞典、匈牙利、丹麦、挪威、英国、法国、罗马尼亚、卢森堡等欧洲国家也先后实施了单项或几个项目的社会保险制度。资本主义发展最早的英国，在 19 世纪末和 20 世纪初颁布了《公共健康法》《失业工人法》《教育法》《退休金法》《劳工介绍法》等一系列法规。1911 年颁布的《国民保险法》是英国第一部社会保险立法。

这样，在 20 世纪初，德国、英国以及其他欧洲国家普遍实行了社会保险制度，表明社会保障制度在欧洲大陆已经确立。

社会保障制度由社会救助中萌芽，以社会保险为主干，继续向外扩展，它以美国 20 世纪 30 年代颁布世界上第一部《社会保障法》为标志，终于使社会保障形成了比较完整的经济社会制度。

(三)社会保障制度的形成

社会保障体系，是指国家通过立法对社会成员给予物质帮助所采取的各种相互独立而又相互联系的各项社会保障子系统的总和。简言之，也就是由各项社会保障子系统所构成的社会保障整体。各国普遍建立社会保障体系是在 20 世纪 40 - 60 年代。

20 世纪下半叶，英国首先宣布建成公民“从摇篮到坟墓”均有保障的“福利国家”。接着西欧、北欧、北美洲、大洋洲、亚洲的发达国家都陆续宣布实施“普遍福利政策”，社会保障制度进入充分发展阶段。

在社会保障发展史中，第二次世界大战可以作为一个分水岭。社会保障在战前往往是各国为了缓和劳资矛盾的一种应急措施;而战后则变成各国政府稳定经济和社会的一种战略性的长远政策。第二次世界大战结束后，美、英等主要资本主义国家，都是在凯恩斯理论的影响下，纷纷宣告将实现“充分就业”作为制定经济政策的目标，同时实施扩大社会保障支出的政策。战后为了医治战争创伤，恢复经济，安置伤残人员，促进社会稳定，欧美国家进一步以政府名义加强了社会保障制度，并作为长期发展战略的重要组成部分。在这种背景下，比利时于1944年建立了疾病与失业保险，澳大利亚于1944年建立了失业与疾病保险，英国、法国于1946年建立了工伤保险，瑞士于1946年建立了老年保险，日本于1947年建立了失业保险，荷兰于1949年建立了失业保险。

前苏联建国后，认为沙俄时期建立的工伤和疾病保险范围太窄，待遇太差，于是在列宁的领导下建立了以国家保障为主体的社会保障体系。二战后，东欧、中国及亚洲社会主义国家纷纷仿效苏联模式，建立起社会保障体系。与此同时，亚非拉发展中国家也普遍建立起社会保障制度。社会保障已成为全世界各国共同采取的经济社会基本制度之一。

二、社会保障制度产生的经济条件

(一)社会化生产

在社会化过程中，由于机械化程度的提高，劳动方式的转变，工人的伤残、事故、职业病等事件时有发生。工人患病或伤残后，靠本人工资无力医治，失去劳动能力后连基本生活都难以维持。现代化生产过程中专业化分工和协作的劳动组织也促使劳动力过早地退出生产领域。因而提出了疾病、伤残、事故、养老等社会保险问题。同时，由于技术的进步和机器的普遍采用，资本的有机构成提高，对劳动力的需求相对减少，产生了劳动力的相对过剩，造成工人失业，使劳动者暂时失去生活来源。伴随着市场经济的发展，必然会扩大分配上的差距。这些都需要社会保障发挥其特殊的作用。

(二)家庭保障职能退化

在农业社会中，家庭既是消费单位，也是生产单位，同时又有教育、养老和生育功能。在社会化大生产条件下，家庭由生产实体转变为消费实体，家庭的保障功能缩小了。家庭功能的变化，使传统的保障方式在不同程度上逐渐失去了存在的基础。同时，社会化生产的发展，也意味着劳动力的再生产必须社会化，生活社会化的组织程度也在逐步提高，教育、卫生、城乡生活服务等都逐步成为社会的公共事业，走上了社会化发展的进程，成员的个人需求往往成为一种社会的需求，于是便产生了保障社会化的要求。

(三)社会财富大量增加

社会生产力的发展带来了物质财富的丰厚，人们的需求呈现着内容多样化和水平不断上升的趋势。基本生活需求已不仅仅是生存活命的要求，“温饱”也在不断地改变着它的标准。社会成员的保障，从对象、内容到标准等各方面都必须置于全社会来衡量和决定，每个人需要满足的程度和生活水平必须和社会平均的水平相近。只有这样，才能保证个人与社会的需求结构大体平衡，合理的需求水平不断提高。社会财富的增加不仅为社会成员的社会保障奠定了物质基础，也规定了必须采取社会性保障的形式来利用这些社会资源。

三、社会保障制度产生的社会政治条件和思想理论基础

（一）社会保障制度产生的社会政治条件

社会保障的产生也是无产阶级长期斗争的结果。社会生产力的发展和生产社会化程度的提高，只是产生社会保障的经济条件。有了这些条件，社会保障制度并不会自发产生。经济利益的分配和社会权利的分配，都取决于社会各阶级、各集团力量的对比。可以说，工人的坚决斗争是把社会保障制度产生的可能性变为现实性的决定性因素。随着机器生产的进一步扩大，工人为争取社会保障的斗争日益激烈。19 世纪 70—80 年代，无产阶级为争取自己的经济政治权益而形成一支独立的政治力量。最先实行比较全面社会保障制度的国家是俾斯麦执政时期的德国。19 世纪的德国无论是在工业化的规模还是在社会对于现代社会保障的需求方面都不能和英国相比拟，但是，如果观察德国当时的社会政治条件就不难发现，正是德国具备率先实行国家社会保障的社会政治条件。19 世纪下半叶的德国，无产阶级组织力量相当强大，成为以俾斯麦为代表的容克资产阶级必须正视的政治力量，先后采取了一些改善工人生活境遇的措施，从而在国家法律和制度上确立了德国的社会保障制度。当然，社会保障具有缓和阶级矛盾，维护社会安定，并在一定程度上保证为资本主义生产提供数量和质量上合乎社会化生产要求的劳动力的作用，所以资产阶级政府在政治上支持社会保障的发展。

（二）社会保障制度产生和发展的思想理论基础

社会保障制度是市场经济发展的需要，有它存在的理论基础。

1. 德国新历史学派的福利国家理论，为社会保障制度赖以产生的直接理论基础

19 世纪末，面对资本主义社会矛盾日益尖锐、工人阶级反对资产阶级的斗争日益高涨的形势，社会改良思潮兴起，一些学者提出了在不改变资本主义生产关系的条件下，由政府通过立法，实行某些社会政策，提高工人的物质文化生活水平，以缓和阶级矛盾、维护现存统治的主张。在这种情况下，施穆勒、布伦坦诺等德国新历史学派的代表人物提出了福利国家理论。他们对传统的经济学理论进行了修正。新历史学派所谓的福利，就是通过国家的活动，举办一些公共福利事业，间接地对收入实行再分配，以缓和、协调当时的经济矛盾。

2. 英国经济学家庇古的《福利经济学》，为社会保障制度提供了公平化原则

庇古在《福利经济学》一书中，特别强调两个基本观点：国民收入总量越大，福利也就越大；收入越平均化，福利越大，两者都会使社会福利得到增进。凡能增加国民收入总量而不减少穷人在国民收入中所占的份额，或者增加穷人在国民收入中的份额而不减少国民收入总量，都意味着社会福利的增进。为使国民收入总量达到极大值，就要采取资源最优的配置，为此他提出了国家采取最适度的配置措施。

3. 凯恩斯经济理论，是第二次世界大战后西方国家制定经济政策和重建社会保障制度的理论依据

英国经济学家凯恩斯于 1936 年发表了《就业、利息和货币通论》，其基本观点是：社会就业量取决于包括消费需求和投资需求在内的有效需求。有效需求，是指商品总供给价格和总需求价格达到均衡时的总需求。而有效需求的大小，又主要取决于三个基本心理因素，即“消费倾向”、“对货币的灵活偏好”和“对资本资产未来收益的预期”。资本主义社会之所以存在失业、萧条和出现“富裕中贫困”的现象，就是这些心理因素作用造成的有效需求的不足。

凯恩斯从“有效需求”不足的观点出发，认为必须抛弃传统经济学的自由放任原则，提出通过国家干预、扩大公共福利支出和公共基础设施建设等措施刺激需求增长，实现充分就业；还提出了建立累进税制和最低工资制等观点。凯恩斯的理论取代了经济自由者的理论，对社会保障的发展具有深远的影响。

4. 贝弗里奇计划，成为社会保障思想发展史上的一个里程碑

1942 年，英国的贝弗里奇勋爵着眼于重建战后和平、使英国永获安全感的长远安排，经过周密的调查研究，提出了一份关于社会保险和社会服务的长篇报告，制定了一整套对英国全体公民实行福利制度的指导原则，设计了“从摇篮到坟墓”的福利措施。《贝弗里奇报告》建议社会保障计划应包括：社会保险——满足居民的基本需要；社会救济——满足居民在特殊情况下的需要；自愿保险——满足那些收入较多的居民较高的需要。《贝弗里奇报告》对英国、欧洲乃至整个世界的社会保障思想的发展和制度的建设具有重要意义。

第三节　社会保障发展的经验、教训与改革

一个世纪以来，现代社会保障事业在各国得到了普遍的发展。从 19 世纪 80 年代社会保险产生，到 20 世纪 90 年代，全世界不同程度地建立了现代社会保障制度的国家已经发展到了 170 多个。这些国家在发展本国的社会保障制度时，既都取得了相当的成就，也不同程度地存在着一些问题。总结社会保障制度发展实践中的经验与教训，对社会保障制度的改革与发展，显然大有裨益。

一、社会保障发展的国际经验

一般而言，与社会经济发展相适应、协调发展和多样化发展，既是社会保障制度的客观发展规律，也是社会保障制度在各国发展实践中的重要经验。此外，各国社会保障制度的发展经验还有着如下几点：

第一，尊重本国的国情。鉴于西方国家社会保障的发展实践中出现的有关问题，以及这些国家的社会保障制度总与其国情具有千丝万缕的关系，它不可能被照搬到其他国家。发展中国家在建立自己的社会保障制度时，亦不再单纯仿效已有的社会保障模式，而是尊重本国的国情，努力探索着适合本国的社会保障道路。如新加坡的公积金制度、智利的养老社会保险由私营机构管理等，虽然同样不能成为其他国家的现成模式，但它至少表明了对这些国家具有较强的适应性，从而被认为是较为成功的探索。一些发达国家也在不断地研究着发展中国家的做法，同时更加全面地检讨以往的社会保障制度，并根据本国发展变化了的情况进行着改革或修订。因此，在尊重本国国情的基础上互相参考、互相借鉴，正在成为各国社会保障制度发展实践中的普遍性经验。

第二，追求长期稳定、协调、和谐发展。从“惩戒术”到“怀柔术”，从为统治者服到为社会长期稳定、协调、和谐发展服务，从只救助不幸者到成为共享人类发展直至成为重大制度安排，社会保障制度确实走过了不平凡的发展历程。发展到现阶段，越来越多的国家将社会保障制度视为国家长期稳定、协调、和谐发展的重大战略，并通过及时修订立法和完善社会保障政策来促使社会保障制度更加完善化。如有的工业国家的社会保障财政危机因社会保障政策

的及时调整而得到了缓解，一些发展中国家加快了滞后发展的社会保障制度建设步伐，客观上均有助于促进整个社会经济长期稳定、协调、和谐地发展，而社会保障制度也在一些国家以更新的姿态迈上了可持续发展之路。因此，社会保障制度的建立，不仅需要考虑其在现阶段的作用，而且应当考虑它的可持续发展以及与整个社会经济的长期稳定、协调、和谐发展。

第三，健全社会保障法律制度。这是工业化国家建立并实施其社会保障制度重要经验。在工业化国家，普遍颁布有多部与社会保障有关的法律、法规，社会保障法律构成为一个独立的法律部门，并在国家法律体系中占有很重要的地位。如英国就颁布有《国民保险法》《国民救济法》《国民工伤保险法》《国民保健事业法》等多部社会保障法律；日本仅就社会福利方面就颁布过有名的六部法律，被称为“福利六法”等等。在德国等欧洲国家，还设有专门的社会（保障）法法院系统，以专门维护国民的社会保障权益。法律制度的健全，不仅使各种社会保障事业均有了具体的法依据，亦为国民社会保障权益的实现提供了保证，从而是社会保障事业走上法制化、规范化道路的前提。

第四，努力追求社会化。历史上的社会保障主要是政府保障与教会保障，它与一般社会成员并不具有双向交流功能。而现代社会保障事业则被看成是全体社会成员共同事业，一些国家鼓励本国社会成员主动参与社会保障事务，包括分担缴费、参与经办保障事务、参与管理和监督社会保障制度的实施等，社会保障不再单纯是政府责任，这种做法使社会保障事业具备了更为坚实的社会、经济基础，从而是一条值得重视的宝贵经验。当然，社会化有程度高低之分，发达国家社会保障的社会化程度比发展中国家要高。对社会保障而言，追求社会化是毋庸置疑的，但也要根据国情来定，落后国家或落后地区或许既需要社会化程度较高的社会保险，同时也需要社会化程度较低的社区型社会保障，社区可以成为一些国家或地区社会保障制度的重要基石。

第五，对市场机制日益重视。一方面，由于现收现付制社会保障无法应付人口老龄化的挑战，越来越多的国家便选择基金制社会保障（主要是养老保险制度），而社会保障基金的长期积累又必然面临着贬值风险，从而需要与资本市场相结合才能实现保值增值的目标，因此，社会保障制度亦开始了与经济政策、资本市场的有机结合，并通过资本市场来创造并分享经济发展成果。另一方面，在市场经济条件下，越来越多国家的政府亦开始将一些社会保障事务交由市场或社会组织来承担，同时利用市场机制通过适度的竞争和对民间与社会资源的调动，促使社会保障制度达到更高的效率。

二、社会保障发展的国际教训

毋庸讳言，实施社会保障制度所取得的成就十分辉煌，它化解了社会危机，维护了社会公平，解除了国民的后顾之忧，缓和了社会矛盾，促进了社会经济的稳定协调发展。然而，许多国家纷纷对社会保障制度进行改革的事实亦表明，现代社会保障百余年来的历程并非只有令人陶醉的一面，它同样有着一些必须引起我们重视的教训。主要教训有：

第一，国家包办社会保障事务和福利的高速膨胀，将带来严重的社会保障财政危机。社会保障具有刚性增长的特征，在实践中表现为项目、水平均只能上不能下，从而使保障规模不断扩大，保障支出亦不断膨胀，这种趋势愈快，政府的财政压力就愈重。一些国家只能依靠征收高税收来维持高福利，即使如此，仍无法使社会保障收支趋向平衡，严重的社会保障赤字危机一直是令西方发达国家最为头痛的国内问题之一，也是其他国家对西方社会保障模式颇多非议的主要原因。尽管西方发达国家的社会保障制度并没有因财政危机而破产的先例，但一些国家已经出现的社会保障财政危机(主要是养老保险)，亦表明了社会保障事务完全由国家包办并快速膨胀是一个深刻的教训，而造成这一危机的重要原因则是社会保障在某种程度上的泛政治化。

第二，社会保障水平过高会助长国民惰性，影响国家竞争力。一些西方国家由于社会保障太全面、保障水平太高，国民即使不劳动也能依靠社会保障来保障基本生活，从而导致了国民惰性的增长。同时，社会保障水平过高，亦必然促使劳工成本过高，从而不仅会超越社会经济发展的承受能力，而且会影响到一个国家的生产成本，进而会对一个国家的国际竞争力产生相应的影响。一些发达国家近十多年来为促使国的经济发展而不断做着削减或调整社会福利的尝试，亦表明了社会保障水平太高及由此带来的某种负面影响确实是值得重视的又一教训。

第三，社会保障体系的残缺不全或水平过低亦会使有关社会问题进一步恶化。如一些国家由于缺乏必要的社会保障，社会问题日益严重。非洲地区及南亚地区的一些国家，每年还有许多社会成员陷入严重的生存危机之中而无法自拔，有的因饥饿而亡，有的因无钱医病和缺乏医疗保障不治而亡，灾民流离失所的现象还很普遍，进而引发严重的社会危机与政治危机等，而在这样的条件下要实现经济发展的目标显然是不可能的。为数不少的落后国家的现实表明，研究社会保障问题不能仅仅注意已经建立了现代社会保障制度的国家，不能仅仅看到社会保障水平过高所带来的某些负面影响，还应当注意到那些没有建立起社会保障制度及社会保障严重不足的国家，因为这些国家所出现的严重社会问题或危机及其对经济发展的不利影响，亦从另一个侧面证明如下结论：如果缺少完备的社会保障体系，要构建任何一种市场经济体制几乎是不可能的，并且不可能成为工业社会的一名合格成员。因此，发展中国家不能把社会保障简单地看成是国家的一种负担，而是应当把它看成是为了在社会经济发展中使效率与公平保持有机结合的一种必需机制，是促进整个社会协调、和谐发展的一种必需手段。

三、国外社会保障改革

20 世纪 80 年代以来，许多国家均在改革、修订甚至重建自己的社会保障制度，但这绝不意味着社会保障制度走向终极，而是现代社会保障制度将适应时代的发展而更加理性地得到发展。

国际劳工组织曾经提出社会保障“危机”问题，并认为现存危机的主要起因既不是领取养老金人数的持续增加，也不是由于改进医疗技术的结果。最主要的原因是经济发展速度缓慢，失业问题严重。“就社会保障存在的危机而论，不是社会保障结构的危机，而是经济基础由于运营不良而受到侵蚀所造成的危机，社会保障既非经济危机的起因，也非经济衰退的起因。在很大程度上，社会保障对衰退造成的社会经济影响起到了缓解作用。”①在肯定社会保障制度的积极作用的同时，认识其不足，并通过改革措施来加以修正，已经成为越来越多的国家共同努力的一个方向。

(一)福利国家的改革

世界上可能没有任何一种制度安排像福利国家模式一样地遭受着两种截然不同评价，它

① 国际劳工局:《展望 21 世纪:社会保障的发展》, 第 94 – 95 页，劳动人事出版社，1998。

在产生之初被西方世界一致称颂并为许多国家所仿效，而进入20世纪80年代以后，却又被许多国家视为政府的包袱和妨碍国家经济发展的绊脚石。

有关福利国家危机的议论是在20世纪80年代成为社会保障界或福利界的焦点的。经济合作与发展组织的专家认为，福利国家的危机突出地表现为失业率高、社会保障财政赤字、某些社会政策加剧通货膨胀不利经济发展等等。① 这些现象无疑是福利国家真实的一面，但国际劳工组织的专家却不赞同将社会保障危机完全算在社会保障制度的头上，认为社会保障存在的危机并非社会保障结构的危机，而是经济基础由于运营不良而受到侵蚀所造成的危机，并进而认为社会保障既非经济危机的起因，也非经济衰退的起因。② 不论如何评价福利国家危机的起因，针对福利国家的现状，都可以发现福利水平过高所造成的某些负面影响。如以社会保障支出为例，在英国，社会保障支出总额在1949－1950年度为103亿英镑，仅占GNP的4.7%；1979－1980年度支出额增加到449亿英镑，占GNP的9%；到1992－1993年度时进一步上升到741亿英镑，占GNP的12.3%；1978－1992年间社会保障支出年均递增3.7%，这一增长率超过了英国GDP增长率和政府财政增长率，而这还未包括社会保障系统之外的其他公共福利支出。③ 在瑞典，包括社会保障、教育、健康等各公共福利部门在内的公共支出占GNP的比重在1950年时为25%，1960年为33%，1970年为45%，1980年以后达到60%以上，它在20世纪70年代年均增长5.9%，大大超过其GDP 2%－3%的增长速度。④ 其他福利国家与英国、瑞典的情形大体相同。福利国家社会保障支出的膨胀，一方面表明了国民共享经济社会发展成果的程度很高，安全网很健全，社会也很和谐，但另一方面也需要以高税收为财政基础，而高税收则需要以高工资为条件，高工资又直接影响着就业率和生产成本，可见，福利国家事实上陷入了一个不改革便很难解脱的怪圈。

针对公共福利支出膨胀并导致财政危机，以及社会保障部门日渐庞大而逐渐演化成官僚机器的现象，福利国家在维护福利国家模式的基本前提下，自20世纪80年代开始，就将改革或修订原有的社会保障制度作为一种必要的发展手段。概括起来，福利国家对社会保障制度的改革措施主要有如下几点：

1. 削减福利支出。如英国在撒切尔夫人执政时即采取了减少住房补贴和用优惠价格向住户出售公有住房的步骤，同时允许公费病人到私人医院看病；瑞典规定了最高养老金的限额，同时减少了失业救济金和多子女补助费，取消了对减时工作工人的工资补贴；一些国家还通过提高退休年龄来减少养老金支出等等。

2. 调整福利结构，如英国自1998年开始实施“改救济为就业”的计划，以帮助较长时间没有工作的年轻人和城市贫民区单身母亲找到工作，同时准备取消收入较高家庭的儿童补贴和母亲补贴等等。

3. 扩充社会保障资金来源。如努力促进经济发展，降低失业率，由此而使缴费人数增加和征收的社会保障税增加；制定更加严密的税收征管办法，防止偷税漏税行为发生；提高退休年龄以增加社会保障税的收入；一些社会保障部门甚至开始了某些创收活动。

---

① 参见经济合作与发展组织秘书处编：《危机中的福利国家》，序言，华夏出版社，1990。

② 参见国际劳工局编《展望21世纪：社会保障的发展》，第209页，劳动人事出版社，1998。

③ 陈炳才、许江萍著：《英国——从凯恩斯主义到货币主义》，第24页，武汉出版社，1997。

④ 张平、孙敏著：《瑞典——社会福利经济的典范》，第67页，武汉出版社，1997。

4. 引入私营机制，以减轻官方系统的压力并提高社会保障系统的行政效率。如英国政府就迫使地方政权、全国健康服务等部门，将一系列服务项目通过招标改私人承包，同时鼓励私人养老保险、医疗保险与职业福利的发展；瑞典亦开始出现公共服务私营化机构；而官方社会保障系统的膨胀得到了抑制。此外，各国还进一步采取防范措施，以避免社会保障待遇被骗取。

（二）美国的社会保障改革

美国对社会保障政策的调整是从20世纪70代开始的，因为此前的社会保障基本上是以大政府、小社会、高税收和高福利模式为背景，采取的也是扩大社会保障规模与开支来促使社会福利的增长。进入20世纪70年代以后，随着自由主义的相对衰落，保守主义抬头，新联邦主义得到了发展，美国的社会经济政策也发生了转变，出现了小政府、大社会、低税收和有限福利模式的政策发展趋势。

在社会保障领域，美国的政策调整或改革主要表现在以下几个方面：

1. 调整社会保障指导思想。在继续强调国家干预的前提下，充分发挥自由竞争的功能；在强调联邦政府的主导作用下，充分兼顾州政府和地方政府以及私营机构的能动作用。

2. 适当调整社会保障的目标。以控制社会保障规模和纠正社会保障弊端并发挥州及地方政府的作用为主，将社会保障要解决的问题，定位于如何在安抚中产阶层的前提下照顾好低下层，在控制安全阀的条件下解决费用过多、管得过宽及发挥效力的问题。

3. 调整社会保障的有关内容。总体上是从20世纪60年代以前的不断扩大到相对收缩，从以失业、老年保障为重点到着力解决医疗保险和医疗补助，以及以低收入年轻母亲和抚养未成年子女为重点的家庭津贴①。

4. 重视私营机构的作用。如企业年金、商业性医疗保险等在美国国民的生活中占有很重要的地位，同时也充当着政府负责的社会保障系统的重要补充。

改革社会保障制度已经成为一种世界潮流，修订原有的社会保障制度，调整以往的社会保障结构，进一步增强对社会保障的调控能力，努力实现社会保障与整个社会经济长期稳定协调发展，是许多国家正在进行或准备进行的重要工作；而个人责任的回归、市场机制的适度引入等将成为新的发展趋势，但政府的主导责任从根本上不会发生改变。

思考题

1. 社会保障发展要受哪些因素的影响？
2. 社会保障发展经历了哪些阶段？
3. 比较宗教慈善事业、官办慈善事业、民办慈善事业的异同。
4. 评价早期的社会保障。
5. 为什么说社会保险的出现是现代社会保障制度建立的标志？
6. 现代社会保障制度的发展有哪些基本规律？
7. 社会保障的国际经验与教训有哪些？
8. 如何评价福利国家及其改革？

① 参见黄安年著：《当代美国社会保障政策》，第292—293页，中国社会科学出版社，1998。

第三章　社会保障体系与模式

第一节　社会保障体系

从大多数国家的情况来看，社会保障体系通常包括基本社会保障制度与补充社会保障两大类，前者由国家立法统一规范并由政府主导，一般包括社会救助、社会保险和社会福利三个基本组成部分，以及部分国家针对军人建立的特殊保障制度；后者则通常是在政府的支持下由民间及市场来解决，一般包括企业年金、慈善事业等，它们是社会保障制度的有益的补充，并发挥着重要的作用。

一、社会救助

社会救助是指国家和社会依据法律规定，面向不能维持最低生活水平的低收入家庭，提供经济帮助的一项社会保障。

与其他社会保障子系统相比，社会救助的特点十分明显：

第一，社会救助的资金来源主要是国家财政预算拨款或特别捐税辅助。

第二，社会救助通常被认为是政府对国民应尽的责任，是低于贫困线或最低生活保障线的国民应该享受的一项基本权利，提供救助方与接受救助方的权利与义务关系具有单向性，而其他社会保障子系统则多是权利与义务相结合。

第三，社会救助的对象是社会成员中的一个特殊弱势群体。他们没有或者丧失了劳动能力（如孤儿、孤苦老人、残疾人等）而没有收入，或者有劳动能力但由于各种原因（如自然灾害、意外事故或其他经济社会原因）而一时或相当长时间内减少了或丧失了收入，是社会保险不能或不能完全保障的贫困人群，他们连最低生活水平都不能维持。

第四，社会救助的目标是帮助贫困人群维持最低生活水平，其标准低于社会保险的要求。因此，社会救助也是社会保障体系中最低层次的保障措施。

第五，社会救助需要救助者依法自愿提出申请，经救济机构调查并批准后方可获得救助。

进入现代社会后，因贫困人口减少和其他社会保障系统的建立，尽管社会救助在整个社会保障体系中的地位较历史上有所下降，但因其肩负着解决特别弱势的社会成员的基本生存权利保障问题的重任，从而仍然占有必不可少的基础地位。其重要性主要表现在以下两个方面：

第一，社会救助是最先形成的、历史最悠久的社会保障形式，各国的社会保障制度均是在原来社会救助措施的基础上不断发展起来的。尽管在多数国家的社会保障体系中，社会保险与社会福利已经成为最重要的社会保障形式，但社会救助依然并且会长久存在，因为贫困现象将会长久存在，需要帮助的弱势群体也会长久存在，各种灾害事故更是不可完全避免，因此，社会救助在社会保障体系中的基础地位将不会改变。

第二，社会救助是保证社会成员生存权利的最后一道防线。尽管社会保险为社会安全设置了一道防线，但仍会有一部分人因保障不足而生活十分困难。比如，一部分失业者在失业保险金给付期满后，仍未找到工作而生活陷入极端困境，就需要通过社会救助向他们提供帮助，特别是在社会保险的覆盖面不广时，社会救助更加不可或缺。

二、社会保险

社会保险是国家依法建立的面向劳动者的一项社会保障制度，它由政府、单位和个人三方共同筹资，目标是保证劳动者在因年老、疾病、工伤、生育、死亡、失业等风险暂时或永久失去劳动能力从而失去收入来源时，能够从国家或社会获得物质帮助，以此解除劳动者的后顾之忧。这一概念强调了社会保险的对象是最重要的社会群体——劳动者，并突出了以劳动权利为基础，在实践中实行权利义务相结合和劳动者个人、单位和国家（政府）三方责任共担。

作为现代社会保障体系的重要组成部分，社会保险也是个人消费品的一种再分配形式，但劳动者享受社会保险待遇或权利并不完全取决于个人缴费的多少，而是依据国家的社会保险法、社会保险政策和有关条例规定，对社会履行劳动义务的情况进行界定，至于给付多少则按照当时国家经济状况和个人收入水平而确定。几乎在所有国家，社会保险的支出规模都占有社会保障支出的最大份额，而社会保险所包括的项目几乎关系到每个公民进入劳动年龄以后的整个生命周期，劳动者从业期间及至退休以后所发生的重大事件都会涉及社会保险支出。因此，社会保险事实上构成了现代社会保障体系的主体和核心。

除了具有社会保障制度的一般特点，社会保险制度还独具如下一些特色：

1. 预防性。社会保险的预防性特点，主要反映在社会保险基金的建立上。通过多方筹措而建立起来的社会保险基金，可由国家用在每个投保者身上，防范他们一旦发生社会保险立法规定范围内的风险以避免或减轻损失。其他社会保障项目如社会救济，则是事先难以掌握，因而侧重善后，预防性特点较弱。

2. 补偿性。社会保险给予参加者的物质帮助，主要限于收入损失补偿，即劳动者在劳动中断、收入中断时才有权获得给付。从社会保险那里得到的补偿只能是对受保障者收入损失一定程度的补偿，即保障劳动者的基本生活需要。

3. 储蓄性。社会保险机构依法收取企业和个人的社会保险费，同时，也吸取来自国民收入的分配与再分配资金，并按立法规定进行积累，然后根据社会保险政策进行分配。只有积累社会保险基金，才能对丧失劳动能力或收入中断的劳动者及其供养的亲属提供必要的物质帮助，才能保证其基本生活需要。因此，社会保险资金在征集与管理过程中具有相应的储蓄性。

4. 责任分担。社会保险资金来源于多渠道，不仅由劳动者、企业单位或雇主缴费，政府补贴，还会有相应的投资收益等，三方共同筹资，不仅体现了社会保险责任的分担，而且也保证了资金来源的可靠性。

5. 互助共济。参加社会保险者定期缴纳社会保险费，建立社会保险基金，当其中有人遭遇特定风险而受到损失时，可以按规定领取一定数量的保险金，从而达到了风险分担、互助共济的目的。如失业保险是全体参与失业保险的劳动者分担失业者的失业风险，工伤保险是全体参与工伤保险的劳动者分担遭遇工伤事故（含职业病）的劳动者的职业伤害风险，医疗保险是全体参与医疗保险的劳动者分担患病职工的疾病医疗风险，养老保险同样体现了同代劳动者与隔代劳动者之间的互助共济功能。因此，社会保险具有典型的互助共济特征。当然，完全积累型的保障制度的互助共济性被明显弱化。

由于社会保险所承担的风险是劳动者丧失收入的风险，在实践中表现为劳动者在其全部生命周期内遇到的各种失去收入的风险，包括年老、疾病、失业、工伤、生育风险等。因此，社会保险制度安排亦通常包括以下几个方面：

1. 养老保险。这是对法定范围内的劳动者因年老（符合法定退休条件）而退出社会劳动后，能够获得满足其基本生活需要的、稳定可靠的经济来源的社会保险项目。养老保险的覆盖范围受经济发展水平的制约，在经济发展和社会进步处于低水平条件下，养老保险往往按照选择性原则局限在部分劳动者范围内；只有当经济发展到一定水平后才会逐步扩大到全体劳动者。在各个国家的社会保障体系中，养老保险一般都是最重要的项目，这是因为在养老保险中受保人享受保险待遇的时期最久，待遇给付的标准相对较高；尤其是在人口老龄化加剧的条件下，养老保险的重要性更是不言而喻。在制度实践中，养老保险必须贯彻切实保障老年人基本生活的原则，因此，退休金水平不仅要适度，而且要有能够随着物价上升而不断调整的弹性，真正让退休的老年人继续分享社会经济发展的成果。

2. 医疗保险。这是对法定范围内的劳动者在患病或非因工伤伤害时提供保障的社会保险项目。它既包括医疗费用的给付，也包括各种医疗服务。医疗保险的目的是恢复劳动者的劳动能力和补偿劳动者病假期间的生活开销，在各国的社会保险制度中，医疗保险是仅次于养老保险的又一重要的社会保险制度。不过，疾病津贴的发放也不是无限期的，超出规定期限则不能继续享受医疗保险待遇，而是转由社会救助系统来承担。

3. 工伤保险。这是对法定范围内的劳动者因从事职业工作遭受伤害或患有与工作相关的职业病提供生活保障的一种社会保险项目。与其他社会保险制度相比，工伤保险具有雇主赔偿的性质，工伤保险的缴费一般完全由雇主承担，政府在特殊情况下予以资助，而劳动者个人不需承担缴费义务。在工伤责任认定方面，各国普遍采取“无过失补偿”原则，即不管导致工伤的责任在何方，只要不是劳动者的故意行为所致，遭受伤害的劳动者均有权享受工伤保险待遇。工伤保险的对象是从事经济活动的劳动者本人，但获取保险待遇的，往往不限于劳动者本人，还包括他们的家属。

4. 失业保险。这是对法定范围内的劳动者因失业而失去经济来源时，按法定时限和标准给予其物质援助的社会保险项目。在市场经济条件下，劳动者的就业通常由竞争机制发挥主导作用，失业现象在所难免。因此，对失业者予以一定的保障，既有利于劳动力的再生产，使企业和国家经常拥有可靠数量和素质合格的劳动力资源，也有利于社会安定。

5. 生育保险。这是对法定范围内的女性劳动者因生育而导致收入暂时丧失而提供生活保障的社会保险项目，是一项维护女性劳动者权益的社会保险。女性劳动者在怀孕、生育和护理婴儿期间，必须离开工作岗位，因而会面临工资收入暂时丧失的风险。生育保险的实施，便可保证女性劳动者在生育期间获得必要的物质帮助而使自己的经济损失得到补偿。实行生育保险也是解决劳动妇女既要从事经济活动又要担负生育子女的天职的矛盾的必要制度安排。建立生育保险制度一方面可以恢复和保护女性劳动者的劳动能力，另一方面亦保护了妇女生儿育女的权利和后备劳动力的健康成长。一般而言，妇女的生育活动需要一个较长的周期，包括怀孕、临产、分娩、婴儿哺育等，所以生育保险要贯彻产前产后一律给予保险待遇的原则，应包括妇女产前产后一定时间内的带薪假期，有时还包括生育补助费。发达国家的生育保险已经上升为一项普遍性的国民福利，即不限于从事社会劳动的女性，而是覆盖所有生育妇女，生育保险待遇亦为生育津贴所替代。

6. 死亡抚恤，亦称遗属保险。其待遇包括两个部分，一部分是死者的丧事治理和安葬费用，另一部分是死者遗属享有的抚恤金。遗属领取的抚恤金，一般均按死者生前一定时限的工资收入发给，未成年子女和无收入的配偶还可按期领到补助。

7. 残障保险。它是对因病致残的劳动者提供残障保险待遇的社会保险项目。它包括经常性补偿和一次性赔偿，还包括医疗服务、休养、康复疗养等待遇。除了满足致残者的基本生活需要之外，还尽可能使他们恢复部分劳动能力，重新走上工作岗位，从事力所能及的工作。

8. 护理保险。在德国、日本等发达国家，由于进入了高龄化时期，国家还建立了专门的护理保险制度，即劳动者在劳动期间可以参加护理保险，待年老需要生活照料时，可以通过护理保险获得保险。

上述项目构成了社会保险制度。需要指出的是，各个国家的社会保险项目不尽一致，如希腊甚至将灾害保险也纳入社会保险范畴；而在另一些发展中国家，部分社会保险演变成为国民福利，或者分化成为社会保险与普遍性的国民福利。

三、社会福利

社会福利的涵义有广义和狭义两种理解。

广义的社会福利实际上是广义的社会保障的同义语，是国家和社会对全体社会成员提供的全部物质和文化生活的保障和福利，除前述社会保险、社会救助外，还包括其他旨在改善与提高国民生活质量的物质福利，以及全部公共的文化、教育、卫生、体育设施和服务。狭义的社会福利，作为社会保障的从属概念，是与社会保险、社会救助并列的概念，是社会保障体系中日益重要的子系统。

中国的社会福利子系统包括如下主要项目：

1. 老年人福利。它是专门面向老年人的福利项目，主要是老年人的生活照料服务及其他福利。如老年福利院、老年公寓、老年保健、老年护理、家居照顾等项目，以及有关公益场所免费对老年人开放等；在一些国家或地区，还有专门面向老年人的福利津贴，如香港地区的高龄津贴就是面向全港年满 70 周岁以上的老年人的一项福利津贴。随着人口老龄化时代的到来，老年人福利日益成为现代社会保障体系中的重要项目。

2. 残疾人福利。它是专门面向残疾人的福利项目，主要包括残疾人康复事业、残疾人教育事业、残疾人就业以及其他相应的福利。残疾人福利事业的发展水平是衡量一个国家或地区社会文明程度的重要标志。

3. 妇女儿童福利。它是面向妇女儿童的福利项目，亦可以分解为妇女福利与儿童福利。如妇幼保健、儿童免疫、孤儿收养、妇幼津贴等。

4. 其他福利。如教育福利、住房福利及其他不在前述三大项目范围之内的各项公共福利事业，它们从不同的角度满足社会成员的需求。

此外，面向劳动者的福利通常划分职业福利或机构福利范畴，由企业或雇主负责提供，从而被剔除在基本社会保障制度之外，可以纳入补充保障范畴。

作为整个社会保障体系的一个子系统，社会福利具有如下特点：

第一，保障对象全员化。社会福利的覆盖范围不像社会保险仅限于劳动者，也不像社会救助只限于特殊的弱势的社会群体，而是全社会成员，被称为"按人头"的社会保障制度。

第二，保障项目广泛。社会福利的项目包括全社会成员享受的公共福利事业，如教育、科学、文化、体育、卫生、环境保护设施和福利服务；特殊人群享受的福利事业，如为孤寡老人、孤儿、残疾人设置的福利院、教养院、疗养院等；局部性的、选择性的福利措施，即专为一定地区、一定范围社会成员提供的福利待遇，如寒冷地区的冬季取暖津贴，住公房的房租补贴等，这些项目或者是免费，或者是减费优惠。

第三，资金来源多渠道。社会福利项目的资金来源包括各级政府的财政预算拨款，还有各个组织单位的专项基金、社会团体的资助与捐献，以及福利服务的收费等。根据资金来源的不同，它可以分为官办福利事业、民办福利事业、单位办福利事业，以及官助民办福利事业等。

第四，保障水平弹性化。社会福利的项目、范围和水平取决于各个国家的经济文化发展水平和受益者的需求程度。经济发达国家社会福利的内容和水平相对较多、较高，经济不发达国家则相对较少、较低。在一个国家的不同发展阶段和不同时期，社会福利的内容和水平也有所不同，总的趋势是随着社会经济发展水平的提高而不断改善和提高。

总之，社会福利的目标是改善全体社会成员的物质文化生活水平，提高国民的生活质量，不断增进国民的福利。因此，社会福利是最高层次的社会保障制度。

四、军人保障

军人保障是以现役军人（包括武装警察）为保障对象的一个综合性保障系统，这主要是因为军人肩负着保卫国家的任务，是一个有着特殊性的群体，军队的独立与军人高度集中的群体意识与职业要求，不可能与普通社会成员一样地纳入同一个社会保障系统，而是需要相对独立的制度安排。因此，在世界各国，都有专门针对军人这一特殊职业的专门保障制度，如在美国社会保障体系中就有军职人员退职退休津贴等特殊项目。

在中国社会保障体系中，亦专门为军人建立相应的保障制度，这一系统随着市场经济体制改革与社会发展而进一步扩充为军人保障系统，它包括军人保险、军人抚恤、军人福利、军人复员转业的就业安置或补偿等项目。

需要指出的是，军人保障的对象虽然以现役军人和武装警察为主体，但也包括了革命烈士家属，退伍、复员、转业军人，因公残废的军、警人员，部分项目还惠及军人家庭。

军人保障的资金主要来源是国家财政拨款，其实质是国家对军人的一种褒扬和经济补偿，也是解除军人后顾之忧的一种制度安排。因此，军人保障是一项兼具社会保险、社会救助、社会福利性质的综合性的、有重大政治意义的特殊社会保障制度。

当然，当军人转业、复员或退休后，亦可直接融入面向普通国民的各项社会保障制度。

五、补充保障

在各国的社会保障体系中，除政府主导并由专门法律具体规范的基本社会保障制度外，往往还有一些非正式的社会化保障措施同时存在并发挥着相应的社会保障功能作用。如慈善事业、社区服务、企业年金、商业保险等客观上均不同程度地发挥着社会保障作用，从而亦是现代社会保障体系的有机组成部分。

(一)慈善事业

慈善事业是建立在社会捐献基础之上的一种民办社会救助事业，它以社会成员的善爱之心为道德基础，以社会各界的自愿捐献为经济基础，以民间公益事业团体为组织基础，以大众参与为发展基础。在实践中，慈善机构根据捐献者的意愿，对需要帮助的社会成员进行物质帮助。

发达国家和地区的经验表明，发展慈善事业是当代社会得以化解诸多社会问题、促进社会良性发展的一条重要而有效的途径。许多慈善事业不仅能弥补政府基本社会保障制度的不足，而且对处于困境而无力自行摆脱危难的社会弱势群体提供更多的来自社会的援助和关爱，进而充当着沟通不同社会阶层的有益桥梁，有效地润滑社会关系，促进整个社会的安定、和谐发展。不仅如此，慈善事业在弘扬道德风范，净化社会风气，从而推动社会文明进步方面，直接发挥作用。

(二)社区服务

社区服务是指在政府指导下，以社区组织为依托，在城乡一定层次的社区内以全体社区居民为对象，以特殊群体为重点，运用灵活多样的形式向他们提供福利性服务的一种社会化保障机制。在20世纪30年代，国外就开始出现社区这种社会基层组织，并相应出现社区服务这种形式，如今它已发展成为社会保障体系的一项新内容。

社区服务属于社会服务范畴，但又不同于一般的社会服务，它是以社区为单位组织的社会服务。其特点主要有:一是自主性。它不依赖政府，不等待外援，而是社区从本社区居民的需要出发，自主筹办并自觉地为社区居民就近提供服务，是社区居民以自助、互助为特征的自我服务。二是社会性。社区服务的组织管理强调动员社区范围有关组织和个人广泛参与，既适应了社会生活的需要，又是在社会共同关心下健康发展的，它是社会福利事业社会化的基础形式与重要途径。三是多样化。社区服务采取社会效益和经济效益并重的方针，针对不同对象实行有偿、低偿、无偿等不同的服务方式，以有偿服务为主，并在实践中取得自我生存、自我发展的能力，既不增加政府负担，又能持久而有效地为民解愁。

社区服务不以营利为目的，还可以获得政府的支持与扶持。它一般以老年人、残疾人、贫困户和烈军属、荣誉军人和劳动模范为重点服务对象，对这些社区居民提供特殊服务，既体现了对社会弱者的关心，又体现了对特殊贡献者的优待。社区服务立足于自愿、自治、自助、互助，即强调社区成员个人自愿参与，“我为人人，人人为我”，方可能提供无偿服务或低偿服务。对重点及特殊服务对象，它亦提供无偿服务;对一般对象，则提供低偿服务。

(三)企业年金

企业年金是指由企业建立的面向本企业职工的一项补充养老保险制度，是职业福利或机构福利中日益重要的组成部分，是对政府主导的基本养老保险制度的重要补充。

企业年金作为人力资源管理系统中报酬管理或员工福利进行安排，是雇主为了吸引和留住员工长期为企业服务和提高劳动生产效率，向雇员提供的一笔年金。在实践中，企业年金包括各种类型的企业补充退休保险，如雇主退休金计划、利润分享退休金计划、员工股权退休金计划、企业团体寿险等项目。在美国等国家，企业年金的出现要早于国家的退休制度，而一旦国家正式的养老保险制度建立以后，企业年金就成为养老保障的次级层次，成为企业招揽人才、激励劳动者的劳动积极性和提高企业竞争力的有效制度，并被视为企业人力资源管理的重要内容。由于企业年金具有调和劳资关系、改善劳动者福利和补充基本养老保险制度的多重功能，它一般能够得到政府的财税优惠，其费用通常可以列入企业成本，允许在规定的额度内实行税前列支。

（四）商业保险

商业保险是保险人与投保人或被保险人通过保险合同建立保险关系的一种商业交易行为，是由投保人或被保险人向保险人支付一定的保险费，将自己特定的风险转移给保险人，当约定风险或事件发生后，由保险人依据保险合同支付赔款或保险金的一种风险管理机制。商业保险包括人寿保险、人身意外伤害保险、健康保险及各种财产保险、责任保险等。

商业保险作为一种等价交换、自愿成交的商业行为，其性质、经办方式、权利与义务关系、保障对象与水平等均不同于社会保险。它建立在商业保险合同的基础之上，由作为企业单位的商业保险公司经营，以营利为目的，一旦保险契约或保险合同到期或者履行完毕，保险责任便自行终止。因此，商业保险在实践中往往具有两重性：一方面，它的主观目的是从保险公司通过开展各项直接保险业务而赚取利润或者通过收取保险费进行投资运营赚取利润；另一方面，它在客观上又有着分散风险金、补偿损失的功能，个人养老保险还能够通过平时的保险积累为劳动者晚年的生活保障服务。从这一方面说，商业保险体现了投保人之间的互助互济精神，以合理计算、风险共担方式，在一定程度上起到了与社会保险相同的客观作用。所以，商业保险尤其是商业保险中的人寿保险、健康保险等业务，可以作为社会保障体系的必要补充。但是，商业保险毕竟是一种商业行为，追求利润是其根本目的，因此，无论商业保险多么发达，均不可能替代社会保障。

（五）家庭保障

家庭保障虽然不是社会性保障机制，但对于亚洲国家尤其是中国而言，它又确实是国民可靠且稳定的一种生活保障机制。在此，家庭保障是指在家庭内部，家庭成员之间相互提供包括经济保障、服务保障和精神慰藉等内容在内的生活保障机制，它在保障社会成员的生活方面通常与国家和社会负责的社会保障并驾齐驱。在中国《中华人民共和国婚姻法》《中华人民共和国继承法》《中华人民共和国老年人权益保障法》《中华人民共和国残疾人保障法》等多项法律均规定了家庭成员之间的互助保障义务。因此，家庭保障不只是中华民族的一项传统，也是现行法律制度的规范。在一些国家，政府主导的有关社会保障项目还通常与家庭保障有机地结合起来，或者制定相应的家庭政策，对家庭保障给予扶助。在家庭保障中，家长或成年成员充当着责任主体，但每个家庭成员均会有较为明确的分工，从而在实质上仍含有家庭成员之间互帮互惠的内生机制。总体而论，家庭保障仍然是社会成员的处理基础地位的重要保障机制。因为在世界范围内，对青少年、儿童的哺育，对老年人的赡养，绝大多数生活服务的提供，仍然主要是由家庭来解决的。[①] 目前在西方发达国家，社会保障制度对家庭保障功能越来越大程度的替代，在一定程度上弱化了家庭保障，美国就有很多人认为是社会保

① 郑功成著：《社会保障学——理念、制度、实践与思辨》，第30－33页，商务印书馆，2000。

障制度制造了越来越多的未婚母亲和不负责任的父亲，这种评价促使西方国家不断呼吁重视家庭的保障作用。在亚洲地区，家庭更是社会的基石，家庭为家庭成员提供着经济、服务及情感方面的保障。

第二节　社会保障主要模式

现代社会保障制度以19世纪80年代德国制定并实施有关的社会保险法令为起始标志。在这100多年的发展历程中，社会保障制度由单一项目的制度安排逐渐发展成为一个包含多个子系统及众多保障项目在内的社会安全体系。然而，由于社会制度、经济发展水平及文化传统等的差异，各国建立的社会保障制度也不尽相同，从而形成不同的社会保障模式，一般说来，有四种类型，即社会保险型模式、福利国家模式、强制储蓄型模式和国家保险型模式。

一、社会保险型模式

（一）社会保险型模式的起源及特征

社会保险型模式是最早出现的现代社会保障模式，亦被称为“传统型”社会保障模式，或者自保公助型模式。它起源于19世纪80年代的德国，后来被世界上许多国家引进，包括美国、德国、法国等在内的许多发达资本主义国家和部分发展中国家都采用这种模式。

在19世纪80年代，普鲁士德国处于俾斯麦当政时期，被称为“铁血宰相”的俾斯麦基于德国当时的社会背景，首创了与工业社会相适应的社会保险制度，从而开启了现代社会保障发展的大门。德国创建社会保险制度的理论依据是德国历史学派和德国政策协会的“国家干预主义”，以弗里德里希·李斯特为先驱的旧历史学派强调国家对经济发展的作用，主张国家干预经济生活。19世纪70年代，由旧历史学派演变而成的新历史学派，进一步强调国家的超阶级性及其对社会经济的决定作用，主张由国家通过立法进行自上而下的改良。1873年，由德国新历史学派成立的“社会政策协会”主张实行“社会政策”，强调通过举办诸如社会保障、缩短劳动时间、改善劳动条件以缓和阶级矛盾。俾斯麦在对日益高涨的工人运动采取镇压措施的同时，在内外交困的严峻形势下，采用了这种理论，于1883—1889年间先后制定了并颁布了三部社会保险法令，由此确立了社会保险制度，并迅速被其他国家仿效，进而成为许多国家社会保障体系中的主体内容。

在20世纪30年代的经济大萧条和第二次世界大战后期，社会保险制度被欧洲某些国家和美国等进一步发展成比较完善的社会保险型社会保障制度。如美国1935年颁布的《社会保障法》就是在德国社会保险制度的基础上制定的，它不仅继承了德国社会保险制度所采取的理论，而且吸取了凯恩斯提出的“有效需求”和依靠政府干预经济来摆脱失业和萧条的理论和建议，同时进一步确立了“保险费用部分由雇主、部分由雇员交纳，国家给伤残和养老保险提供津贴”的原则，追求的社会目标是使受保者不致陷入贫困。这样，雇主与个人投保为主、义务和权利的有机结合构成了社会保险（或自保公助）型社会保障制度的基本原则。

社会保险型社会保障制度作为工业化的产物，是在工业化取得一定成就并有较雄厚的经济基础，以及单位和个人都是以劳动者为核心，通过提供一系列的基本生活保障，使社会成员在疾病、失业、年老、伤残以及由于婚姻关系、生育或死亡而需要特别援助的情况下得到经济补偿和保障。

社会保险型模式社会保障制度的特点，主要有：

1. 以劳动者为核心。即社会保险制度面向劳动者，且主要是工薪劳动者，围绕着劳动者在年老、疾病、工伤、失业等风险设置保险项目，并用以保障劳动者在遭遇这些事件时的基本生活。在某些情形下，社会保险制度还通过劳动者惠及其家庭成员。

2. 责任分担。社会保险强调雇主与劳动者个人分担社会保险缴费责任，国家财政给予适当支持，从而是一种风险共担和责任分担的社会保障机制。

3. 权利与义务有机结合。社会保险强调劳动者享受社会保险的权利与缴纳社会保险费的义务相联系，劳动者享有的社会保险待遇水平亦常常与缴纳社会保险费的多少和个人收入情况相联系，不参加社会保险或者未缴纳社会保险费是不能享受社会保险待遇的。

4. 互助共济。雇主与劳动者个人缴纳的社会保险费形成养老、医疗、失业、工伤、生育等社会保险基金，等劳动者遭遇保险事件时，享受相应的社会保险待遇，社会保险基金在受保成员之间调剂使用，充分体现出互助互济、共担风险的原则。

5. 社会保险基金的筹集以现收现付为主。

由此可见，社会保险型模式非常重视权利与义务的对应关系，强化责任分担意识，在追求公平的同时亦体现了效率原则。不仅如此，社会保险基金在社会成员之间统筹使用，符合风险管理中的大数法则，体现了社会保险的互助互济宗旨。不过，采取现收现付方式筹集社会保险基金时，保险费率受人口年龄结构与人口就业比例的影响较大，难以应付人口老龄化导致的养老金支付高峰，进而可能因基金积累不足而造成财务危机。因此，有必要对此保持警惕。

(二)社会保险型模式的代表

德国是世界上最先建立起社会保险制度的国家，其现行的社会保险制度是在直接继承俾斯麦时期创建的社会保险制度的基础上发展起来的，且与战后德国所奉行的“社会市场经济”密不可分。在德国，市场效率与高水平的社会保障之间的结合被视为缺一不可、互为条件的发展基石。这种以经济效率兼顾社会公平的目标更有利于效率的发挥和充分体现公平的一致性。在实践中，社会保险型保障模式表现为享受者自己缴纳社会保险费，每个公民只要符合规定的条件，均可享受相应的社会保险待遇。政府禁止滥用社会保险基金，并采取一系列的措施限制和推迟某些社会福利费用。

不仅如此，德国还把社会保障与其他经济、政治措施结合起来运用，如把“自助”的社会保障同保持货币的长期稳定联系在一起，以防止消费和投资的膨胀，从而保持稳定的经济秩序。在社会保障方面，德国虽然也存在资金紧张等难题，但与“福利国家”相比并不严重。一是在保障内保险、工伤保险、失业保险、护理保险等为主体的广泛的社会保险体系，以及社会抚恤、社会救济以及青少年救助和住房补助等;二是以“共同决定权”和劳动保护为主体的雇员保护政策体系。第一部分是德国社会保障制度的核心，在五大保险项目中，养老保险与医疗保险是德国社会保障体系中开支最大的项目，也是覆盖范围最广的保障项目。在社会保障的管理方面，德国实行由雇主与劳动者高度自治、政府加以监督的管理体制，其管理社会保障的责任主体包括有不同保险机构、基金会或部门所属地方机构管理和实施;除失业保险外，社会保险机构均由劳资双方共同参与，实行自治管理，政府不插手干预，但对社会保险机构的运行进行相应的监督。德国社会保障总的监督部门为联邦劳工与社会事务部，政府的监督只对社会保险机构是否守法、经营管理和会计工作等方面进行监督。

美国是世界上头号经济大国，其社会保障制度亦有着自己的显著特色，但总体而论，美国仍然属于社会保险型模式国家。1935 年由罗斯福总统签署的《社会保障法》通常被认为是美国社会保障制度得以建立的标志。此前虽然也有部分社会保障措施，但 1929—1933 年的经济大危机，才真正使美国政府认识到建立与工业社会相适应的社会保障制度的重要性。《社会保障法》的出台，在很大程度上是当时各种社会力量共同推动的结果，其中罗斯福总统的社会保障社会化主张和对联邦政府责任的认可，则为社会保障立法提供了理论和政策依据。自《社会保障法》实施后，美国的社会保障制度又经过多次修订和补充，形成了比较健全且范围广泛的社会保障制度，它主要由社会保险和社会福利两大部分构成。其中：社会保险制度主要包括老（年）残（障）遗（属）社会保险、医疗保险、失业保险、工伤保险；社会福利按照发放形式则可以分成“现金福利”和“非现金福利”两类，前者主要包括“家庭补助”和“补充性保障收入”两个项目，后者主要由医疗补贴、食品补贴、儿童营养、住房补助、就业培训、贫困家庭子女教育等 6 类项目组成。在上述社会保障项目中，老（年）残（障）遗（属）社会保险构成美国社会保障开支中的最大项目，甚至美国官方及一些人士通常将其等同于“社会保障”。此外，美国社会保障体系的一个重要特点就是私人保险的作用突出，保险公司在寿险、医疗保险等领域提供的商业保障服务在很大程度上受到欢迎，各种非营利机构亦发挥着重要作用。在社会保障管理方面，美国实行州政府管理为主、联邦政府支持的管理方式，联邦政府、州和地方各级政府、社会组织及团体分层次设有管理机构，并尽可能把权限下放到地方和基层，以提高效率。但多层次管理亦存在机构臃肿的现象，且行政管理费较为庞大。

日本是亚洲第一个推行社会保险制度的国家。从 20 世纪 20 年代到 50 年代，日本逐渐建立起了以健康保险、雇员年金保险和国民年金制度为核心的社会保障体系。二战后，日本政府的发展策略是首先发展工业，其次是成倍增长国民的收入，使国民过上富裕的生活，最后再增加福利费用的支出。当时，日本理论界认为，国家应把财政资金更多地投向经济生产部门，由企业家和家庭成员负担福利所需要的开支，只有当他们做不到这一点时，才由国家来代替他们承担这一责任，日本当时社会保障政策的原则之一是国家只保障人们的最低生活水平。凡申请生活补助的人，其工资收入必须低于厚生省所规定的最低生活费。原则之二是强调企业发挥内部互助作用。即企业分别制定面向本企业员工的福利计划，国家尽量避免直接参与。这些理论依据和策略原则使日本社会保障制度有自己的特色，尽管日本的社会保障水平较高，但给国民经济造成的负面影响并不像福利国家那么严重。① 日本现行社会保障制度的基本内容包括：面向一般国民的环境政策、公共卫生政策、儿童补贴，属于社会福利范畴的儿童福利、残疾人福利、生活保护和老人福利，面向一般高龄者的老人保健，以及属于社会保险范畴的养老保险（年金制度）、医疗保险（健康保险）和失业保险制度。其中，社会保险制度是日本社会保障制度的核心与主体。日本社会保障制度虽然是模仿西方建立的，但也带有鲜明的亚洲特色，如重视个人、家庭的保障作用，强调劳资关系的和谐等，企业福利计划相当发达。在社会保障管理方面，日本奉行行政与业务分开、管钱与管事分开的原则。日本社会保险分别由立法、行政管理、监督执行、社会保障基金管理运营等机构分管。立法由参议院负责，中央一级行政管理由劳动厚生省（地方政府中仍然是厚生与劳动分设）等机关负责。

① 穆怀中主编：《社会保障国际比较》，第 62 页，中国劳动社会保障出版社，2002。

社会保险型保障模式既适应了工业社会的需要，又避免了福利国家的某些缺陷，从而受到了多数国家的重视。但各国的社会保障发展实践也表明，在社会保险制度方面的差异仍然是很大的，社会保险制度在整个社会保障体系中的地位，亦并非总是占据主体或核心的地位。有的国家依据德国模式，但有的国家却只是采取了"俾斯麦模式"社会保险制度的部分做法而已，有的国家甚至完全将这种模式蜕变为其他模式（如储蓄型保障模式等）。

二、福利国家模式

（一）福利国家的起源与基本特征

福利国家一词出自英国经济学家贝弗里奇在1942年完成的一份社会保障研究报告《社会保险及相关服务》，它在社会保障领域是全民福利的象征。

福利国家型社会保障的理论依据是"福利经济学"。1920年，英国剑桥学派的代表人物之一的庇古出版《福利经济学》，这部具有划时代意义的著作为确立福利国家奠定了相应的理论基础。在该书中，庇古认为经济政策的目标，在于使社会福利总和的最大化。国民收入的总量愈大，社会福利就愈大；在国民收入一定的条件下，国民收入的分配愈是均等化，社会福利也愈大。因此，他主张国家通过累进税政策，把富人缴纳的一部分税款给低收入者享用，以增加社会福利。福利国家模式正是在这种理论的指导下，以公民权利为核心，确立了福利普遍性和保障全面性的原则，它以国家为直接责任主体，以国家为全体国民提供全面保障为基本内容，以充分就业、收入均等化和消灭贫困等为目标，以政府与公民之间的责任关系取代了建立福利国家之前的雇主与雇员、领主与农奴及社团伙伴之间、家庭亲属之间的责任关系①。

1948年，英国在通过一系列的社会保障法律并加以实施后，正式宣布建成福利国家。随后，西欧、北欧等一些国家也纷纷宣布建立了福利国家，加拿大、澳大利亚等国家也迈向了福利国家，福利国家作为经济社会发展水平达到很高层次和社会文明进步的象征，在世界上风靡一时，20世纪60年代达到鼎盛时期。

具体而言，福利国家模式及其所推行政策的主要特征有：

1. 累进税制与高税收。国家通过确立累进税制对国民收入所得进行再分配，使社会财富不再集中于少数人手里；同时，为维持福利国家高水平的福利支出，也必然需要高税收来支撑。因此，高税收不仅充当着福利国家的财政基础，而且构成了福利国家的重要特征。

2. 普遍覆盖与全民共享。"普遍性"和"全民性"构成福利国家型社会保障的基本原则，其目标不仅要使公民免遭贫困、疾病、愚昧、肮脏和失业之苦，而且在于维持社会成员一定标准的生活质量，加强个人安全感。各种保障制度，不仅限于被保险者一人，而且推及其家属；不只限定于某一保险项目，而且推及凡维持合理生活水平有困难和经济不安定的所有事件，以最适当的方法给予保障。

3. 政府负责与保障全面。在福利国家，政府是社会保障的当然责任主体，不仅承担着直接的财政责任，而且承担着实施、管理与监督社会保障的责任。同时，福利国家的社会保障项目众多，待遇标准也较高，保障项目设置涵盖了每个社会成员"从摇篮到坟墓"的一切福利

---

① 郑功成著：《社会保障学——理念、制度、实践与思辨》，第145页，商务印书馆，2000。

保障需求，而个人通常不需缴纳或低标准缴纳社会保障费用，福利开支主要由政府和企业负担。

4. 法制健全。各种社会保障制度均依法实行，并设有多层次的社会保障法律监督体系。

5. 充分就业。国家采取各种措施来促使人人有就业机会，通过消灭各种导致失业的因素来实现充分就业的目标。

（二）福利国家模式的代表

在世界上，许多国家的社会保障制度选择福利国家模式。除英国等西欧国家，还有北欧国家，以及加拿大、澳大利亚等发达国家。其中，英国是福利国家的起源国，瑞典被称为福利国家的橱窗，北欧五国被誉为福利国家的天堂。

福利国家起源于英国，是与英国当时特定的历史条件分不开的。第二次世界大战期间，英国遭受了前所未有的战争破坏，社会矛盾激化，迫切需要在战后建立缓和社会危机、促进经济发展的一套社会稳定机制。于是，在1941年，英国政府委托著名经济学家贝弗里奇负责制定战后社会保障计划，这个计划于1942年底以《社会保险及相关服务》（又称贝弗里奇报告）为题发表，报告提出在战胜法西斯德国后，建立一套“从摇篮到坟墓”的社会福利制度。

贝弗里奇报告提出社会保障应当采取三种方式，即满足基本需要的社会保险、对特殊情况的国民补助和作为补充基本保障的自愿保险；同时，贝弗里奇报告还认为，英国的社会政策应以消除贫穷、疾病、肮脏、无知和懒散等五大祸害为目标，建立一个覆盖全社会的国民保险制度。该报告提出了社会保障的六项原则，即：(1)按统一标准发放补助金，不论接受者在失业、丧失工作能力或退休前原有的收入是多少，一律提供相同数量的补助；(2)统一标准，投保人员无论贫富，无论从事何种职业，按统一标准缴纳保险；(3)将负责的行政部门统一起来；(4)领取的补助金的数额应当适当，并及时提供，补助金的数量应当充分；(5)普遍性原则，社会保险的对象要逐步扩大到全国人口；(6)类别原则。上述原则其实是对公平性、强制性、福利性等的追求，它随之成为所有选择福利国家模式的国家建立健全社会保障制度的基本原则。

在贝弗里奇报告的基础上，英国政府在短短数年内先后制定了一系列社会保障法案。如《国民保险法》（1944）、《社会保险法》（1946）、《国民卫生保健服务法》（1946）、《家庭补助法》（1945）、《国民保险法》（1946）和《国民救济法》（1948）等。这些社会保障法律的颁布，使英国成为当时世界上社会保障制度最完备的国家，并于1948年正式宣布第一个建成“福利国家”。经过此后20年的改进完善，英国的社会保障制度发展成为面向全体社会成员、高福利、统一管理体制、为公民提供“一揽子”预防性保障的完整的社会保障体系，国家作为责任人承担着最后责任。

根据英国工党1945年在竞选宣言中所表示的，福利国家就是“使公民普遍地享受福利，使国家担负起保障公民福利的职责”。因此，英国的“福利国家”内容十分广泛，包括全民医疗保健、社会保险和社会服务。全民医疗保健包括农民（和在英国居住一年以上的外国人）在内，基本上由国家负担；而社会保险主要是发放退休金、失业救济和家庭补贴，退休金有基本退休金、补助退休金，失业救济分失业救济、失业者额外津贴和额外补助三个部分，家庭补贴包括孕妇补贴、儿童补贴、低收入家庭补贴、寡妇补贴、住房补贴和圣诞节奖金等；社会服务则是一个发达的个人生活照料系统，满足着社会成员的生活服务需求。不仅如此，为实施“福利国家”政策，英国政府还建立了一个庞大的管理机构，其中的中央管理机构是保健和社会保障部，有工作人员 8 000 人，还有上百万的工作人员在各地区、地方社会保障机构中服务。英国的社会保险是通过 529 个中央、地区和地方机构开展工作的。家庭医生则由 90 个家庭医生委员会组织服务①。

瑞典是福利国家的又一典型代表。自 1948 年开始，瑞典致力于建设“福利国家”。瑞典的社会保障制度在本质上奉行公平原则，大体分为两个层次：一是针对所有公民的基本生活保障；二是在此基础上提供的与收入相联系的保障。就保障内容而言，瑞典的社会保障项目繁多，对人们生老病死的每一个环节都有相应的保障，除生育、疾病、伤残、失业、养老保障外，还有儿童、遗属、单亲家庭、住房、教育和培训津贴。除现金津贴外，还提供医疗、护理等多项服务。这种全民性保险和广泛而优厚的补贴制度，使瑞典获得了“福利国家橱窗”之称。

为了管理庞杂的社会保障事务，瑞典成了统一的社会保障委员会。在国家社会保障委员会的领导下，形成了由国家、州市各级政府社会机构与服务处所构成的社会保障服务网络。

瑞典奉行的这种“从摇篮到坟墓”的社会保障政策，对于社会稳定和经济发展起了很大的作用。国家通过立法手段，干预经济和财政，对国民收入的再分配力度大，使财富在各家庭之间的分配趋于平等，这对于消除贫困和维持社会稳定与繁荣起了保障作用。据统计，瑞典的公共开支占 GDP 的比重在 1960 年时为 31%，1982 年上升到 67%。但是，当时瑞典的经济成就却引人注目，失业率只有 2.7%，通货膨胀率仅 3. 3%，低于欧洲也低于经合组织成员国的平均水平。② 到 20 世纪末，瑞典在维持高福利的同时，其经济形势依然良好，瑞典仍然是欧洲生活水平最高的国家之一，也是保持了经济发展活力的国家之一。

不过，过于优厚的社会保障待遇，亦造成了一些负面影响。例如，社会保障支出增长过快，导致了社会保障制度的收不抵支；同时，由于国家包得过多，标准过高，导致用于生产的财力减少，社会成本提高，产品在国际市场竞争力相对下降。此外，由于社会保障项目多、范围广、水平高，使社会保障收入同劳动收入的差逐渐缩小，这种现象必然会使部分人产生过分依赖社会和国家的思想。正是因为福利国家在快速发展中出现了一些问题，学术界（主要是经济学界）亦对福利国家模式多有批评，认为它是造成公共福利开支不断膨胀，税收负担加重，影响经济增长与国际竞争力的一个重要致因。因此，福利国家自 20 世纪 80 年代起也在调整自己的社会保障制度，但总体框架鲜有改变。

三、强制储蓄型模式

与传统社会保险型模式和福利国家模式有着巨大区别的另一种社会保障模式，是新加坡等国创立的公积金制度及后来变种的智利养老金私营化模式等，它们实质上都是一种强制储蓄型保障模式。

（一）强制储蓄型的基本特征

强制储蓄型模式的社会保障制度，曾经长期不被国际社会保障界认可，因为它缺乏传统社会保障制度的互济功能。不过，自新加坡建立公积金制度以来，随着人口老龄化的加剧，在以往的社会保障模式确实未能很好地解决养老等问题时，强制储蓄型模式得到了重视，一些国家在改革或建立自己的社会保障制度时，亦会考虑借鉴和吸收强制储蓄型模式的优点。

---

① 孙光德、董克用主编：《社会保障概论》，第 16 页，中国人民大学出版社，2000。

② 穆怀中主编：《社会保障国际比较》，第 69 页，中国劳动社会保障出版社，2002。

强制储蓄型模式除具备国家立法规范、政府严格监督等特点外，还具有如下鲜明的特点：

1. 强调自我负责，缺乏互济性。强制储蓄型模式是在国家立法的规范下，采取强制手段扣除劳动者的一部分工资储存起来，完全用于劳动者自己养老等。它不存在劳动者之间的互助共济功能，从而也无法让风险在群体中分散。可见，这种制度强调的自我负责而不是追求互助共济，这一点与其他社会保障模式所追求的目标是相背的。

2. 建立个人账户，实行完全积累。在强制储蓄型模式下，每个参与其中的劳动者均拥有一个账户，雇主与劳动者自己缴纳的费用均直接记入该账户，并逐年积累，直到劳动者年老退休时才领取。因此，这种模式实现的其实是劳动者自己一生中的收入与负担的纵向平衡。

3. 与资本市场有机结合。由于强制储蓄型模式是完全积累的财务机制，每个劳动者在劳动期间积累在个人账户上的资金是不断增长的，从参加强制储蓄到领取相应待遇，往往间隔数十年，期间必然遭遇基金贬值的风险。因此，强制储蓄型模式的最大压力在于如何使个人账户上积累的基金实现保值增值，这就必然要求积累基金与资本市场相结合，才可能在参与社会财富创造的过程中避免贬值的风险。

4. 在保障内容上主要是养老保障。从当代世界采取强制储蓄型模式的国家来看，这一模式主要适用于具有长期积累性的养老保险。因此，所谓的强制储蓄型模式并不等于采取这一模式国家的整个社会保障制度，而只是整个社会保障制度中的一部分。

5. 政府承担责任的方式特殊。在强制储蓄型模式下，政府通常并不直接分担缴费责任，而是扮演着监督者的角色，对个人账户上积累基金的投资运营的监督是重点。同时，不同国家政府承担的责任亦是有区别的，如新加坡是设立中央公积金局来集中运营公积金并由政府确保相应的收益率，智利则采取私营化办法，政府仅仅承担监管责任。

强制储蓄型模式在激励劳动者自我负责和限制政府责任方面是有效的，对应付人口老龄化亦具有相当正面的效果，但其缺乏互济性的缺陷，不利于风险的分散，从而并不是值得所有国家仿效的制度安排。因此，迄今为止，真正实行强制储蓄型模式的国家只有新加坡等一些小国，或者如智利只在养老保险等个别项目中实施。

(二)强制储蓄型模式的代表

在20世纪50年代，新加坡获得独立后即考虑建立自己的社会保障制度，但在经过对工业化国家已有社会保障模式的全面考察与评价后，新加坡放弃了简单模仿他国做法的想法，而是根据自己的国情，创设了独特的公积金制度。

新加坡的公积金制度，是通过国家立法，强制所有雇主、雇员依法按工资收入的一定比例向中央公积金局缴纳公积金，存入每个公积金会员的账户，专户储存;会员享受的待遇，只在其账户存续期间累积的公积金额度内支付。新加坡的公积金最初只是一种简单的强制养老储蓄制度，后来随着社会经济的发展和收入水平的提高，逐步发展成包括养老、住房、医疗在内的一项综合性社会保障制度。会员除在达到退休年龄时领取养老金之外，退休前还可在特准范围内用于购买住房和支付医疗、教育费用等。因此，新加坡的社会保障制度是以公积金制度为主体的，公积金制度之外虽然还有部分救助与福利事业，但在保障国民生活方面的作用均弱于公积金制度。

新加坡的公积金制度强调劳动者自食其力、自力更生、自我保障，采取的是统一的个人储蓄而不是分散的个人储蓄，资金来源于职工工资收入的一部分并按照法律规定强制征收后记入个人账户。在资金筹集方面，由雇主和雇员按规定比例分担，政府根据经济发展、工资收入及公积金储蓄比例等作相应调整。新加坡的公积金制度经历半个多世纪的发展，从单一功能发展到综合功能，进而成为新加坡国民主要的社会保障措施，说明它是符合新加坡的国情并具有生命力的。

另一个引起广泛关注的采取强制储蓄型模式的代表性国家是智利。智利曾经是拉美国家中最早建立社会保险制度的国家。与新加坡相比，智利强制储蓄型制度的区别在于：一是雇主不缴费而只由劳动者个人缴费。二是由私人机构管理养老基金的运营。智利养老金私营化的突出表现为：(1)专人专户，一家公司负责一项基金计划，实现基金运行的简化、透明，并强化监督管理作用；(2)将养老保险基金的营运纳入法制化、规范化和制度化的轨道，通过规定最低准备金、年金基金资产的投资限额，将相互投资公司的投资营运限制在一定幅度之内，以维持养老保险基金的总体平衡；(3)建立有效的监控体系和制定严格的投资规则，以确保基金营运的安全性和盈利性。三是个人账户上的强制性储蓄只能用于养老而不能像新加坡那样可以用于医疗保健与住房开支等。可见，智利的养老金私营化较传统模式而言，显然走得比新加坡更远。当然，智利的强制储蓄制度事实上还需要其他相应的社会保障措施配套①。智利在推进养老金私营化模式时，政府从立法、运行机制及监控体系等方面发挥作用，以确保基金的有效运营和保值增值。为了保障基金的安全，政府加强了间接调控的职能，具体表现在：(1)通过立法，规范指导商业经营性年金基金公司的运作；(2)由政府保证实现对低收入劳动者的最低限度保障及对公司营运的最低担保；(3)由政府出面帮助实现新、旧模式的顺利转轨，它采取的措施是通过发行认购退休债券的方式由政府承担部分原有体制下的未决债务，使新、旧模式的转换成为可能。

将公共养老金制度改为养老金私有化管理以来，智利模式取得了明显的成就，受到国际货币基金组织和世界银行等一些纯经济组织的高度重视，但在国际社会保障界却并未得到高度认可。因为智利毕竟是在特有的政治、经济背景下，将传统的社会保险制度改变为养老储蓄基金制度的，虽然这一创新值得肯定，但智利所采用的具体方法，其他国家却不一定全都适用，实际上也并没有哪个国家是完全照搬了智利模式，都不约而同地根据本国的情况进行了不同程度的调整②。当然，从它的变革中，也确实体现了一些新的社会保障制度发展前景的特质，即在传统的以公平为主的社会保障领域中引入了市场机制，在传统的国家责任领域增加了更多的个人责任，在传统的政府垄断性管理的领域加入竞争性经营等。

四、国家保险型模式

国家保险型模式，是由前苏联创建并在20世纪中期被其他社会主义国家仿效的社会保障模式。这种模式以公有制为基础，与高度集中的计划经济体制相适应，由政府统一包揽并面向全体国民，因而又被称为政府统包型社会保障制度。国家保险型模式的宗旨是：最充分地满足无劳动能力者的需要、保护劳动者的健康并维持其工作能力。

---

① 智利模式当时成功建立的一个很重要的社会背景是军人政府的上台，而这种条件在其他国家一般是不具备的。效仿智利的拉美国家也在不同程度上进行了创新。如墨西哥采用的是包括私营化管理在内的混合管理方式，阿根廷、乌拉圭采用的混合改革方式，秘鲁、哥伦比亚采用的是私营与公营并行的改革方式。参见郑功成：“智利模式——养老保险私有化改革评述”，载《经济学动态》，2001(5)。

② 郑功成著：《社会保障学——理念、制度、实践与思辨》，第151页，商务印书馆，2000。

国家保险型模式的主要特征有：

1. 国家通过宪法将社会保障确定为国家制度，公民所享有的社会保障权利由生产资料公有制保证，并通过相应的社会经济政策的实施取得。

2. 社会保障支出由政府和企业承担，其资金由全社会的公共资金无偿提供，由于国家已事先做了社会保障费的预留和扣除，个人不需要缴纳社会保障费。

3. 保障的对象是全体公民。每一个有劳动能力的人都必须积极参加社会劳动并在劳动中获得相应的社会保障，国家对无劳动能力的社会成员也提供着物质保障。

4. 工会参与社会保障事业的决策与管理。

国家保险制度作为社会主义国家普遍采用过的社会保障模式，曾经造福于亿万人民，但因这种保险超越了现阶段的承受力，经过半个多世纪的实践，逐渐随着前苏联的解体与东欧国家的剧变而被摒弃。即使是仍然坚持社会主义的中国，也从20世纪80年代开始改革这套制度，并代之以能够适应市场经济体制的社会化社会保障制度。

如果不是以社会保障制度主体内容为依据，而是从社会保障制度的整体出发，那么，许多国家选择的或正在改革中的社会保障制度，其实是社会保险型与福利国家型乃至强制储蓄型并存、现收现付与部分积累乃至完全积累并存的混合型保障模式。例如，中国在摒弃社会主义国家传统的国家保险模式后，经过20年来的改革正在逐渐形成中的即是一种混合型社会保障制度，其中既有个别全民性福利，也有社会保险，还引进了个人账户制，社会救助亦因需要者众多而与社会保险制度具有几乎同等重要的地位，从而只能是混合型保障模式①。

思考题

1. 为什么说社会保障体系不能有漏洞？
2. 中国现行社会保障体系包括哪些内容？
3. 比较基本社会保障与补充社会保障的差异。
4. 比较社会救助、社会保险与社会福利的异同。
5. 比较几种主要社会保障模式的异同。
6. 如何评价智利养老金私营化改革？

① 郑功成著:《社会保障学——理念、制度、实践与思辨》，第153页，商务印书馆，2000。

第四章　养老保险

第一节　养老保险的涵义及实施原则

社会保障是一个项目众多、结构复杂、范围广泛的体系。而在诸项社会保障项目中，“现今世界各国最受重视的莫过于老年保险制度。它既是国家耗资最多、影响最广泛而深远的保险计划，也是衡量一个国家社会保障制度完备程度和精神文明的重要标志。老年保险如此之重要，以致在某些国家中，‘退休’、‘养老’成了‘社会保障’和‘社会保险’的同义语。”①养老保险或老年保险系养老保障的主体内容。

一、养老保险的涵义

养老保险是社会保障制度的重要组成部分，是社会保险五大险种中最重要的险种之一。所谓养老保险（或养老保险制度）是国家和社会根据一定的法律和法规，为解决劳动者在达到国家规定的解除劳动义务的劳动年龄界限，或因年老丧失劳动能力退出劳动岗位后的基本生活而建立的一种社会保险制度。这一概念主要包含以下三层涵义：

1. 养老保险是在法定范围内的老年人完全或基本退出社会劳动生活后才自动发生作用的。这里所说的“完全”，是以劳动者与生产资料的脱离为特征的；所谓“基本”，指的是参加生产活动已不成为主要社会生活内容。需强调说明的是，法定的年龄界限（各国有不同的标准）才是切实可行的衡量标准。

2. 养老保险的目的是为保障老年人的基本生活需求，为其提供稳定可靠的生活来源。

3. 养老保险是以社会保险为手段来达到保障的目的。养老保险是世界各国较普遍实行的一种社会保障制度。

养老保险是社会化大生产的产物，也是社会进步的标志。目前，世界各国实行的养老保险制度各具特色，但基本上可分为三种类型，即投保资助型（亦即传统型）养老保险、强制储蓄型养老保险（也称公积金模式）和国家统筹型养老保险。在我国，20 世纪 90 年代之前，企业职工实行的是单一的养老保险制度。1991 年，《国务院关于企业职工养老保险制度改革的决定》中明确提出：“随着经济的发展，逐步建立起基本养老保险与企业补充养老保险和职工个人储蓄性养老保险相结合的制度”。从此，我国逐步建立起多层次的养老保险体系。在这种多层次养老保险体系中，基本养老保险可称为第一层次，也是最高层次。其次是企业补充

---

① 魏新武：《社会保障世纪回眸》，第 124 页，中国社会科学出版社，2003。

养老保险，再次是个人储蓄性养老保险。在我国创造性地实施的“社会统筹与个人账户相结合”的基本养老保险改革模式，经过多年的探索与完善，已逐步走向成熟。

二、养老保险的基本原则

1. 保障基本生活。基本养老保险的目的是对劳动者退出劳动领域后的基本生活予以保障。这一原则更多地强调社会公平，有利于低收入阶层。一般而言，低收入人群基本养老金替代率（指养老金相当于在职时工资收入的比例）较高，而高收入人群的替代率则相对较低。劳动者还可以通过参加补充养老保险（企业年金）和个人储蓄性养老保险，获得更高的养老收入。

2. 公平与效率相结合。养老保险待遇水平既要体现社会公平，又要体现个体之间的差别，在维护社会公平的同时，强调养老保险对于促进效率的作用。

3. 权利与义务相对应。目前大多数国家在基本养老保险制度中都实行权利与义务相对应的原则，即要求参保人员只有履行规定的义务，才能享受规定的养老保险待遇。这些义务主要包括：依法参加基本养老保险；依法缴纳基本养老保险费并达到规定的最低缴费年限。基本养老保险待遇以养老保险缴费为条件，并与缴费的时间长短和数额多少直接相关。

4. 管理服务社会化。按照政事分开的原则，政府委托或设立社会机构管理养老保险事务和基金。要建立独立于企业事业单位之外的养老保险制度，就必须对养老金实行社会化发放，并依托社区开展退休人员的管理服务工作。

5. 分享社会经济发展成果。在社会消费水平普遍提高的情况下，退休人员的实际生活水平有可能相对下降。因此，有必要建立基本养老金调整机制，使退休人员的收入水平随着社会经济的发展和职工工资水平的提高而不断提高，以分享社会经济发展的成果。

第二节　我国基本养老保险制度

我国的养老保障制度改革，自 1986 年开始，经过近 30 年的探索和总结，现在已经明确了改革目标，初步确定了一套与我国社会主义市场经济体制相适应的制度模式。

一、多层次的养老保障

（一）社会救助养老层

对缺乏劳动能力，生活没有依靠，没有亲属供养无依无靠的农村五保户和城市贫困家庭的老年人及优抚对象，由政府、集体提供基本养老保障，以社会福利养老供养形式作为基本养老支持，慈善团体给予社会救助。

在城市，孤寡老人、残疾老人、经济困难的老人可以申请社会救助养老，比如社区居家养老救助，三无人员（指由民政部门收养的无生活来源、无劳动能力、无法定抚养义务人的公民）可以进入养老院养老。政府主要对社会养老服务机构进行管理、调整。

改革开放以来农村经济体制改革和社会主义市场经济体制的初步确立，使农村的社会经济状况发生了根本变化，以集体经济为依托的农村社会保障体系解体，农村传统的以土地为基本手段的生活保障体系削弱，农村传统家庭和社会关系的巨大变化，使农民的贫困问题、养老问题以及医疗问题日趋严重，而养老问题更是尤为突出。所以农村最低生活保障制度作为最低层次的保障，是最广泛、最基本的保障，是社会保障的最后屏障，也是农村老年人养老保障的最后一道防线①。农村最低生活保障制度是对年收入低于最低生活保障标准的贫困人口，按最低生活标准实行差额补助的制度，它是农村社会保障体系建设的一个重要组成部分。

（二）社会养老保险层

养老保险是我国社会保障制度的重要组成部分，是我国社会保险五大险种中最重要的险种之一。由于我国仍处于城乡二元经济体制下，现阶段我国的养老保险制度采取了城镇和乡村不同的制度模式和管理方式。在城镇按企业、国家机关和事业单位分别实施不同的养老保险制度；在农村主要是家庭养老。

企业养老保险由三个层次组成。第一层次是基本养老保险，它又称国家基本养老保险，是按国家统一政策规定强制实施的为保障广大离退休人员基本生活需要的一种养老保险制度。第二层次是企业补充养老保险，企业补充养老保险是由企业根据自身经济实力，在国家规定的政策和实施条件下，为本企业职工所建立的一种辅助性的养老保险。第三层次是个人储蓄性养老保险，个人储蓄性养老保险是我国多层次养老保险体系的一个组成部分，是由职工自愿参加、自愿选择经办机构的一种补充保险形式。机关、事业单位现行的养老保险制度为现收现付制。

在农村，部分地区根据自己的实际情况发展了不同的养老保险制度，从总体来看，大部分农村居民仍然延续了家庭养老的现状，少数农村居民能享受到农村社会养老保险、五保供养、优抚安置、退休养老和商业保险等某一种或几种养老保险待遇。

在农村居民的养老保障问题上，我国已明确了 2020 年基本建立覆盖城乡居民社会保障体系的目标。2009 年 9 月 1 日，国务院印发《关于开展新型农村社会养老保险试点的指导意见》，全国新农保试点工作正式启动。

2009 年，国务院出台了《关于开展新型农村社会养老保险试点的指导意见》，在全国开启新型农村社会养老保险试点。到 2012 年 6 月底，全国各地已经全部实行了新农保的制度全覆盖。2011 年，《国务院关于开展城镇居民社会养老保险试点的指导意见》印发，决定按照"保基本、广覆盖、有弹性、可持续"的基本原则，从 2011 年 7 月开展城镇居民养老保险试点，2012 年基本实现城镇居民养老保险制度全覆盖。2014 年 2 月 21 国务院印发了《关于建立统一的城乡居民基本养老保险制度的意见》；2 月 24 日，经国务院同意，人社部、财政部印发了《城乡养老保险制度衔接暂行办法》。

2015 年 1 月 3 日，国务院下发《关于机关事业单位工作人员养老保险制度改革的决定》（国发〔2015〕2 号）；3 月 17 日人社部、财政部两部联合下发《关于贯彻落中实 <国务院关于机关事业单位工作人员养老保险制度改革的决定> 的通知》（人社部发〔2015〕28 号）；在全国范围建立机关事业养老保险，与城镇企业养老保险制度实行并轨。

（三）家庭养老层

家庭养老是几千年来中国人养老的主要方式，养儿防老在中国文化中已经根深蒂固，早

① 陈淑君：《人口老龄化背景下的黑龙江农村养老救助体系研究》，载《黑龙江社会科学》2009 年第 3 期。

在虞氏时已有“养老”之礼。家庭养老在经历了漫长的历史岁月，已经形成了我国独特的文化。随着我国经济高速发展，家庭结构逐渐核心化，社会养老在逐渐推广的同时，家庭养老仍在祖国大地上尤其是农村地区，具有顽强的生命力。家庭养老保障是老年生活保障体系中最基本的一个层次，尤其是没有退休金收入的老年人的主要生活依靠。家庭养老在农村社会保障制度建设中拥有基础性地位和作用。我国老年人大部分集中在乡村，家庭养老仍是农村养老的主要形式。首先，家庭养老是老年人的意愿。从老年人生活服务及精神慰藉方面来说，即便有养老金的老年人，只是有经济方面的支持是远远不够的，还需要家人的呵护与照顾，完全离开家庭势必影响晚年生活质量。其次，社会养老保险能力不足。在短期内，我国农村老年人对家庭养老的依赖性远远大于城市。而且，我国在法律上也规定了子女有赡养父母的义务。《中华人民共和国老年人权益保障法》第十条规定：老年人养老主要依靠家庭，家庭成员应当关心和照料老年人；子孙后代有赡养老人的权利和义务；赡养人应当履行对老年人经济上供养、生活上照料和精神上慰藉的义务，照顾老年人的特殊需要等。这就为我国家庭养老方式的主体地位提供了有效的法律保障①。

（四）商业养老保险层

商业养老保险是以获得养老金为主要目的的长期人身险，它是年金保险的一种特殊形式，又称为退休金保险。商业性养老保险的被保险人，在交纳了一定的保险费以后，就可以从一定的年龄开始领取养老金。这样，尽管被保险人在退休之后收入下降，但由于有养老金的帮助，他仍然能保持退休前的生活水平。

二、基本养老保险的适用范围

2011年6月7日国务院发布《国务院关于开展城镇居民社会养老保险试点的指导意见》，要求建立个人缴费、政府补贴相结合的城镇居民养老保险制度，与其他社会保障政策相配套，保障城镇居民老年基本生活。2011年7月1日正式实施的《社会保险法》对城镇职工基本养老保险的参保对象、制度模式、待遇领取标准以及管理方式等进行了规定。2011年6月29日，人力资源和社会保障部公布《实施〈中华人民共和国社会保险法〉若干规定》，将基本养老保险的一些规则予以细化明确。《人力资源和社会保障事业发展“十二五”规划纲要》提出，在“十二五”期间，新型农村社会养老保险和城镇居民社会养老保险实现制度全覆盖，城镇职工和居民参加基本养老保险人数达到3.57亿人，农村居民参保人数达到4.5亿人，作为未来五年人力资源和社会保障事业发展的主要目标。

从政府的角度来讲，基本养老保险只对覆盖范围内的人负责；就个人而言，只有被纳入适用范围才有资格参加并享受养老待遇。从理论上讲，基本养老保险的保障对象应为全体劳动者直至覆盖到全体公民。其原因在于，物质帮助权是公民享有的宪法性权利，据此有权获得年老时所需要的生活帮助和补偿。但是，不同模式的社会保障制度，养老保险的覆盖范围是有区别的：福利国家型的养老保险制度覆盖全体国民；而社会保险型的国家，一般选择覆盖从业人员即劳动者。即使是实行社会保险型制度的国家，由于受社会经济发展水平等多种因素的影响，并非全体劳动者都能一起享受到养老保险待遇，全体劳动者都享受养老保险是一

① 郑军、张海川：《家庭养老文化视角下探索多层次农村养老保障体系》，载《农村经济》2009年第10期。

个渐进的发展过程。

长期以来，我国传统的养老保险是依据与职业关联的原则来设计的，基本养老保险制度适用的对象主要是与企业建立劳动关系的劳动者。为适应社会经济发展和人权保障的需要，我国基本养老保险制度的适用范围呈现逐步扩大的趋势。《社会保险费征缴暂行条例》规定，基本养老保险费的征缴范围包括国有企业、城镇集体企业、外商投资企业、城镇私营企业和其他城镇企业及其职工，实行企业化管理的事业单位及其职工。省、自治区、直辖市人民政府根据当地实际情况，可以规定将城镇个体工商户纳入基本养老保险的范围。2005 年，《国务院关于完善企业职工基本养老保险制度的决定》进一步扩大了基本养老保险覆盖范围。规定城镇各类企业职工、个体工商户、灵活就业人员和农民合同制职工都要参加企业职工基本养老保险。在此基础上，《社会保险法》对基本养老保险覆盖范围进行了进一步规定。

1. 职工参加基本养老保险

职工是与用人单位相对应的概念，应该是除公务员和参照公务员进行管理以外的所有用人单位的劳动者，包括企业、民办非企业单位、有雇工的个体工商户的职工，也包括机关、团体、事业单位中签订劳动合同或聘用合同的人员。

《社会保险法》实施之前，科、教、文、卫为代表的公益性事业单位的职工基本养老保险主要适用机关、事业单位养老保险制度，不参加城镇职工基本养老保险，也就是说，科、教文、卫为代表的公益性事业单位工作人员的基本养老保险是和公务员养老保险基本适用同一制度。2008 年 3 月 14 日，国务院下发《关于印发事业单位工作人员养老保险制度改革试点方案的通知》，决定在山西省、上海市、浙江省、广东省、重庆市先期开展事业单位工作人员养老保险试点，与事业单位分类改革试点配套推进。分类改革后保留的公益性事业单位实行单独的事业单位养老保险制度，制度模式与企业基本一致，实行社会统筹和个人账户相结合，由单位和个人缴费，事业单位工作人员的退休金不再单纯由国家财政负担，而是按照企业养老保险办法实施。目前这项改革正在进行中。

基本养老保险费的筹资方式，从世界各国的制度来看，主要有以下模式：(1)企业、个人和国家三方负担，如英国和德国，在这种筹资方式下，社会保险基金来源于企业、个人的投保以及国家收取的资金。三方共同出资较好地体现了社会保险的社会共同责任原则。(2)企业和职工两方负责，如新加坡和法国。(3)完全由个人负担，如智利。(4)企业全部负担，计划经济时期我国实行的就是这种方式。《社会保险法》规定，职工参加基本养老保险，需要用人单位和职工共同缴纳基本养老保险费。在养老保险基金的筹集中，政府并不直接缴纳养老保险费，而是在用人单位和职工双方负担的基础上承担养老保险费收不抵支的部分，以及对困难群体和残疾人的补贴职责，发挥辅助性的作用。

无雇工的个体工商户、未在用人单位参加基本养老保险的非全日制从业人员以及其他灵活就业人员可以参加基本养老保险，由个人缴纳基本养老保险费。

2. 公务员和参照公务员管理的工作人员参加基本养老保险的规定

依据《公务员法》的规定，我国公务员是指依法履行公职、纳入国家行政编制、由国家财政负担工资福利的工作人员。参照公务员法管理的工作人员是指法律、法规授权的具有公共事务管理职能的事业单位中除工勤人员以外的工作人员。长期以来，我国的公务员以及参照公务员管理的工作人员基本实行自 20 世纪 50 年代建立起来的退休制度，职工个人无须缴纳社会保险费，只要符合退休或离休条件，即可实行退休养老，按月从单位领取退休金或离休金。

20 世纪 50 年代初，我国对职工和国家公务员采取了两套不同的退休制度，企业职工适用 1951 年颁布、1953 年修改的《劳动保险条例》，国家机关适用 1955 年国务院颁布的《国家机关工作人员退休处理暂行办法》。1958 年，国务院发布《关于工人、职员退休处理的暂行规定》，统一了企业和国家机关的退休制度。1978 年，国务院又发布了《关于安置老弱病残干部的暂行办法》和《关于工人退休、退职的暂行办法》。两个暂行办法对干部和工人的退休、退职分别作出了规定，将 1958 年统一起来的国家干部和企业职工的退休、退职制度重新分开，最终形成了两套不同的退休制度。

我国公务员养老保险制度具有以下特点：(1)公务员养老保险较企业职工养老金较为丰厚。(2)公务员养老保险金完全来自各级财政，公务员所在单位和公务员个人不缴费。(3)养老保险金标准以本人工资为基数，按工龄长短计发。在职公务员工资调整时，退休公务员养老金也随之调整。(4)单位管理，由公务员所在的机关负责公务员退休办理、养老保险金发放等工作。

随着社会经济的发展，公务员养老保险制度暴露了诸多问题，主要是：(1)与企业社会保险制度分割严重，企业与机关同类人员养老金待遇水平差距过大，影响了社会和谐。(2)有些公务员权益得不到保障。传统国家统包、单位负责的退休金发放办法，造成了单位和单位之间、地区和地区之间不能调剂。一些经济困难的地区在职公务员工资都难以保证，离退休人员养老金出现拖欠也不足为奇。(3)阻碍了统一劳动力市场的形成。养老保险制度的不统一，影响了公务员和其他社会群体的职业转换与流动，既不利于人力资源的优化配置，也不利于统一劳动力市场的形成。(4)遭受来自基本养老保险制度改革的冲击。在人口老龄化冲击下，各国纷纷改革其养老保险制度，主要措施包括：提高退休年龄、延长领取全额退休待遇的工作年限、提高缴费率、降低长期待遇水平、调整养老金调整机制、提高基金积累程度等。公职人员养老保险制度面临很多同样的问题，这些改革所产生的示范效应，同样驱使公职人员养老保险进行改革。

为适应市场经济国家普遍建立公务员社会保险制度的趋势，保障公务员权益、促进劳动力市场统一、促进社会和谐，必须对公务员养老保险制度进行改革并实现公务员社会保险制度的法治化。2005 年的《公务员法》明确要求国家建立公务员保险制度，为我国公务员养老保险制度改革提供了法律依据。《社会保险法》将公务员和参公管理的工作人员的养老保险制度授权国务院制定相关制度，规定公务员和参照公务员法管理的工作人员养老保险的办法由国务院规定。

1992 年各地相继开始了机关事业单位养老保险制度改革试点工作。由于缺乏全国统一规划，各地在统筹层次、覆盖范围和征缴比例等方面，规定各异。据原劳动保障部 2007 年统计，除西藏、青海、宁夏外，其余 28 个省市中 230 个地市的 1844 个县区不同程度的开展了机关事业单位养老保险制度改革工作。

2015 年 1 月 3 日，国务院下发《关于机关事业单位工作人员养老保险制度改革的决定》(国发〔2015〕2 号)；3 月 17 日人社部、财政部两部联合下发《关于贯彻落实 < 国务院关于机关事业单位工作人员养老保险制度改革的决定 > 的通知》(人社部发〔2015〕28 号)；在全国范围建立机关事业养老保险，与城镇企业养老保险制度实行并轨。本次改革主要精神包括：

(1)明确参保范围，将公务员法管理的单位、参照公务员法管理的机关(单位)、事业单位及其编制内的工作人员全部纳入制度范围。其中，根据事业单位分类改革办法，目前已划分为生产经营类但尚未转制的事业单位,已参加企业制度的继续参加,尚未参加的暂时参加机关事业制度,等转制后再转入企业制度。

(2)实行和企业职工相同的养老保险制度。包括:实行统账结合制度,执行和企业养老保险制度相同缴费比例、个人账户规模以及基数范围;养老金待遇计发办法和有关参数,比照企业养老保险,执行相同参数。其中,对于制度建立时已退休的(老人),按照老办法继续发放待遇;对于制度建立后参加工作的(新人),按新办法执行;对于制度建立前参加工作但尚未退休的(中人),设立10年过渡期,过渡期内实行退休新老办法对比,就高发放待遇。期内,按新办法退休待遇高于老办法的,超出部分,第一年退休发放超出部分的10%,之后每年增加10%,以此类推。过渡期后退休的中人,比照企业制度发放过渡性养老金,具体参数单独制定。

(3)建立基本养老金正常调整机制。根据职工工资增长和物价变动等情况进行调整。

(4)机关事业单位基本养老保险基金单独建账,与企业职工基本养老保险基金分别管理使用。

(5)做好养老保险关系转移接续工作。参保人员在同一统筹范围内的机关事业单位之间流动,只转移养老保险关系,不转移基金。参保人员跨统筹范围流动或在机关事业单位与企业之间流动,参照企业养老保险关系转续办法执行。

(6)建立职业年金制度。机关事业单位在参加基本养老保险的基础上,应当为其工作人员建立职业年金。单位按本单位工资总额的8%缴费,个人按本人缴费工资的4%缴费。工作人员退休后,按月领取职业年金待遇。

(7)逐步实行社会化管理服务。机关事业单位工作人员统一发放社保卡,退休待遇采取社会化发放,退休后逐步纳入社区管理。

(8)确立管理主体。人社部负责在京中央国家机关及所属事业单位基本养老保险的管理工作,同时集中受托管理其职业年金基金。中央国家机关所属京外单位的基本养老保险实行属地化管理。

(9)明确延迟退休人员参保政策。部分经批准可适当延长退休年龄的人员,继续参保缴费。

(10)明确统筹层次为省级统筹。对于确实难以一步到位实现省级统筹的,可以采取调剂金制度,所需资金由省级财政预算安排。

三、基本养老保险的制度模式和基金组成

(一)统账结合模式

世界范围内的基本养老保险主要有三种模式:一是现收现付制。即以近期横向收支平衡为原则的基金筹集方式。养老保险基金主要由雇主和雇员共同缴费构成,保险费的收入全部用于当期养老金的给付,以支定收,实行现收现付。二是积累制。即以远期纵向平衡为原则的基金筹集方式,建立个人账户,个人缴纳的养老保险费全部进入个人账户,资金用于投资取得收益,个人退休后养老金给付的多少取决于个人账户的积累额。三是部分积累制。即实行现收现付和部分积累相结合。

我国实行的是社会统筹与个人账户相结合(简称统账结合)模式。统账结合是我国养老保险制度的核心内容,也是我国在世界上首创的一种新型的基本养老保险基金收支管理模式。其基本理念是把社会互济和自我保障相结合,实现公平与效率的兼顾。具体做法是将用

人单位和劳动者参保个人的养老保险缴费，一部分记入社会统筹账户，实现社会互济，另一部分记入个人账户，多缴多得，可以继承，激励劳动者退休之前努力工作。该制度既吸收了现收现付制的优点，又借鉴了积累制的长处；既体现了社会保险的社会互济、分散风险、保障性强的特点，又强调了职工的自我保障意识和激励机制。

社会统筹是指社会保险基金在一定范围内由社会保险征收机构依法统一征收、统一管理、统一调剂使用。这一制度是在原企业职工退休制度的基础上改革而形成的，具体办法为改变企业各自负担本企业职工离退休费的办法，改由社会保险征收机构按照一定的缴费基数和缴费比例向企业和劳动者统一征收养老保险费，形成由社会保险经办机构统一管理的基本养老保险基金。基本养老保险费用社会统筹符合社会保险的"大数法则"，能够增强社会保险的互济功能，能够均衡和减轻企业的养老保险费用负担，为企业之间的平等竞争创造条件；能够促进劳动力流动，加快形成劳动力市场；保障劳动者退休后的养老待遇不受企业经济效益好坏和存亡的影响等。

个人账户是社会保险经办机构按照国家规定，为每位参保职工所建立的，用以记录职工的缴费情况和记载个人账户储存额（包含本金和利息），并作为计发和领取养老金的重要依据。从2006年1月1日起，个人账户的规模统一由本人缴费工资的11%调整为8%，全部由个人缴费形成，单位缴费不再划入个人账户。个人账户基金由强制性的个人缴费积累形成，由个人支配使用，不作社会互济，基金采取完全积累的方式，退休时按月支付使用。

统账结合制度融合了现收现付制与完全积累制的多重优点，既有利于促进公平，又有利于提高效率。社会统筹体现了社会共济原则，可以较好地保障更多人群的生活水平；个人账户体现了市场化原则，个人的养老金与缴费水平相关联，有利于激励缴费。既有利于保障待遇给付，又有利于规避风险。个人账户的引入，实现了预留资金的目的，有利于缓解人口老龄化的压力；社会统筹账户实行现收现付，不必将当代人的缴费完全积累下来，有利于缓解完全积累制下的投资运行风险，避免资金受通货膨胀的侵蚀。

（二）基本养老保险基金的组成

基本养老保险基金由用人单位和个人缴费以及政府补贴等组成。

1. 用人单位缴费

我国基本养老保险实行的是缴费制，基本养老保险基金主要由用人单位和个人缴费组成。用人单位对劳动者不仅要承担按时足额发放工资的义务，而且有义务为劳动者缴纳社会基本养老保险费用。1997年《国务院关于建立统一的企业职工基本养老保险制度的决定》规定："企业缴纳基本养老保险费的比例，一般不得超过企业工资总额的20%（包括划入个人账户的部分），具体比例由省、自治区、直辖市人民政府确定。少数省、自治区、直辖市因离退休人数较多、养老保险负担过重，确需超过企业工资总额20%的，应报劳动部、财政部审批。劳动者所在的用人单位缴费，使社会保险基金来源避免了单一渠道，增加了社会保险制度本身的可持续性。用人单位缴纳的养老保险费是养老保险基金的主要来源。

2. 劳动者个人缴费

劳动者个人缴纳的养老保险费也是养老保险基金的重要来源，个人在享受养老保险权利之前也需要履行缴纳养老保险费的义务。1997年7月，国务院发布的《关于建立统一的企业职工基本养老保险制度的决定》规定："个人缴纳基本养老保险费（以下简称个人缴费）的比例，1997年不得低于本人缴费工资的4%，1998年起每两年提高1个百分点，最终达到本人缴费工资的8%。有条件的地区和工资增长较快的年份，个人缴费比例提高的速度应适当加快。”目前，各地养老保险个人缴费基本上都达到了本人缴费工资8%的比例。2005年，国务院颁布的《关于完善企业职工基本养老保险制度的决定》规定：“城镇个体工商户和灵活就业人员参加基本养老保险的缴费基数为当地上年度在岗职工平均工资，缴费比例为20%，其中8%记入个人账户。”

3. 政府补贴

政府补贴指由政府财政所提供的用于补贴养老保险基金的资金。在养老保险基金的筹集中，政府并不直接缴纳养老保险费，而是在用人单位和职工双方负担的基础上发挥辅助性的作用，承担补贴责任。目前，我国政府每年根据地方基本养老保险金的支出情况和做实个人账户的需要给予补贴。养老保险基金除了用人单位和个人缴费以及政府补贴以外，还包括养老保险费利息和其他收益、滞纳金和其他可以纳入基本养老保险基金的资金。

二、基本养老保险费的缴纳模式

用人单位和职工缴纳社会基本养老保险费用的多少取决于两个要素：费基和费率。费基是指用人单位或个人用于计算缴纳基本养老保险费用的工资基数，费率是按照一定的缴费基数缴纳养老保险费的比例，用人单位或劳动者个人应缴费金额为费基乘以规定的缴费比例。

（一）用人单位缴纳基本养老保险费的规定

用人单位缴纳社会基本养老保险费用的费基，我国城镇职工基本养老保险制度施行之初不太统一和规范，有以企业职工工资总额作为基数的，有以职工个人缴费工资之和为基数的，还有以企业工资总额和离退休费用之和作为基数的。1997年国务院颁布《关于建立统一的企业职工基本养老保险制度的决定》规定，企业缴纳基本养老保险费的为企业工资总额。基本养老保险应该是全国统一的制度，缴费基数的统一是制度统一的重要方面，用人单位应当按照国家规定的本单位职工工资总额的比例缴纳基本养老保险费。这里的“本单位职工工资总额”是指用人单位在一定时期内直接支付给本单位全部职工的劳动报酬总额。工资总额由下列6个部分组成：(1)计时工资；(2)计件工资；(3)奖金；(4)津贴和补贴；(5)加班加点工资；(6)特殊情况下支付的工资。用人单位支付给职工的劳动报酬，不论其经费来源、支付形式、费用列支渠道、是否计入成本、是否国家计征所得税，都应列入工资总额计算范围。

基本养老保险费的费率直接关系到国家、用人单位和劳动者个人的利益分配关系，也关系到养老保险制度的可持续发展。费率定的过高，必然加重用人单位的负担，不利于社会经济的发展；费率定的过低，可能会导致筹集的养老保险基金不足，必然会使社会保险难以为继。1997年《国务院关于建立统一的企业职工基本养老保险制度的决定》规定：“企业缴纳基本养老保险费的比例，一般不得超过企业工资总额的20%（包括划入个人账户的部分），具体比例由省、自治区、直辖市人民政府确定。少数省、自治区、直辖市因离退休人数较多、养老保险负担过重，确需超过企业工资总额20%的，应报劳动部、财政部审批。”由于承担了制度转轨和改革成本，我国用人单位的费率较高，已经达到了国际公认的企业养老保险费率的警戒线20%。基本养老保险费的费率直接关系到企业人工成本和企业的竞争力，合理的基本养老保险费的费率需要综合各种因素进行科学测定。由于基本养老保险尚未实现全国统筹，基金还不能调剂使用，因此，《社会保险法》没有具体规定用人单位缴纳基本养老保险费的费率，只是规定应当按照国家规定的本单位职工工资总额的比例缴纳基本养老保险费，至于具体的比例是多少，没有明确，这为基本养老保险费率的调整预留了空间。

用人单位缴纳的基本养老保险费，记入基本养老保险统筹基金，用于当期的基本养老保险待遇给付，实行现收现付。

（二）职工缴纳基本养老保险费的规定

职工个人在享受养老保险权利之前也需要履行缴纳养老保险费的义务。职工应当按照国家规定的本人工资的比例缴纳基本养老保险费，记入个人账户。

关于职工个人缴纳基本养老保险费的费率，1997 年《国务院关于建立统一的企业职工基本养老保险制度的决定》规定："个人缴纳基本养老保险费的比例，1997 年不得低于本人缴费工资的 4%，1998 年起每两年提高 1 个百分点，最终达到本人缴费工资 8%。有条件的地区和工资增长较快的年份，个人缴费比例提高的速度应适当加快。"从 2006 年 1 月 1 日起，个人账户的规模统一由本人缴费工资的 11% 调整为 8%，全部由个人缴费形成，单位缴费不再划入个人账户。

这里的本人工资也即缴费工资，是指职工本人上一年度月平均工资。月平均工资按国家统计局规定列入工资总额统计的项目计算，包括工资、奖金、津贴、补贴等收入。本人月平均工资低于当地职工平均工资 60% 的，按当地职工月平均工资的 60% 缴费；超过当地职工月平均工资 300% 的，按当地职工月平均工资 300% 缴费，超过部分不记入缴费工资基数，也不记入计发养老金的基数。缴费工资上下限的封定，主要是为了保证职工退休后，不至于因在职时工资收入差距过大而导致其基本养老金差距进一步拉大。新招职工以起薪当月工资收入作为缴费工资基数；从第二年起，按上一年实发工资的月平均工资作为缴费工资基数。单位派出的长期脱产学习人员、经批准请长假的职工，保留工资关系的，以脱产或请假的上年月平均工资作为缴费工资基数。单位派出境外、国外工作的职工，按本人出境（国）上年在本单位领取的月平均工资作为缴费工资基数；次年的缴费工资基数按上年本单位平均工资增长率进行调整。失业后再就业的职工，以再就业起薪当月的工资收入作为缴费工资基数；从第二年起，按上一年实发工资的月平均工资作为缴费工资基数。

职工个人缴纳的基本养老保险费全部记入个人账户，形成个人账户基金，用于退休后个人账户养老金的发放。这里的个人账户是指用于记录参加基本养老保险的职工缴纳的基本养老保险费和利息金额。个人账户是计算职工退休时个人账户养老金的重要依据。

（三）机关事业单位基本养老保险费的缴纳

机关事业单位实行和企业职工相同的养老保险制度，执行和企业养老保险制度相同缴费比例、个人账户规模以及基数范围；养老金待遇计发办法和有关参数，比照企业养老保险，执行相同参数。

（四）灵活就业人员基本养老保险费的缴纳

2005 年，国务院颁布的《关于完善企业职工基本养老保险制度的决定》规定："城镇个体工商户和灵活就业人员参加基本养老保险的缴费基数为当地上年度在岗职工平均工资，缴费比例为 20%，其中 8% 记入个人账户。"城镇个体工商户和灵活就业人员参加社会保险也采取社会统筹和个人账户相结合的模式，但是，由于城镇个体工商户和灵活就业人员没有用人单位为其承担缴费义务，只能是自己承担相应的缴费义务，其缴费基数为当地上年度在岗职工平均工资，缴费比例为 20%，其中 8% 记入个人账户。"《社会保险法》规定，无雇工的个体工商户、未在用人单位参加基本养老保险的非全日制从业人员以及其他灵活就业人员参加基本养老保险的，应当按照国家规定缴纳基本养老保险费，分别记入基本养老保险统筹基金和个人账户。

三、基本养老金的组成及确定因素

（一）基本养老金的组成

在我国实行养老保险制度改革以前，基本养老金也称退休金、退休费，是一种最主要的养老保险待遇。基本养老金是依据国家有关规定，在劳动者年老或丧失劳动能力后，根据他们对社会所作的贡献和所具备的享受养老保险资格或退休条件，按月以货币形式支付的保险待遇，主要用于保障职工退休后的基本生活需要。1991 年，《国务院关于企业职工养老保险制度改革的决定》规定：随着经济的发展，逐步建立起基本养老保险与企业补充养老保险和职工个人储蓄性养老保险相结合的制度。1997 年，《国务院关于建立统一的企业职工基本养老保险制度的决定》中强调了基本养老保险只能保障退休人员基本生活的原则。1997 国务院颁发的《关于建立统一的企业职工基本养老保险制度的决定》规定，基本养老金由三部分组成：基础养老金、过渡性养老金（对养老保险制度改革前参加工作，之后退休的职工加发的一部分养老金）、个人账户养老金。其中，基础养老金、过渡性养老金等由社会保险基金支付，个人账户养老金由职工个人账户支付。个人账户储存额不得要求提前支付，只能待职工退休后用于养老。基本养老金由社会统筹养老金和个人账户养老金组成，也即基本养老金由统筹基金支付的统筹养老金和由个人账户支付的个人账户养老金两部分组成，这种制度设计体现了社会互济和个人责任相结合的立法理念。

1. 统筹养老金。统筹养老金也即基础养老金，是退休人员基本养老金的重要组成部分。依据《国务院关于完善企业职工基本养老保险制度的决定》规定的新计发办法，基础养老金以职工退休时当地上年度在岗职工月平均工资与本人指数化月平均缴费工资之和的平均值（即两个数之和的一半）作为基数，缴费每满 1 年发给 1%。新计发办法将缴费时间长短和数额多少与待遇水平挂钩，参保人员每多缴一年增发一个百分点，上不封顶，有利于形成“多工作、多缴费、多得养老金”的激励约束机制，也与退休人员的平均预期寿命情况相符合。

2. 个人账户养老金。个人账户是指社会保险经办机构根据每位参加基本养老保险的职工的身份识别号码，为其设立的一个终身不变的个人账户。个人账户记入的内容包括三部分：当年缴费资金、当年本金生成的利息、历年累计储存额生成的利息。个人账户养老金是基本养老金的重要组成部分，个人为自己养老储蓄的资金，通过个人账户全部储存额本息计算出来。个人账户养老金月标准为职工退休时本人个人账户累计储存额除以计发月数。其中计发月数按职工退休时城镇人口平均预期寿命、本人退休年龄、利息等因素确定。个人账户养老金从个人账户中列支。依据《国务院关于深化企业职工养老保险制度改革的通知》，职工离退休后，基本养老金个人账户的储存额已经领取完毕时，由社会统筹基金按规定标准继续支付，直到其死亡。

（二）基本养老金的确定因素

一般认为，养老保险待遇水平在任何情况下不能高于在职时的收入，而只是其一定的百分比，这种百分比被称为是“养老金的替代率”。基本养老金根据个人累计缴费年限、缴费工资、当地职工平均工资、个人账户金额、城镇人口平均预期寿命等因素确定，并没有明确具体的计算方法，方便政策对基本养老保险金计发方式进行调整。缴纳保险费是享受基本养老待遇的前提，缴费年限越长，对社会保险基金的贡献越大，就应该享受更多的基本养老金。

四、基本养老金待遇的给付

(一)按月领取基本养老金的基本条件

我国实行缴费型养老保险制度，参加基本养老保险的个人享受养老保险待遇，按月领取基本养老金，需要具备以下两个要件：

1. 达到法定退休年龄。退休是指职工因年老或因工致残、因病致残完全丧失劳动能力退出工作岗位，国家同时给予一定的物质保障，使职工安度晚年。退休年龄是一个国家根据社会经济发展的需要、人口的预期寿命、劳动力市场的供求状况、劳动人口的抚养比及养老保险基金的承受能力等因素所作出的退出工作岗位，享受养老保险待遇的年龄。退休年龄的高低直接影响养老保险基金的筹集和发放。国际劳工组织的研究表明，退休年龄从 60 岁提高到 65 岁，可以减少 50% 的退休金支付。

我国法定的企业职工退休年龄是 1978 年 5 月第五届人大常委会第二次会议批准的《国务院关于安置老弱病残干部的暂行办法》和《国务院关于工人退休、退职的暂行办法》所规定的退休年龄。企业职工退休年龄为：男年满 60 周岁，女工人年满 50 周岁，女干部年满 55 周岁；从事井下、高温、高空、特别繁重体力劳动或其他有害身体健康工作的，退休年龄男年满 55 周岁，女年满 45 周岁，连续工作满 10 年的；因病或非因工致残，由医院证明并经劳动鉴定委员会确认完全丧失劳动能力的，连续工作满 10 年的，退休年龄为男年满 50 周岁，女年满 45 周岁。

从国际情况看，多数国家规定的退休年龄一般为 60—65 岁左右。随着人口老龄化的加剧以及人均寿命的延长，为减轻养老基金支付的压力，许多国家纷纷延长退休年龄。在我国社会保险法的立法进程中，有关方面考虑到我国人口寿命延长的实际情况和养老保险基金压力等因素，曾提出延长退休年龄、统一男女退休年龄等意见。但是，考虑到我国是劳动力资源大国，目前的经济结构和就业结构仍在调整过程中，每年的新增就业人口的就业压力相当大，就业矛盾突出，因此，在退休年龄方面，目前仍是延续原来的制度，按照国家有关规定执行，这也为今后的改革预留了空间。

《中共中央关于制定国民经济和社会发展第十三个五年规划的建议》提出，出台渐进式延迟退休年龄政策。此前，人社部已经确定了延迟退休的时间表。2015 年制定出渐进式延迟退休方案，2016 年报经中央同意后公开征求意见，2017 年推出。

2. 累计缴费满十五年。缴费满十五年是享受基本养老保险待遇的“门槛”。规定缴费年限的目的在于：体现了劳动者权利与义务的对等关系；避免一些人在即将临近退休年龄才缴纳保险费并获得退休金；避免一些新移民纯粹为了获取退休保障而迁入；体现对参加养老保险者的公平。养老保险缴费年限长短需要考虑以下两个因素：一是从养老保险精算的角度，缴费年限的设置需要实现缴费与待遇给付的平衡；二是养老保险缴费年限的确定与各国人均寿命以及退休年龄密切相关。各国一般都规定一个最低缴费年限，关于最低缴费年限的长短，国际劳工组织建议为十五年。1951 年《劳动保险条例》规定享受退休待遇的最低年限为参加工作十年以上。1997 年国务院改革企业职工基本养老保险制度时，将按月领取基本养老金的最低缴费年限规定为十五年。规定参加基本养老保险的个人，达到法定退休年龄时累计缴费满十五年的，按月领取基本养老金。如果出现中断缴费的情况，可以补缴，中断前的缴费年限和后来的缴费年限可以合并计算。

（二）累计缴费不足十五年的，可以缴费至满十五年

参加基本养老保险的个人，符合达到法定退休年龄以及累计缴费满十五年两个要件，就可以按月领取基本养老金。然而，由于种种原因，一些参加基本养老保险的个人达到法定退休年龄时累计缴费不足十五年的，这时的养老保险待遇如何处理，是社会保险实务中经常发生的问题。《社会保险法》明确规定"参加基本养老保险的个人，达到法定退休年龄时累计缴费不足十五年的，可以缴费至满十五年，按月领取基本养老金"。《实施〈中华人民共和国社会保险法〉若干规定》第2条一方面重复"参加职工基本养老保险的个人达到法定退休年龄时，累计缴费不足十五年的，可以延长缴费至满十五年"之规定，同时规定，在社会保险法实施前参保、延长缴费五年后仍不足十五年的，可以一次性缴费至满十五年。《实施〈中华人民共和国社会保险法〉若干规定》进一步明确跨省流动就业，达到法定退休年龄时累计缴费不足十五年的具体操作规则，按照《国务院办公厅关于转发人力资源和社会保障部财政部城镇企业职工基本养老保险关系转移接续暂行办法的通知》（国办发〔2009〕66号）有关待遇领取地的规定确定继续缴费地后，再依据《实施〈中华人民共和国社会保险法〉若干规定》第2条办理。

（三）累计缴费不足十五年的，可转入新型农村社会养老保险或者城镇居民社会养老保险

参保人在到法定退休年龄时累计缴费不足十五年的，可以采取补缴的方式达到十五年的缴费"门槛"。我国新型农村社会养老保险正在积极推进，城镇居民社会养老保险也开始在许多地方实施，对于缴费不足十五年的，也可以转入新型农村社会养老保险或者城镇居民社会养老保险，解决其老有所养问题。

（四）累计缴费不足十五年的，可选择终止职工基本养老保险关系，领取个人账户存储额

参加职工基本养老保险的个人达到法定退休年龄后，累计缴费不足十五年的，可以选择延长缴费至满十五年，也可以选择转入新型农村社会养老保险或城镇居民社会养老保险。如果参保人对两者均不满意，根据《实施〈中华人民共和国社会保险法〉若干规定》第3条第2款之规定，参保人可以书面申请终止职工基本养老保险关系。社会保险经办机构收到申请后，应当书面告知其转入新型农村社会养老保险或者城镇居民社会养老保险的权利以及终止职工基本养老保险关系的后果，经本人书面确认后，终止其职工基本养老保险关系，并将个人账户储存额一次性支付给本人。

五、基本养老金的调整机制

国际劳工组织1994年第67号《收入保障建议书》提出："社会保障待遇标准应该随着主要收入水平或生活费用的任何变化而重新审查。"目前，世界各国关于养老金调整机制主要有四种：一是养老金根据物价指数的变化进行调整，以美国和日本为代表。二是养老金根据工资水平的变化进行调整，以德国、法国为代表。三是养老金与物价和工资的变化双挂钩，以英国为代表。四是在基本养老金之外再加发与工资收入挂钩的补充养老金，以加拿大为代表。

20 世纪 90 年代，我国的养老保险金调整机制问题被提上议事日程。1991 年 6 月，国务院发布《关于企业职工养老保险制度改革的决定》规定，国家根据城镇居民生活费用价格指数增长情况，参照在职职工工资增长情况对基本养老金进行适当调整，所需费用从基本养老保险基金中开支。开始确定养老保险金标准调整的方式，即根据物价指数、工资变化来调整养老保险金。1995 年 3 月，国务院《关于深化企业职工养老保险制度改革的通知》规定：各地区应当建立基本养老金正常调整机制。基本养老金可按当地职工上一年度平均工资增长率的一定比例进行调整，具体办法在国家政策指导下由省、自治区、直辖市人民政府确定。2005 年国务院发布的《关于完善企业职工基本养老保险制度的决定》提出要“建立基本养老金正常调整机制。根据职工工资和物价变动等情况，国务院适时调整企业退休人员基本养老金水平，调整幅度为省、自治区、直辖市当地企业在岗职工平均工资年增长率的一定比例。”2005 年开始，国家每年提高企业退休人员基本养老金标准，有效发挥了养老保险制度“减震器”和“安全网”的重要作用。

基本养老金是养老责任的代际转移，属于国民收入的再分配，关系广大退休人员的切身利益。为了规范基本养老金调整机制，保证退休人员分享经济发展成果，建立更为科学、合理的基本养老金调整办法，《社会保险法》规定：“国家建立基本养老金正常调整机制。根据职工平均工资增长、物价上涨情况，适时提高基本养老保险待遇水平。”职工平均工资增长情况反映了劳动者分配的社会财富的增长水平，是调整基本养老保险金标准的重要指标。物价上涨直接影响养老金的实际购买力，进而影响退休人员的生活质量，因此，也是调整基本养老金时应该考虑的重要因素。适时提高意味着基本养老金待遇水平的提高，需要审时度势，考虑养老金增长的刚性、政府财政支付的承受能力等多种因素，选择适当时机进行。建立基本养老金正常调整机制，意味着保障退休人员生活水平不降低并适当分享社会经济发展成果，已经成为一种国家意志，具有强制性，体现了国家对企业退休人员的关怀和帮助。

六、基本养老保险关系的转移接续制度

社会保险实行属地管理，在社会保险制度没有实现全国统筹的情况下，用人单位参加所在地的社会保险统筹。市场经济条件下，职工的工作具有流动性，经常会出现职工因工作岗位的变动导致个人社会保险关系转移的问题。社会保险关系转移包括统筹地区内的社会保险关系转移和跨统筹地区的社会保险关系转移。对于统筹地区内的养老保险关系转移原则上“只转关系，不转移基金”，即职工以及转出单位向所在的社会保险经办机构办理相关的转出手续，再由职工或转入单位到其所在地的社会保险经办机构办理转入手续即可，不涉及个人账户资金的转移。对于跨统筹地区的社会保险关系转移，则不仅涉及到社会保险关系的转移，还涉及到相关的社保基金的转移。我国的养老保险实行个人账户和社会统筹相结合的制度，且各地的统筹层次不统一。在劳动者跨地区就业时，有的地方规定，社会统筹账户不得跨省，有的不得跨市、县转移，劳动者跨地区就业时，有关用人单位缴纳的社会统筹部分既不能转移，也不能提取，如果劳动者不在该地区就业的，最终也无法享受社会保险待遇。这种状况使得许多劳动者缺乏缴纳社会保险费的积极性，也导致部分农民工选择退保。为了保障跨地区就业的劳动者的养老保险权益，2008 年开始实施的《劳动合同法》第 49 条规定：“国家采取措施，建立健全劳动者社会保险跨地区转移接续制度。”

为了保障劳动者跨省就业时养老保险权益不受损失，2009 年，人力资源和社会保障部颁

布了《城镇企业职工基本养老保险关系转移接续暂行办法》(以下简称《暂行办法》)，于2010年1月1日起实施。《暂行办法》有效解决了长期以来社会持续关注的我国养老保险关系转移接续问题。《暂行办法》遵循4条基本原则:第一，保障性原则。所有参加了城镇企业职工基本养老保险制度的劳动者，在流动到异地就业并继续参保时，应当转移接续基本养老保险关系，保障其已参保缴费形成的权益不受损失。参保人员达到待遇领取年龄前，不得终止基本养老保险关系并办理退保手续。第二，公平性原则。流动就业人员，只要符合国家规定的条件，不论是何种户籍，不论曾经在几个地方流动就业参保或间断性就业参保，都应当保障其同样的领取基本养老保险待遇的权利。参保人员达到基本养老保险待遇领取条件的，其在各地的参保缴费年限合并计算，个人账户储存额累计计算。第三，惟一性原则。流动就业人员无论在多少个地方流动就业，但养老保险关系在同一时期应当是惟一的，不能有多重养老保险关系，待遇也由一个地区统一支付。参保人员跨省就业时，由原参保所在地社保经办机构开具参保缴费凭证，其基本养老保险关系应随同转移到新参保地。第四，平衡性原则。基本养老保险关系转移接续应综合考虑转入地与转出地、当期与长远的资金平衡关系。转入地要承担未来发放转入人员基本养老金的责任，完全不转移单位缴费，长期支付的资金压力较大;而统筹基金是现收现付的，实际上是所有在职职工用其交费来支付已经退休老年人的退休金，如果单位缴费全部转移，则转出地当期确保基本养老金发放的负担过重，也难以承受。所以，流动参保人员最后的养老金支付责任，由各流动转移地通过转移养老保险个人账户和部分统筹基金予以分担。

《暂行办法》规定，参保人员跨省流动就业转移基本养老保险关系时，按下列方法计算转移资金:(1)个人账户储存额:1998年1月1日之前按个人缴费累计本息计算转移，1998年1月1日后按计入个人账户的全部储存额计算转移;(2)统筹基金(单位缴费):以本人1998年1月1日后各年度实际缴费工资为基数，按12%的总和转移，参保缴费不足1年的，按实际缴费月数计算转移。

依据《暂行办法》的规定，当劳动者达到基本养老待遇领取条件时，首先依据户籍所在地;当养老保险关系所在地与户籍所在地不一致时，按照“从长”(缴费满10年的参保地)和“从后”(多个参保地缴费都满10年则按最后的参保地)的原则确定待遇领取地;如果没有超过10年缴费的参保地，则转回户籍所在地。总之，要让每一个符合条件的参保人员都能明确在一地领取基本养老保险待遇。依据《暂行办法》的规定，参保人员转移接续基本养老保险后，符合待遇领取条件的，其个人账户养老金，应将在各地参保缴费的储存额本息累加计算;对其基础养老金的核定，以本人各年度缴费工资、缴费年限和待遇领取地对应的各年度在岗职工平均工资计算其基础养老金。

《社会保险法》规定:“个人跨统筹地区就业的，其基本养老保险关系随本人转移，缴费年限累计计算。个人达到法定退休年龄时，基本养老金按照国家规定分段计算、统一支付。”其中关于“缴费年限累计计算”的规定，是因为缴费年限直接涉及到参保人的权利，领取基本养老保险待遇有最低缴费年限，并且养老金的多少与缴费年限存在着相关关系，多缴多得。只有缴费年限累计计算才能保护劳动者权益。这实际上是把从个人跨地区就业的基本养老保险转移接续制度的重要内容上升为法律，从法律上解决了参保人员因就业地的变换而丧失养老保险权益的问题，解决了参保缴费年限在各地互认和累加的问题，从根本上维护了劳动者的社会保险权益，也将推动全国统一的人力资源市场规则的形成和完善。如果实现了全国统筹，缴费年限累计计算就理所当然了。关于“个人达到法定退休年龄时，基本养老金按照国家规定分段计算、统一支付”的规定中的“分段计算”是指参保人员以本人各年度缴费工资、缴费年限和待遇取得地对应的各年度在岗职工平均工资计算其基本养老金；“统一支付”是指无论参保人员在哪里退休，退休地社会保险经办机构应当将各统筹地区的缴费年限和相对应的养老保险待遇分段计算出来，将养老金统一支付给参保人。

《暂行办法》规定：“基本养老保险关系不在户籍所在地，且在每个参保地的累计缴费年限均不满10年的，将其基本养老保险关系及相应资金归集到户籍所在地，由户籍所在地按规定办理待遇领取手续，享受基本养老保险待遇。”此规定意味着大部分跨地区流动就业人员养老金的最终领取地是其户籍所在地。由于我国各地经济发展不平衡，在异地累计缴费不满10年的参保人，缴纳了参保地高标准养老保险费，领取户籍所在地低标准养老金，最终会导致缴费标准与待遇标准不对等的情况，无法享受公平的养老保险待遇。为实现社会保险的公平原则，《社会保险法》适当地借鉴了欧盟各国之间的基本养老保险关系转移按照“缴费年限合并计算，待遇分段支付”的原则，规定“基本养老金按照国家规定分段计算、统一支付”，即分段计算相应的待遇，相应统筹地区支付相应的缴纳期间的养老金，最终由社保经办机构归集发放，统一支付，这样比较符合社会保险的公平原则，能够保证参保人的待遇公平。有两种可以选择的方案：一是参保人员达到退休条件时，由各参保地的社会保险经办机构根据当地的计发办法，计发该参保人员的养老保险待遇，然后汇集到该参保人员的退休地的社会保险经办机构发放。二是根据转移时提供的转移人员的缴费信息，由退休地的社会保险经办机构按照各参保地的计发办法分段计算养老金待遇，最后求出总的养老金待遇，由退休地统一计发，具体实施方案由国家规定。

第三节　新型农村社会养老保险

一、新型农村社会养老保险的制度发展与筹资方式

（一）新型农村社会养老保险的制度发展

农村社会养老保险是指以农村非城镇户籍的居民为保险对象的养老保险制度。农村养老保险制度是我国社会养老保障体系的重要组成部分。

新型农村社会养老保险也称为新农保，是相对于以前各地开展的农村养老保险而言的。改革开放以前，我国农村的社会保障主要是传统的家庭养老保障加上有限的集体保障。农村的社会养老保险工作，是在1986年开始探索、1991年进行试点的基础上逐步开展起来的。最初的农村社会养老保险工作由民政部负责。1992年，民政部颁发《县级农村社会养老保险基本方案（试行）》，明确资金筹集坚持以个人缴纳为主，集体补助为辅，国家给予政策扶持的原则。国家的政策扶持，主要通过对乡镇企业支付集体补助予以税前列支体现。1995年，国务院办公厅转发民政部《关于进一步做好农村社会养老保险工作的意见》，要求积极推进农村社会养老保险制度建设。当时的农村社会养老保险（以下简称老农保）具有以下几个特点：一是基金筹集以个人缴费为主、集体补助为辅、国家政策扶持，明确了个人、集体和国家三者的责任，突出自我保障原则；二是实行储蓄积累，建立个人账户，农民个人缴费和集体补助全部

记入个人名下，属于个人所有。由于农村社会养老保险以个人缴费为主，财政没有补贴，存在着福利性不明显、制度不完备、保障水平过低等缺陷，农民参加的积极性不高。1998 年，根据国务院机构改革方案，原来由民政部管理的农村社会养老保险划入新成立的劳动和社会保障部，实行全国社会保险的统一管理。

从 2003 年开始，我国开始积极探索建立有财政补贴的新型农村社会养老保险制度。过去的老农保主要是农民自己缴费，实际上是自我储蓄的模式，而新农保最大的特点是采取个人缴费、集体补助和政府补贴相结合的模式。2008 年 6 月，全国 25 个省、自治区、直辖市的 305 个县(市、区、旗)开展了试点，取得了较好的效果。在此基础上，2009 年 9 月，国务院发布《关于开展新型农村社会养老保险试点的指导意见》决定开展建立个人缴费、集体补助、政府补贴相结合的新型农村社会养老保险(以下简称新农保)试点。

新农保试点的基本原则是“保基本、广覆盖、有弹性、可持续”。“保基本”，就是要从现阶段经济发展水平的实际出发，保障农村老年人的基本生活；“广覆盖”，就是要千方百计扩大覆盖面，把尽可能多的农民纳入新农保制度之中；“有弹性”，就是要适合农村、农民的特点，具有灵活性；“可持续”，就是各级财政有能力确保支付基础养老金和缴费补贴，广大农民能够承受，愿意缴费，同时要在安全的前提下实现新农保基金的保值增值，加强行政和社会监督，确保新农保事业健康发展。新农保试点的总体要求，一是从农村实际出发，低水平起步，筹资标准和待遇标准要与经济发展及各方面承受能力相适应；二是个人(家庭)、集体、政府合理分担责任，权利与义务相对应；三是政府主导和农民自愿相结合，引导农村居民普遍参保；四是中央确定基本原则和主要政策，地方制订具体办法，对参保居民实行属地管理。试点的任务目标是探索建立个人缴费、集体补助、政府补贴相结合的新农保制度，实行社会统筹与个人账户相结合，与家庭养老、土地保障、社会救助等其他社会保障政策措施相配套，保障农村居民老年基本生活。

(二)新型农村社会养老保险的筹资方式

《社会保险法》规定，新型农村社会养老保险实行个人缴费、集体补助和政府补贴相结合。

1. 个人缴费

新农保是一项社会保险制度，要求权利与义务相结合，不同于以家庭收入调查为基础的最低生活保障制度。个人缴费是享受待遇的前提条件。依据《关于开展新型农村社会养老保险试点的指导意见》，除新农保制度实施时已经年满 60 周岁的农村老年居民外，参加新农保的农村居民应当按规定缴纳养老保险费。缴费标准目前设为每年 100 元、200 元、300 元、400 元、500 元 5 个档次，地方可以根据实际情况增设缴费档次。参保人自主选择档次缴费，多缴多得。国家依据农村居民人均纯收入增长等情况适时调整缴费档次。

2. 集体补助

农村土地归集体所有，农村集体经济组织收入为其成员所有，村集体有责任为本村居民提供部分养老保障资金支持。《国务院关于开展新型农村社会养老保险试点的指导意见》规定，有条件的村集体应当对参保人缴费给予补助，补助标准由村民委员会召开村民会议民主确定。鉴于一些地方没有集体经济或集体经济组织能力薄弱，国家鼓励其他经济组织、社会公益组织、个人为参保人缴费提供资助。

3. 政府补贴

新农保的最大优惠措施就是政府对农村居民参保给予补贴。农村居民收入较低，没有用人单位缴费，政府补贴有利于调动农民的参保积极性，提高保障水平。《国务院关于开展新型农村社会养老保险试点的指导意见》规定，政府对符合领取条件的参保人全额支付新农保基础养老金，其中中央财政对中西部地区按中央确定的基础养老金标准给予全额补助，对东部地区给予50%的补助。地方政府应当对参保人缴费给予补贴，补贴标准不低于每人每年30元；对选择较高档次标准缴费的，可给予适当鼓励，具体标准和办法由省（区、市）人民政府确定。对农村重度残疾人等缴费困难群体，地方政府为其代缴部分或全部最低标准的养老保险费。

二、新型农村社会养老保险的待遇和领取条件

（一）关于新型农村社会养老保险待遇的规定

农村社会养老保险待遇由基础养老金和个人账户养老金组成。依据《国务院关于开展新型农村社会养老保险试点的指导意见》，中央确定的基础养老金标准为每人每月55元。国家根据经济发展和物价变动等情况，适时调整全国新农保基础养老金的最低标准。地方政府可以根据实际情况提高基础养老金标准，对于长期缴费的农村居民，可适当加发基础养老金，提高和加发部分的资金由地方政府支出。

国家为每个新农保参保人建立养老保险个人账户。个人缴费、集体补助以及其他社会经济组织对参保人缴费的资助、地方政府对参保人的缴费补贴，一律记入个人账户。个人账户养老金的月计发标准为个人账户全部储存额除以139（与现行城镇职工基本养老保险个人账户养老金计发系数相同）。参保人死亡，个人账户中的资金余额除政府补贴外，可以依法继承；政府补贴余额用于继续支付其他参保人的养老金。

（二）养老金待遇的领取条件

参加新型农村社会养老保险的农村居民，符合国家规定条件的，按月领取新型农村社会养老保险金。依据指导意见的规定，年满60周岁、未享受城镇职工基本养老保险待遇的农村有户籍的老年人，可以按月领取养老金。新农保制度实施时，已年满60周岁、未享受城镇职工基本养老保险待遇的，不用缴费，可以按月领取基础养老金，但其符合参保条件的子女应当参保缴费。这是家庭养老传统和相关法律规定在新农保制度中的体现。子女参保缴费记入本人的个人账户，用于自己未来的养老金支付，而非用于现在的老年人的待遇给付。距领取年龄不足15年的，应按年缴费，也允许补缴，累计缴费不超过15年；距领取年龄超过15年的，应按年缴费，累计缴费不少于15年。

第四节　城镇居民社会养老保险

一、城镇居民社会养老保险制度建立和完善的制度背景

城镇居民社会养老保险制度（以下简称城镇居民养老保险）是指由城镇非就业居民参加的一项社会保险制度，是对无养老保险的老年人及大量处于劳动年龄但没有被纳入职工基本养老保险制度的城镇居民的养老保险制度。

人人平等享有养老保障是现代社会保障理论的共识，是公民的宪法性权利。实现人人都能老有所养，是政府向人民作出的郑重承诺，而建立覆盖全民的养老保险制度是实现人人老有所养的基础性条件。只有养老保障制度覆盖全民，才能免除全体公民的老年后顾之忧，保障老年人分享社会发展成果，实现社会公平正义。因此，“统筹城乡、全民共享”是我国基本养老保障体系发展的方向。

城镇居民社会养老保险为一些收入较低，不能以灵活就业人员身份参加职工基本养老保险的城镇居民提供了参加养老保险制度，实现社会保险权益的新途径。只有建立城镇居民社会养老保险制度，城镇养老保险才能在真正意义上实现全覆盖。我国一些地方已经开展了城镇居民社会养老保险工作试点，如陕西省政府颁布了《关于开展城镇居民社会养老保险试点的指导意见》。试点城市的城镇居民社会养老保险制度以新型农村社会养老保险制度为借鉴，实行社会统筹与个人账户相结合的制度模式，筹资方式由参保的城镇居民个人缴费和财政补贴构成。基础养老金由财政负担，个人缴费和各级政府对参保人的缴费补贴记入个人账户。养老保险待遇由基础养老金和个人账户养老金组成，支付终生。

2011 年 6 月 7 日，国务院发布《关于开展城镇居民社会养老保险试点的指导意见》，决定从 2011 年 7 月 1 日起开展城镇居民社会养老保险试点，实施范围与新型农村社会养老保险试点基本一致，2012 年基本实现城镇居民养老保险制度全覆盖。

二、城镇居民养老保险制度的要点

城镇居民养老保险试点的基本原则是“保基本、广覆盖、有弹性、可持续”，基本制度和主要政策与新农保基本一致。依据国务院的《指导意见》，城镇居民养老保险制度有以下要点：

（一）参保对象

城镇居民社会养老保险的参保对象包括在校学生以外年满 16 周岁、不符合职工基本养老保险条件的城镇非就业居民。该群体在户籍地自愿参加城镇居民养老保险。16 周岁为我国劳动法律规定的起始就业年龄，达到这一年龄的城镇就业人员符合城镇职工基本养老保险参保条件的即具有稳定的劳动关系，应该依法参加职工基本养老保险；灵活就业人员可以参加基本养老保险，不符合参保条件的城镇非从业居民，可以在户籍地自愿参加城镇居民养老保险；已年满 60 周岁、符合规定条件的城镇居民，无需缴费即可按月领取基础养老金。

（二）基金筹集

城镇居民养老保险制度以新农保制度为借鉴，城镇居民养老保险基金主要由个人缴费和政府补贴构成。

1. 个人缴费方面。参加城镇居民养老保险的城镇居民应当按规定缴纳养老保险费。个人缴费是这项制度成为社会保险制度的基本特征，也是其区别于社会救助和社会福利的主要标志。城镇居民养老保险没有用人单位，责任由个人及家庭、政府两方分担。个人获得保障的基本前提是承担缴费义务。缴费标准目前设为每年 100 元至 1000 元 10 个档次，地方人民政府可以根据实际情况增设缴费档次。参保人自主选择档次缴费，多缴多得。国家依据经济发展和城镇居民人均可支配收入增长等情况适时调整缴费档次。

2. 政府补贴。政府对符合待遇领取条件的参保人全额支付城镇居民养老保险基础养老金。政府补贴包括养老金支付补贴和缴费补贴。支付补贴即对符合待遇领取条件的参保人全额支付城镇居民养老保险基础养老金。缴费补贴即地方人民政府应对参保人员缴费给予补贴。对城镇重度残疾人等缴费困难群体，地方人民政府为其代缴部分或全部最低标准的养老保险费。政府补贴使城镇居民养老保险的可持续发展有了保证，体现了政府在该项制度中的保基本、扶贫弱的职责。

其中，中央财政对中西部地区按中央确定的基础养老金标准给予全额补助，对东部地区给予50%的补助。地方人民政府应对参保人员缴费给予补贴，补贴标准不低于每人每年30元;对选择较高档次标准缴费的，可给予适当鼓励，具体标准和办法由省(区、市)人民政府确定。对城镇重度残疾人等缴费困难群体，地方人民政府为其代缴部分或全部最低标准的养老保险费。

与此同时，政府鼓励其他经济组织、社会组织和个人为参保人缴费提供资助。

(三)基本模式:建立个人账户

城镇居民养老保险和新农保制度存在很多相似性，都没有用人单位缴费，保险基金主要来源于个人缴费和政府补贴。城镇居民社会养老保险制度不宜采用职工基本养老保险模式，而与新农保的“统账结合”模式基本相同，养老金待遇由基础养老金和个人账户养老金构成。国家为每个参保人员建立终身记录的养老保险个人账户。个人缴费、地方人民政府对参保人的缴费补贴及其他来源的缴费资助全部记入个人账户。个人账户储存额目前每年参考中国人民银行公布的金融机构人民币一年期存款利率计息。

(四)城镇居民社会养老保险待遇及其支付

养老金待遇由基础养老金和个人账户养老金构成，支付终身。依据国务院依据《指导意见》规定，中央确定的基础养老金标准为每人每月55元。地方人民政府可以根据实际情况提高基础养老金标准，对于长期缴费的城镇居民，可适当加发基础养老金，提高和加发部分的资金由地方人民政府支出。

个人账户养老金的月计发标准为个人账户储存额除以139(与现行职工基本养老保险及新农保个人账户养老金计发系数相同)。参保人员死亡，个人账户中的资金余额，除政府补贴外，可以依法继承;政府补贴余额用于继续支付其他参保人的养老金。

(五)领取条件

参加城镇居民养老保险的城镇居民，年满60周岁，可按月领取养老金。城镇居民养老保险制度实施时，已年满60周岁，未享受职工基本养老保险待遇以及国家规定的其他养老待遇的，不用缴费，可按月领取基础养老金;距领取年龄不足15年的，应按年缴费，也允许补缴，累计缴费不超过15年;距领取年龄超过15年的，应按年缴费，累计缴费不少于15年。

(六)基金管理与监督

城镇居民养老保险基金管理需要建立健全财务会计制度。城镇居民养老保险基金纳入社会保障基金财政专户，实行收支两条线管理，单独记账、核算，按有关规定实现保值增值。试点阶段，城镇居民养老保险基金暂以试点县为单位管理，有条件的地方可直接实行省级管理。各级人力资源社会保障部门履行基金的监管职责。

三、城镇居民社会养老保险和新型农村社会养老保险的合并实施

在公平、平等理念的指导下，为统筹城乡社会发展，保障城乡居民年老后的基本生活，实

现老有所养的社会建设目标，一些地方已经把城镇居民社会养老保险和新型农村社会养老保险合并，实施城乡居民社会养老保险。

2008 年 12 月 20 日，北京市在全国率先打破市民养老保障按城镇和农村分类的二元格局，建立城乡统一的居民养老保险制度。2008 年 12 月 20 日，北京市政府颁布《北京市城乡居民养老保险办法》，自 2009 年 1 月 1 日起施行。《北京市城乡居民养老保险办法》规定，具有本市户籍，男年满 16 周岁未满 60 周岁、女年满 16 周岁未满 55 周岁（不含在校生），未纳入行政事业单位编制管理或不符合参加本市基本养老保险条件的城乡居民，应当参加城乡居民养老保险。城乡居民养老保险制度坚持权利与义务对等，保障水平与经济发展水平相适应的原则。城乡居民养老保险实行个人账户与基础养老金相结合，个人缴费、集体补助与政府补贴相结合的制度模式。城乡居民养老保险制度由区（县）人民政府负责组织实施，基金实行区（县）级统筹。城乡居民养老保险费采取按年缴费的方式缴纳。最低缴费标准为上一年度农村居民人均纯收入的 9%；最高缴费标准为上一年度城镇居民人均可支配收入的 30%。有条件的集体经济组织，可对参加城乡居民养老保险的人员给予补助。区县经办机构负责为参保人员建立城乡居民养老保险个人账户。

个人账户资金包括：个人缴纳的养老保险费和利息；集体补助和利息以及其他收入和利息。城乡居民养老保险个人账户在积累期内参考银行同期一年期定期存款利率计息。参保人员跨统筹区域转移养老保险关系的，个人账户中的资金全部转移。城乡居民养老保险个人账户资金，只能用于参保人员年老时的养老，不得提前支取挪作他用。

继北京市实施城市居民社会养老保险制度后，重庆市开始城乡居民社会养老保险试点，厦门、温州、杭州、青岛等城市也纷纷建立城乡居民社会养老保险制度。2011 年国务院下发的《关于开展城镇居民社会养老保险试点的指导意见》要求有条件的地方将城镇居民养老保险应与新农保合并实施，其他地方则应积极创造条件将两项制度合并实施。

2014 年 2 月，国务院正式决定合并新型农村社会养老保险和城镇居民社会养老保险，建立全国统一的城乡居民基本养老制度。至此，机关事业单位离退休金制度、城镇职工基本养老保险制度和城乡居民社会养老保险制度共同构成了我国的基本养老保险体系，实现了制度全覆盖。

城镇居民社会养老保险和新型农村社会养老保险的合并实施实现了城镇居民社会养老保险和新型农村社会养老保险的一体化，即无论城区居民，还是农村的农民，在实行城乡居民养老保险的区域，都可以将被养老保险体系所覆盖，且享受到均等化待遇。建立城乡居民社会养老保险是落实科学发展观和构建社会主义和谐社会的具体体现。城乡居民养社会老保险制度促进了城乡统筹，保障城乡居民年老后基本生活，实现了城乡居民在社会养老保险方面的制度平等，享受到均等化待遇。

思考题

1. 养老保险是如何产生的？
2. 养老保险有哪些特征？
3. 比较养老保险的责任承担模式。
4. 比较养老保险的财务模式。
5. 养老保险制度的基本内容有哪些？
6. 中国现行养老保险制度存在哪些问题？

第五章　医疗保险

第一节　基本医疗保险制度概述

一、基本医疗保险概念及制度演进

人类在进行物质资料生产和日常生活当中，不可避免地会遭遇意外事故所致的身体伤害和各种致病因素引发的健康损害。这些身体伤害或健康损害又会导致一定的经济损失，主要表现为收入的减少和救治所需的医疗费用支出。对个人来讲，要独立承担上述经济损失有时是非常困难的，但却可以依靠集体的力量，利用保险的方式筹集医疗保险基金，对少数人因非职业伤害和健康损失导致的经济损失进行补偿，以保证劳动力的再生产和社会生产的正常进行，这就是医疗保险建立的依据。以法律形式确立医疗保险，是从1883年德国颁布《疾病社会保险法》开始，至今已有100余年历史。基本医疗保险具有社会保险制度所具有的共同特征，但由于疾病风险和医疗服务需求的特殊性，使得医疗保险表现出自身固有的一些特征。

从定义上来看，医疗保险是指以保险合同约定的医疗行为的发生为给付保险金条件，为被保险人接受诊疗期间的医疗费用支出提供保障的保险。医疗保险同其他类型的保险一样，也是以合同的方式预先向受疾病威胁的人收取医疗保险费，建立医疗保险基金；当被保险人患病并去医疗机构就诊而发生医疗费用后，由医疗保险机构给予一定的经济补偿。因此，医疗保险也具有保险的两大职能：风险转移和补偿转移。即把个体身上的由疾病风险所致的经济损失分摊给所有受同样风险威胁的成员，用集中起来的医疗保险基金来补偿由疾病所带来的经济损失。

目前，中国已形成三大基本医疗保险体系：一是城镇职工基本医疗保险制度；二是城镇居民基本医疗保险制度（简称“城居保”）；三是新型农村合作医疗制度（简称“新农合”）。此外，公务员和部分事业单位人员依然沿袭公费医疗制度。《人力资源和社会保障事业发展“十二五”规划纲要》明确提出，城乡基本医疗保险参保人数达到13.2亿人，其中，城镇职工基本医疗保险参保人数达到2.6亿人，作为未来五年人力资源和社会保障事业发展的主要目标之一。

基本医疗保险区别于商业医疗保险和补充医疗保险，是指由国家立法为补偿公民因疾病或非因工负伤风险造成的经济损失而建立的一项社会保险制度，它通过用人单位和个人缴费筹集医疗保险资金，当参保人员患病、受伤就诊发生医疗费用后，由医疗保险经办机构给予一定经济补偿，以避免或减轻参保人员因患病或受伤、治疗所带来的经济风险。

2002年10月，中共中央、国务院发布《关于进一步加强农村卫生工作的决定》，要求“建立和完善农村合作医疗制度和医疗救助制度”，首次明确承诺各级政府对农村合作医疗和医疗救助给予支持。

2003年，我国开始在农村地区试点实施新型农村合作医疗制度，该制度由政府组织、引导、支持，个人及政府多方筹资，农民以家庭为单位自愿参保。中央政府财政开始对新型农村合作医疗的对象农民进行补贴。

2007年7月10日，国务院发布了《关于开展城镇居民基本医疗保险试点的指导意见》，城镇居民医疗保险改革试点由此展开。该制度由政府组织、引导，筹资以城镇居民个人（家庭）缴费为主、政府财政补助为辅，城镇居民以家庭为单位自愿参保。

2008年3月，卫生部、财政部联合发出《关于做好2008年新型农村合作医疗工作的通知》，规定从2008年开始，各级财政对参加新型合作医疗的农民的补助标准提高到每人每年80元。

2009年《中共中央国务院关于深化医药卫生体制改革的意见》明确提出要做好城镇职工医疗保险、城镇居民医疗保险及新农合制度之间的衔接。

2012年8月24日，国家发改委、卫生部、财政部、人社部、民政部、保监会等六部委共同颁布《关于开展城乡居民大病保险工作的指导意见》，标志着我国开始采用市场化的手段完善城乡居民医疗保障制度。

2012年我国卫生事业“十二五”规划纲要指出要逐步健全覆盖城乡居民的基本医疗保障体系，整合经办资源，并逐步提高各项制度的统筹层次。首次在政策上明确提出了我国新时期社会医疗保障体系改革的方向。

2013年，国务院《机构改革和职能转变方案》指出“减少部门职能交叉和分散，将城镇职工基本医疗保险、城镇居民基本医疗保险、新型农村合作医疗保险的职能整合由一个部门承担。”

2014年3月5日，李克强总理发布的政府工作报告中提出，要通过改革整合城乡居民基本医疗保险制度，推动医改向纵深发展。

2015年政府工作报告中，提出要“完善城乡居民基本医保，财政补助标准由每人每年320元提高到380元。全面实施城乡居民大病保险制度。”

二、基本医疗保险的覆盖范围

中国的基本医疗保险由三个部分组成：职工基本医疗保险制度、新型农村合作医疗制度、城镇居民基本医疗保险制度。其中，职工基本医疗保险制度是三项制度中开展时间最早、制度体系最为复杂，同时也是最为典型的医疗保险制度。

职工必须参加基本医疗保险，带有强制性；其他灵活就业人员自愿参加，是非强制性的。1998年12月14日国务院发布的《关于建立城镇职工基本医疗保险制度的决定》（国发〔1998〕44号）明确规定，城镇所有用人单位及其职工都要参加基本医疗保险，包括：企业（国有企业、集体企业、外商投资企业、私营企业等）、机关、事业单位、社会团体、民办非企业单位及其职工，都要参加基本医疗保险。乡镇企业及其职工、城镇个体经济组织业主及其从业人员是否参加基本医疗保险，由省、自治区、直辖市人民政府决定。基本医疗保险原则上以地级以上行政区（包括地、市、州、盟）为统筹单位，也可以县（市）为统筹单位，北京、天津、上海3个直辖市原则上在全市范围内实行统筹（以下简称统筹地区）。所有用人单位及其职工都要按照属地管理原则参加所在统筹地区的基本医疗保险，执行统一政策，实行基本医疗保险基金的统一筹集、使用和管理。铁路、电力、远洋运输等跨地区、生产流动性较大的企业及其职工，可以相对集中的方式异地参加统筹地区的基本医疗保险。

为解决灵活就业人员的医疗保障问题，《社会保险法》明确规定无雇工的个体工商户、未在用人单位参加职工基本医疗保险的非全日制从业人员以及其他灵活就业人员可以参加职工基本医疗保险，由个人按照国家规定缴纳基本医疗保险费。这里应当指出的是，灵活就业人员参加职工基本医疗保险实行自愿原则，这部分人员可以根据个人意愿决定是否参加基本医疗保险，这点与职工参加基本医疗保险的强制原则是不相同的。原劳动和社会保障部于2003年5月26日出台了《关于城镇灵活就业人员参加基本医疗保险的指导意见》，规定灵活就业人员参加基本医疗保险要坚持权利和义务相对应、缴费水平与待遇水平相挂钩的原则。在参保政策和管理办法上既要与城镇职工基本医疗保险制度相衔接，又要适应灵活就业人员的特点。已与用人单位建立明确劳动关系的灵活就业人员，要按照用人单位参加基本医疗保险的方法缴费参保。其他灵活就业人员，要以个人身份缴费参保。

三、基本医疗保险缴费主体

职工应当参加职工基本医疗保险，由用人单位和职工按照国家规定共同缴纳基本医疗保险费；无雇工的个体工商户、未在用人单位参加职工基本医疗保险的非全日制从业人员以及其他灵活就业人员可以参加职工基本医疗保险，由个人按照国家规定缴纳基本医疗保险费。由此可以看出，要想享受基本医疗保险待遇，职工或者灵活就业人员除了需要参加职工基本医疗保险，都需要承担基本医疗保险费的缴费义务。但是，由于就业方式不同，他们承担基本医疗保险费缴纳义务的方式也不同。

基本医疗保险费由用人单位和职工双方按照国家规定共同负担。用人单位缴费率控制在职工工资总额的6%左右，职工缴费率一般为本人工资收入的2%，具体缴费比例由统筹地区根据实际情况确定。目前，用人单位缴费率全国平均为7.43%，较高的如上海、北京分别达到10%和9%，最低的统筹地区为3%；个人缴费率全国平均为2%。基本医疗保险基金由统筹基金和个人账户构成。职工个人缴纳的基本医疗保险费，全部计入个人账户。用人单位缴纳的基本医疗保险费分为两部分，一部分用于建立统筹基金，一部分划入个人账户。划入个人账户的比例一般为用人单位缴费的30%左右，具体比例由统筹地区根据个人账户的支付范围和职工年龄等因素确定。

灵活就业人员参加基本医疗保险的缴费率原则上按照当地的缴费率确定。从统筹基金起步的地区，可参照当地基本医疗保险建立统筹基金的缴费水平确定。缴费基数可参照当地上一年职工年平均工资核定。灵活就业人员缴纳的医疗保险费纳入统筹地区基本医疗保险基金统一管理。

第二节 新型农村合作医疗保险

新型农村合作医疗制度是由政府组织、引导、支持，农民自愿参加，个人、集体和政府多方筹资，以大病统筹为主的农民医疗互助共济制度，是与改革前传统的农村合作医疗制度相对而言的。新型农村合作医疗制度作为解决广大农民医疗保障权益的主体制度，是中国基本医疗保险体系的三大组成部分之一。新型农村合作医疗纳入《社会保险法》进行规范，即明确了新农合是我国社会保险制度的组成部分，是医疗保险制度的有机组成部分而不是其他性质的制度安排。因此，新型农村合作医疗与居民医疗保险的并轨是必由之路。①

一、新型农村合作医疗制度的主要内容

中国现行新型农村合作医疗制度主要政策包括：

（一）基本原则

自愿参加，多方筹资。农民以家庭为单位自愿参加新型农村合作医疗，遵守有关规章制度，按时足额缴纳合作医疗经费；乡（镇）、村集体要给予资金扶持；中央和地方各级财政每年要安排一定专项资金予以支持。

（二）组织管理

新型农村合作医疗制度一般采取以县（市）为单位进行统筹。县级人民政府成立由有关部门和参加合作医疗的农民代表组成的农村合作医疗管理委员会，负责有关组织、协调、管理和指导工作。委员会下设经办机构，负责具体业务工作。

（三）筹资标准

新型农村合作医疗制度实行个人缴费、集体扶持和政府资助相结合的筹资机制。2010 年开始，全国新农合筹资水平提高到每人每年 150 元，农民个人缴费由每人每年 20 元增加到 30 元，困难地区可分两年到位。

（四）政府补贴

2010 年开始，政府对所有参加新型农村合作医疗的农民给予不低于 120 元，其中中央财政对中西部地区参合农民按 60 元的标准补助，对东部省份按照中西部地区一定比例给予补助；地方财政补助标准相应提高到 60 元，确有困难的地方可分两年到位。

（五）资金管理

农村合作医疗基金是由农民自愿缴纳、集体扶持、政府资助的民办公助社会性资金，要按照以收定支、收支平衡和公开、公平、公正的原则进行管理，必须专款专用，专户储存，不得挤占挪用。农村合作医疗基金由农村合作医疗管理委员会及其经办机构进行管理。

二、新型农村合作医疗制度的特点

合作医疗补偿模式的主要有两种，即单纯大病统筹模式和大、小病兼顾模式。

大病统筹主要按比例补偿“参合”农民在定点医疗机构就诊时发生的住院和门诊大额费用。这种统筹模式主要集中在东部经济较发达地区。该模式的优点是，具有较强的抗风险能

① 参见郑功成：《<社会保险法>：我国社会保障法制建设的里程碑》，载《中国劳动》2011 年第 1 期。

力，对防止因病致贫和因病返贫问题，具有一定的作用，而且也符合新型合作医疗“以保大病为主”的政策方向。另外这种方式管理起来也比较简单。但其缺点也是很明显的：首先是以大病为主的保障容易诱发逆向选择，即由于部分年轻健康的参合者发生重大疾病和住院医疗的几率较小，预期收益降低，从而退保，而高危人群却会留下来，导致合作医疗计划就变成高风险者的互保，这不利于建立稳定的筹资机制。其次是人群受益面小，在农村的现实生活中，真正影响农村居民整体健康水平的是常见病、多发病和慢性病，如果新型农村合作医疗计划受益范围仅为大病，会降低农民参合的积极性，其结果必然影响到新农合制度的可持续性推广。再次，医疗保障程度低，补偿以外的自付费用依然较高，农民无法真正得到实惠。各地试点中，住院费或大额医疗费用报销一般占总费用的30%左右①。患者自己需要承担的数额较大，尤其是对于一些家庭特别困难的农民来说，因病致贫的问题依然得不到解决。

大、小病兼顾的统筹模式既补“参合”农民在定点医疗机构就诊时发生的住院费用又补偿门诊费用。它可分为住院统筹加门诊家庭账户模式和住院统筹加门诊统筹模式两种。

住院统筹加门诊家庭账户模式主要集中在中西部地区。家庭账户制是将农民每人缴纳的费用全部或部分存入相对应的实名账户，专为缴款人及其家属门诊使用，并不纳入合作医疗基金中统筹使用，如果没生病或账户中资金没有用完，节余部分在实名账户中结转下年使用。其优点是增加受益面易于动员农民参加，且能控制门诊费用的支出。但缺点是建立家庭账户容易带来合作医疗资金的沉淀，不能充分发挥统筹基金互助共济的作用。

住院统筹加门诊统筹模式多集中在东部地区。中部地区也有一部分试点实行。门诊统筹是对农民在乡、村两级卫生机构门诊看病给予不同比例的报销补助，如果不生病，自付的费用全部互助共济他人使用。它的优点是能够提高农民互助共济的意识，鼓励参合农民及时就医，提高门诊服务的利用率，增强了门诊资金的抗风险能力。但缺点是在按比例报销时，手续麻烦，管理成本相对较高。

大、小病兼顾的补偿模式已被越来越多的地区所接受。这种模式不仅能提高农民参合的积极性，扩大受益面，同时有利于参合农民及时就医，促进小病防治工作的开展。但该种模式也在一定程度上分散了参合资金的抗风险能力，因为“保小”必然会消耗掉部分用来大病统筹的资金，使得新农合在抗大病风险中的能力降低，不能有效地解决农民因病致贫、因病返贫的问题。

新型农村合作医疗与传统的农村合作医疗相比，一个突出特点就是筹资机制新。合作医疗在我国几起几落，艰难发展数十年，当今要在涉及人口占全国大多数、经济水平明显落后于城市的农村地区再次兴起，困难很多，筹资历来就是合作医疗的难点，而新型合作医疗与传统合作医疗最大的区别就是财政资金的投入。新型农村合作医疗采用由政府投入为主，中央政府、地方政府和农民个人各承担一定的比例的方式多方筹资。现行的筹资标准是农民个人每年的缴费标准不低于10元，经济条件好的地区可相应提高缴费标准，东部地区的人均筹资水平不低于中西部地区的筹资水平。新型农村合作医疗制度还“新”在各级政府要为参加合作医疗的农民提供补助资金，而且规定了具体的补助标准，实行政府资助和集体扶持：中西部地区地方各级财政对参合农民的补助标准合计达到每年20元，中央财政按人均20元对中西部地区安排补助资金，对东部地区也给予适当补助。传统的合作医疗难以坚持，政府没

① 邵海亚、孟国祥：《新型农村合作医疗补偿模式现状分析》，《医学与哲学》2006年第2期。

有落实补助资金是一个重要原因。

新型农村合作医疗的特点，还体现在其组织管理监督机制上。传统合作医疗，由于管理上处于无专门管理机构、无专职人员、无管理经费、无监督机制等“四无”状态，难以持续发展。新型农村合作医疗有其组织管理方面的特色。它在管理体制上是政府主导下的农民医疗互助共济制度，以县（市）为单位进行统筹。各级政府都要成立以政府主要领导为组长，以卫生、财政、农业、民政、审计、药品监管、扶贫等部门的负责人及参加合作医疗的农民代表为成员的新型农村合作医疗管理机构和具体经办机构，以利于整个政策的畅通执行和工作的顺利开展。另外，新型农村合作医疗的工作经费列入同级财政预算，不提取合作医疗资金作为管理经费。

新型农村合作医疗强化了对合作医疗的监管，合作医疗办公室专事医疗监管，负责监督合作医疗基金运作情况和各定点医疗机构对参保病人的医疗行为，督促各医疗机构严格遵循“合理住院、合理检查、合理治疗、合理用药、合理收费”的原则，严肃查处定点医疗机构的违法违规行为，杜绝各种弄虚作假现象。财政局专事基金监督，对基金的使用情况定期检查审核，确保基金使用安全。审计局专事基金的使用情况审计，把审计结果向全社会公布，确保基金使用合理。建立新型农村合作医疗是关系农民自身利益的大事，新型农村合作医疗还吸收农民代表参与监督，保证了农民的参与权、知情权和监督权。

第三节　城镇居民基本医疗保险

我国目前的城镇居民医疗保险是以大病统筹为主，针对城镇非职工居民的基本医疗保险制度。随着城镇职工医疗保险制度的全面实施和新型农村合作医疗试点工作的推进，城镇学生、儿童等各类非从业城镇居民医疗问题日益突出。① 2004 年起，江苏镇江、广东佛山等地探索建立城镇居民医疗保险制度。2007 年 7 月，国务院印发《关于开展城镇居民基本医疗保险制度试点工作的指导意见》。《社会保险法》的出台，将城镇居民基本医疗保险纳入基本医疗保险制度的范畴，成为基本医疗保险法律制度的重要组成部分。

一、城镇居民基本医疗保险制度的主要内容

城镇居民基本医疗保险的主要政策包括：

（一）基本原则。试点工作要坚持低水平起步，根据经济发展水平和各方面承受能力，合理确定筹资水平和保障标准，重点保障城镇非从业居民的大病医疗需求，逐步提高保障水平；坚持自愿原则，充分尊重群众意愿；明确中央和地方政府的责任，中央确定基本原则和主要政策，地方制订具体办法，对参保居民实行属地管理；坚持统筹协调，做好各类医疗保障制度之间基本政策、标准和管理措施等的衔接。

（二）参保范围。不属于城镇职工基本医疗保险制度覆盖范围的中小学阶段的学生（包括职业高中、中专、技校学生）、少年儿童和其他非从业城镇居民都可自愿参加城镇居民基本医疗保险。2010 年 6 月 1 日人力资源和社会保障部发布的《关于做好 2010 年城镇居民基本医

① 参见胡晓义主编：《走向和谐：中国社会保障发展 60 年》，第 210 页。中国劳动社会保障出版社，2009

疗保险工作的通知》中又要求将在校大学生全部纳入城镇居民基本医疗保险。

（三）筹资水平。试点城市应根据当地的经济发展水平以及成年人和未成年人等不同人群的基本医疗消费需求，并考虑当地居民家庭和财政的负担能力，恰当确定筹资水平；探索建立筹资水平、缴费年限和待遇水平相挂钩的机制。从许多地区实践和测算的平均数值看，要保证基金支付比例在50%以上，筹资水平大体在城镇居民家庭人均可支配收入的2%左右。

（四）管理制度。城镇居民基本医疗保险原则上与职工基本医疗保险的规定一致，由人力资源和社会保障部门所属的医疗保险经办机构统一管理，居民参保实行属地管理。

二、城镇居民基本医疗保险制度的缴费方式

由于城镇居民基本医疗保险针对的是城镇非就业居民，其特点是没有隶属于相应的用人单位，因此，在缴纳基本医疗保险费时就具有不同于职工基本医疗保险的特殊性。《社会保险法》规定，城镇居民基本医疗保险实行个人缴费和政府补贴相结合的缴费方式。城镇居民基本医疗保险以个人缴费为主，政府给予适当补助。参保居民按规定缴纳基本医疗保险费，享受相应的医疗保险待遇，有条件的用人单位可以对职工家属参保缴费给予补助。国家对个人缴费和单位补助资金制定税收鼓励政策。2010年，政府对参保居民的人均补贴标准进一步提高到120元，其中中央政府对中西部地区按人均60元给予补贴，对东部地区的补贴标准同比例提高到人均40元。地方财政负担确有困难的，提高标准可以分两年到位。

《国务院关于开展城镇居民基本医疗保险试点的指导意见》也对城镇居民基本医疗保险制度缴费和补助标准进行了详尽规定，即"参保居民按照规定缴纳基本医疗保险费，享受相应的医疗保险待遇，有条件的用人单位可以对职工家属参保缴费给予补助。国家对个人缴费和单位补助资金制定税收鼓励政策"。

三、对于困难人群参保给予政府补贴

《社会保障法》还规定，在上述一般政府补助的基础上，对享受最低生活保障者、丧失劳动能力的残疾者、低收入家庭中的老年人和未成年人参保所需个人缴费部分，由政府给予补贴。具体而言，根据《国务院关于开展城镇居民基本医疗保险试点的指导意见》，对属于最低生活保障对象的或重度残疾的学生和儿童参保所需的家庭缴费部分，政府原则上每年再按不低于人均10元给予补助，其中，中央财政对中西部地区按人均5元给予补助；对其他最低生活保障对象、丧失劳动能力的重度残疾人、低收入家庭60周岁以上的老年人等困难居民参保所需家庭缴费部分，政府每年再按不低于人均60元给予补助，其中，中央财政对中西部地区按人均30元给予补助。中央财政对东部地区参照新型农村合作医疗的补助办法给予适当补助。财政补贴的具体方案由财政部门商劳动保障、民政部等部门研究确定，补助经费要纳入各级政府的财政预算。

第四节　各类基本医疗保险制度的待遇标准

基本医疗保险的待遇与其他社会保险项目存在较大差异。养老保险、工伤保险和失业保险主体上都是收入保障机制，而医疗保险则是医疗费用补偿机制，通过为参保人提供相应的医疗服务达到恢复健康之目的。职工基本医疗保险、新型农村合作医疗和城镇居民基本医疗保险的待遇标准关系到公民在医疗保障方面的权利及其水平的高低。其待遇标准，国家已经出台了相应的规定。

一、职工基本医疗保险的待遇标准

《国务院关于建立城镇职工基本医疗保险制度的决定》明确规定，职工基本医疗保险的统筹基金和个人账户划定各自的支付范围，分别核算，不得互相挤占。统筹基金用于支付住院医疗和部分门诊大病费用。统筹基金支付有起付标准和最高支付标准，起付标准原则上控制在当地职工年平均工资的10%左右，最高支付限额原则上控制在当地职工年平均工资的4倍左右。起付标准以下的医疗费用，从个人账户中支付或由个人自付。起付标准以上、最高支付限额以下的医疗费用，主要从统筹基金中支付，支付比例目前全国平均为80%左右，个人也要负担一定比例。超过最高支付限额的医疗费用，可以通过商业医疗保险等途径解决。统筹基金的具体起付标准、最高支付限额以及在起付标准以上和最高支付限额以下医疗费用的个人负担比例，由统筹地区根据以收定支、收支平衡的原则确定。个人账户主要支付门诊费用、住院费用中个人自付部分以及在定点药店购药费用。个人账户归个人使用，可以结转和继承。一些统筹地区在国家确立的待遇标准的基础上，对本地区的职工基本医疗保险待遇标准作了进一步的细化规定。

具体而言，职工基本医疗保险待遇主要包括以下几个方面：

1. 医疗期内的待遇。在医疗期内，职工享受基本医疗保险待遇和病假工资的待遇。也就是说，职工在定点医疗机构所花费的项目中符合基本医疗保险药品目录、诊疗项目、医疗服务设施标准以及急诊、抢救的医疗费用，除去由个人负担的部分外，其余按照国家规定从基本医疗保险基金中支付。病假工资待遇，也称疾病津贴，原则上是在职工患病或非因工负伤停止工作满一个月以上的，单位停发工资，而按照劳动者工作时间长短改发相当于其本人工资一定比例的病假工资。

2. 致残待遇。职工患病或非因工负伤导致残疾的，在医疗期内医疗终结或医疗期满后，应当由劳动鉴定委员会参照工伤与职业病致残程度鉴定标准进行劳动能力的鉴定，享受相应的社会保险待遇。

3. 死亡待遇。《社会保险法》规定“参加基本养老保险的个人，因病或者非因工死亡的，其遗属可以领取丧葬补助金和抚恤金”。

4. 非医疗期间看病的待遇。职工患病或非因工负伤不需要停止工作治病休息的，往往从个人账户中划取相应的费用。

二、新型农村合作医疗的待遇标准

根据国务院办公厅于2003年、2004年分别转发的原卫生部等部门制定的《关于建立新型农村合作医疗制度的意见》等文件的规定，新型农村合作医疗主要补助参合农民的大病医疗费用或者住院医疗费用。其中，住院费用的支付水平平均为35%。有条件的地方，可实行大额医疗费用补助与小额医疗费用补助结合的办法，既提高抗风险能力又兼顾农民受益面。对参加新型农村合作医疗的农民，年内没有动用农村合作医疗基金的，要安排进行一次常规性体检。农村合作医疗报销基本药物目录由各省、自治区、直辖市制订。各县（市）要根据筹资总额，结合当地实际，科学合理地确定农村合作医疗基金的支付范围、支付标准和额度，确定常规性体检的具体检查项目和方式，防止农村合作医疗基金超支或过多结余。同时，鼓励参合农民充分利用乡镇以下医疗机构的服务。

三、城镇居民基本医疗保险的待遇标准

根据《国务院关于开展城镇居民基本医疗保险试点的指导意见》，城镇居民基本医疗保险基金重点用于参保居民的住院和门诊大病医疗支出，有条件的地区可以逐步试行门诊医疗费用统筹。在支付政策上，城镇居民基本医疗保险只建立统筹基金，不建立个人账户，基金主要用于支付住院医疗和部分门诊大病费用。基金支付比例原则上低于职工基本医疗保险，但高于新型农村合作医疗，一般可以达到50%至60%左右并规定了起付标准和最高支付限额。有条件的地区可以探索门诊普通疾病医疗费用统筹的保障办法，划出部分资金，专项用于支付一般门诊费用。按照2010年人力资源和社会保障部颁布的《关于做好2010年城镇居民基本医疗保险工作的通知》的要求，2010年居民医疗保险基金最高支付限额要提高到居民可支配收入的6倍以上。要逐步提高住院医疗费用基金支付比例，原则上参保人员住院政策范围内医疗费用基金支付比例要达到60%，二级（含）以下医疗机构住院政策范围内医疗费用基金支付比例要达到70%。各地要按照《关于开展城镇居民基本医疗保险门诊统筹的指导意见》（人社部发〔2009〕66号）的要求开展门诊统筹工作，2010年要在60%的统筹地区建立城镇居民基本医疗保险门诊统筹。医疗保险基金结余较多的地方，可采取多种方式，加大对医疗负担过重的大病重病患者的保障力度。对儿童重大疾病患者，可以通过探索到指定医疗机构诊治、医疗保险基金对医疗机构按病种限额或定额结算、适当降低个人自付比例等方式，进一步减轻个人负担。要将城镇居民基本医疗保险参保人员住院分娩和产前检查发生的符合规定的医疗费用纳入城镇居民基本医疗保险基金支付范围。

四、大病医疗保险

城乡居民大病保险的保障对象是城镇居民医保、新农合的参保人。大病保险，其实就是对城镇居民医保和新农合参保人的“二次报销”。2013年的城镇居民医保等基本医疗，无法满足广大城乡居民的医疗保障需求，是城乡居民大病医疗保险势在必行的主要原因。国务院医改办发出加快推进城乡居民大病保险工作的通知，要求已开展大病保险试点的省份，在总结经验的基础上扩大实施范围；尚未开展试点的省份，要在2014年6月底前启动试点工作；大病保险筹资标准、待遇水平、年度收支情况等要向社会公开，接受社会监督。

通过医药卫生体制改革，我国已初步建立覆盖全民的基本医疗保障体系。该体系中城镇居民医疗保险的主要参保对象，是没有参加城镇职工医疗保险的城镇未成年人，和没有工作或灵活就业的居民。新农合面对的则是我国广袤的农村。也就是说，城镇居民医保和新农合

保障的是一些相对弱势的群体，此前这些群体长期处于既有医疗保障体系之外。财力不足是城镇居民医保和新农合的先天性问题，这也导致上述两种基本医保只能是低水平的“全覆盖”。与城镇职工基本医保相比，城镇居民医保和新农合的保障水平偏低，然而，这些参保人员要面对的现实却是，动辄要支付几万元的药费、十几万甚至几十万元的手术费用。看病贵，让群众因病致贫、因病返贫的现象时有发生。为进一步完善城乡居民医疗保障制度，健全多层次医疗保障体系，提高重特大疾病保障水平，2012 年 8 月，在国务院主导下，国家发改委、卫生部、财政部等六部委，联合下发《关于开展城乡居民大病保险工作的指导意见》，大病保险试点工作在各地先后展开。据人社部数据，截至 2013 年 12 月底，全国已有 25 个省份制定了城乡居民大病保险试点实施方案，确定了 134 个试点城市。总体看，大病保险试点工作已取得初步成效。

2014 年 1 月初，北京市发布本市城乡居民大病医疗保险试行办法，正式启动大病保险试点。办法规定，基本医保报销后，个人负担超过上年居民平均收入的费用，5 万元以内报 50%，5 万元以上报 60%。和部分试点城市相似，北京市的方案也采取了“报销上不封顶”的原则。不论是 5 万以内报 50%，还是 5 万以上报 60%，“二次报销”之后的负担依然沉重，参保群众依然面临因病致贫、返贫的威胁。化解“二次报销”之后依然巨大的医疗负担，是各城市在试点过程中必须面对和逐步解决的重要难题。参与大病保险的试点地区，基本都采取“免费”参保方式，保险资金来源于居民医保筹集资金或历年结余基金，不需参保人员额外缴费。因此，试点城市必须扩大筹资渠道，提升管理水平，这样才能逐步提高大病报销比例，最大限度地减轻个人医疗费用负担。以浙江省为例，该省 2013 年初率先开展试点，2013 年城乡居民大病保险试点地区的人均筹资水平为 17 元左右，保额平均在 10 万元以上。但该省金华地区按每人 35.2 元的筹资标准推行大病保险，与基本医保结合后，总体报销比例最高有望达 90%。该省有的地区甚至“实际报销比例达 100%”。浙江省不同试点地区的报销比例差异，足以说明筹资水平对保障水平具有决定性影响。

与基本医疗保险由政府主导的运作模式不同，城乡居民大病保险由政府以招投标方式，向商业性保险机构购买，保险机构作为第三方负责具体运作。政府通过购买保险服务，改善民生，是公共管理模式的有益创新，同时，有关部门应对相关商业机构的准入及各种市场行为进行严格监管，务必让宝贵的资金实打实地用在减轻群众医疗负担这个“刀刃”上。

同时应注意到，城镇居民医保按费用定义大病，将超出一定标准(起付线)的医疗费用纳入大病保险的报销范围，并且通常将报销范围限定在于政策范围内(医保目录内)；而新农合则是按病种确定大病，先后将 20 种大病病种纳入大病保险的支付范围，给予高于一般疾病的报销待遇，而且报销范围可以突破医保目录(即所谓的合规费用)。大病保险的筹资直接来源于基本保险，应该遵循公平原则、保基本的原则。新农合按病种确定大病不符合社会保险的公平原则，对所列病种之外的其他高费用疾病的患者是不公平的；其报销范围突破了医保目录，也就突破了政府“保基本”的责任范围，有泛福利化倾向。

第五节　基本医疗保险基金

一、基本医疗保险基金的医疗费用支付项目

基本医疗保险基金支付的范围包括参保人员治病所需要的基本用药、基本诊疗项目、医疗服务设施以及急诊、抢救的医疗费用。这些费用只有纳入基本医疗保险药品目录、诊疗项目目录的范围，符合医疗服务设施标准，才能由统筹基金予以支付。

（一）基本医疗保险药品目录

基本医疗保险用药范围通过制定《基本医疗保险药品目录》进行管理。2009 年 11 月 27 日，人力资源和社会保障部发布了《关于印发国家基本医疗保险、工伤保险和生育保险药品目录的通知》。该 2009 年版的药品目录中“分西药、中成药和中药饮片 3 部分。其中，西药部分和中成药部分用准入法，规定基金准予支付费用的药品，基本医疗保险支付时区分甲、乙类，工伤保险和生育保险支付时不分甲、乙类；中药饮片部分用排除法，规定基金不予支付费用的药品。参保人员使用目录内西药、中成药和目录外中药饮片所发生的费用，具体给付标准按基本医疗保险、工伤保险和生育保险的有关规定执行。”同时通知还规定“统筹地区对于甲类药品，要按照基本医疗保险的规定全额给付，不得再另行设定个人自付比例。对于乙类药品可根据基金承受能力，先设定一定的个人自付比例，再按基本医疗保险的规定给付。”

（二）基本医疗保险诊疗项目

基本医疗保险诊疗项目是指符合以下条件的各种医疗技术服务项目和采用医疗仪器、设备与医用材料进行的诊断、治疗项目：(1)临床诊疗必需、安全有效、费用适宜的诊疗项目；(2)由物价部门制定了收费标准的诊疗项目；(3)由定点医疗机构为参保人员提供的定点医疗服务范围内的诊疗项目。具体范围由劳动和社会保障部、财政部、国家经济贸易委员会、卫生部、国家中医药管理局于 1999 年 6 月 30 日发布的《关于城镇职工基本医疗保险诊疗项目管理的意见》《国家基本医疗保险诊疗项目范围》等相关文件来明确。《关于城镇职工基本医疗保险诊疗项目管理的意见》明确规定，参保人员发生的诊疗项目费用，属于基本医疗保险不予支付费用诊疗项目目录以内的，基本医疗保险基金不予支付。属于基本医疗保险支付部分费用诊疗项目目录以内的，先由参保人员按规定比例自付后，再按基本医疗保险的规定支付。

（三）基本医疗保险医疗服务设施标准

基本医疗保险医疗服务设施是指由定点医院提供的，参保人员在接受诊断、治疗和护理过程中必需的生活服务设施。1999 年 6 月 30 日劳动和社会保障部、财政部、国家经济贸易委员会、卫生部、国家中医药管理局发布的《关于确定城镇职工基本医疗保险医疗服务设施范围和支付标准的意见》第 3 条采用排除性规定，“基本医疗保险基金不予支付的生活服务项目和服务设施费用，主要包括五大类：一是就(转)诊交通费、急救车费；二是空调费、电视费、电话费、婴儿保温箱费、食品保温箱费、电炉费、电冰箱费及损坏公物赔偿费；三是陪护费、护工费、洗理费、门诊煎药费；四是膳食费；五是文娱活动费以及其他特需生活服务费用。其他医疗服务设施项目是否纳入基本医疗保险基金支付范围，由各省（自治区、直辖市）劳动保障行政部门规定”。

除了上述三类费用外，急诊、抢救的医疗费用也按照国家规定从基本医疗保险基金中支付。根据原劳动和社会保障部、卫生部、国家中医药管理局于 1999 年 5 月 11 日制定的《城镇职工基本医疗保险定点医疗机构管理暂行办法》第 12 条规定："参保人员应在选定的定点医疗机构就医，并可自主决定在定点医疗机构购药或持处方到定点零售药店购药。除急诊和急救外，参保人员在非选定的定点医疗机构就医发生的费用，不得由基本医疗保险基金支付"。具体做法在各地并不相同，尤其是对于参保人员在异地或在非定点医院里急诊、抢救的，由于事出紧急，一般都允许社保基金予以支付一定的比例，而且还可能要求履行几日内(多数地方规定为三日或三个工作日)向社保机构通知或进行备案等程序，待病情稳定后，应转入定点医疗机构治疗。在此基础上，《实施〈中华人民共和国社会保险法〉若干规定》明确：参保人员确需急诊、抢救的，可以在非协议医疗机构就医；因抢救必须使用的药品可以适当放宽范围。参保人员急诊、抢救的医疗服务具体管理办法由统筹地区根据当地实际情况制定。

二、基本医疗保险费用的结算

(一)基本医疗保险基金支付结算制度

参保人员医疗费用中包含由个人负担和由基本医疗保险基金支付的两部分。在中国目前的基本医疗保险报销政策方面，存在着起付标准和最高支付限额两种数额限制。起付标准之下的医疗费用，由参保人员个人负担；起付标准以上、最高支付限额以下的费用，主要由基本医疗保险基金支付，个人也需要承担一部分。

为了缓解个人垫付大量医疗费的问题，本条规定在参保人员医疗费用中应当由基本医疗保险基金支付的部分，由社会保险经办机构与医疗机构、药品经营单位直接结算。这一制度的确立，改变了过去那种参保人员看病，先由本人支付全部医疗费用，然后再就其中应当由医疗保险基金支付的部分，去社会保险经办机构报销的做法。医疗保险费用直接结算制度最早确立于 1999 年 6 月，当时劳动和社会保障部、国家经济贸易委员会、财政部、卫生部、国家中医药管理局联合发布文件，规定属于基本医疗保险基金支付的医疗费用，应全部纳入结算范围，一般由社会保险经办机构与定点医疗机构和定点零售药店直接结算。暂不具备条件的，可先由参保人员或用人单位垫付，然后由社会保险经办机构与参保人员或用人单位结算。随着基本医疗保险制度的不断完善和基本医疗保险基金直接结算条件的日益成熟，本条明确规定了这一制度。

2009 年 7 月 24 日，人力资源和社会保障部、财政部发布的《关于进一步加强基本医疗保险基金管理的指导意见》规定，"改进费用结算方式。积极探索医疗保险经办机构与医疗机构、药品供应商通过协商谈判，合理确定医药服务的付费方式及标准，发挥医疗保障对医疗服务和药品费用的制约作用。鼓励探索实行按病种付费、总额预付、按人头付费等结算方式，充分调动医疗机构和医生控制医疗服务成本的主动性和积极性。"《实施〈中华人民共和国社会保险法〉若干规定》进一步细化规定，参保人员在协议医疗机构发生的符合基本医疗保险药品目录、诊疗项目、医疗服务设施标准的医疗费用，按照国家规定从基本医疗保险基金中支付。

(二)异地就医医疗费用结算制度

随着中国经济社会的快速发展，各地区之间人员往来日益频繁，发生异地就医的情况比较普遍。所谓异地就医，是指参加基本医疗保险的人员在自己所在统筹地区以外的中国境内就医的情况。目前，社会公众反映的异地就医难的一个主要原因是异地就医报销医疗费难，影响了参保人员享受基本医疗保险待遇。为了解决这一问题，《社会保险法》明确要求社会保险行政部门和卫生行政部门应当建立异地就医医疗费用结算制度，方便参保人员享受基本医疗保险待遇。当前，国家有关部门正在大力推进基本医疗保险区域统筹，建立异地协作机制，方便确需异地就医参保人员的医疗费用结算。

2009 年 12 月 31 日，人力资源和社会保障部、财政部联合发布了《关于建立基本医疗保险异地就医结算服务工作的意见》，规定要切实加强和改进以异地安置退休人员为重点的基本医疗保险异地就医结算服务。基本医疗保险异地就医结算制度包括以下几种情况:(1)参保人员短期出差、学习培训或度假等期间，在异地发生疾病并就地紧急诊治发生的医疗费用，一般由参保地按参保地规定报销。(2)参保人员因当地医疗条件所限需异地转诊的，医疗费用结算按照参保地有关规定执行。参保地负责审核、报销医疗费用。有条件的地区可经地区间协商，订立协议，委托就医地审核。(3)异地长期居住的退休人员在居住地就医，常驻异地工作的人员在工作地就医，原则上执行参保地政策。参保地经办机构可采用邮寄报销、在参保人员较集中的地区设立代办点、委托就医地基本医疗保险经办机构(以下简称经办机构)代管报销等方式，改进服务，方便参保人员。(4)对经国家组织动员支援边疆等地建设，按国家有关规定办理退休手续后，已按户籍管理规定异地安置的参保退休人员，要探索与当地医疗保障体系相衔接的办法。具体办法由参保地与安置地协商确定、稳妥实施。

三、不纳入基本医疗保险基金支付范围

(一)基本医疗保险基金不予支付的项目

基本医疗保险基金支付的前提条件中要求参保人员患病(职业病除外)或非因工负伤，而工伤保险基金支付的前提条件则是要求参保人员患职业病或因工负伤。因此，基本医疗保险基金与工伤保险基金在适用条件上的互补关系决定了应当从工伤保险基金中支付的医疗费用不纳入基本医疗保险基金支付范围。具体而言，在工伤医疗康复待遇中，治疗工伤所需的挂号费、医疗康复费、药费、住院费等费用符合工伤保险诊疗项目目录、工伤保险药品目录、工伤保险住院服务标准的，从工伤保险基金中支付。为避免上述范围内的医疗费用支付与职工基本医疗保险基金支付的范围产生交叉，本条明确工伤职工因治疗工伤所需支付的医疗费用，凡是按照上述规定应当由工伤保险基金支付的，基本医疗保险基金不予支付。

由于第三人侵权，导致参保人员的人身受到伤害而产生的医疗费用，按照我国《民法通则》《侵权责任法》等法律法规的规定，应由侵权人负担，基本医疗保险不予支付。但是，如果在这种情况下，侵权人(第三人)不支付该参保人员的医疗费用，或者因侵权人逃逸等无法确定侵权人是谁的，为了保证受害的参保人员能够获得及时的医疗救治，本条规定由基本医疗保险基金先行支付该参保人员的医疗费用。基本医疗保险基金先行支付后，医疗保险经办机构从受害的参保人员那里取得代位追偿权，有权向第三人，即侵权人就其应当支付的医疗费用进行追偿。

医疗卫生事业中的医疗费用存在公共卫生负担的医疗费用和基本医疗保险基金支付的医疗费用两大类。公共卫生是指政府组织全社会共同努力，改善社会卫生条件，预防控制传染病和其他疾病流行，培养良好卫生习惯和文明生活方式，达到预防疾病、促进人民群众身体

健康所提供的医疗服务。公共卫生关系人民群众整体利益，主要由政府提供。中国现阶段的基本公共卫生服务，主要是由国家在上述范围内确定若干服务项目，免费向城乡居民提供。国家基本公共服务项目所需费用纳入政府预算安排。因此，应当由基本公共卫生服务负担的医疗费用，不纳入基本医疗保险基金支付的范围。

在境外(中国大陆以外的其他国家，以及香港、澳门特别行政区和台湾地区)就医所发生的医疗费用，可以通过参加所在国家或地区的医疗保险或者购买商业保险的方式予以解决，基本医疗保险基金也不予支付。

(二)基本医疗保险基金的先行支付与追偿

《社会保险基金先行支付暂行办法》规定了第三人的侵权行为造成伤病的处理。这种情况下，根据《社会保险基金先行支付暂行办法》第 2 条之规定，其医疗费用应当有第三人按照其责任大小依法承担；超过第三人责任部分的医疗费用，由基本医疗保险按照国家规定支付。

医疗费用依法应当由第三人负担的，当第三人不支付或者无法确定第三人时，个人可以向参保地社会保险经办机构书面申请基本医疗保险基金先行支付，并告知造成伤病的原因以及第三人不支付医疗费用或无法确定第三人的情况；社会保险经办机构接到申请后，应当依法予以审核，确定申请人参加基本医疗保险的，应按照统筹地区基本医疗保险基金支付的规定先行支付相应部分的医疗费。基本医疗保险基金先行支付后，有权向第三人追偿。

基本医疗保险基金的医疗费用追偿权的行使需要满足以下要件：第一，必须是医疗费用依法(民法通则、侵权责任法等)应当由第三人负担；第二，必须存在第三人不支付或者无法确定第三人的情形；第三，基本医疗保险基金已经为参保人先行支付了本该由第三人负担的医疗费用。社会保险法之所以作出这样的规定，主要是为了更好保障参保人员健康权益。

四、个人基本医疗保险关系的转移

随着中国社会经济的快速发展，劳动者在不同地区之间的流动日益普遍化。为了保证这部分人的基本医疗保险权益，有必要从法律制度上确立个人基本医疗保险关系转移接续制度，以确保劳动者在劳动力市场中受到同等对待，更使得这些劳动者可以在统一的劳动力市场上自由流动。

已经参加城镇基本医疗保险的参保人员跨统筹地区就业的，其医疗保险关系随同转移，缴费年限累计计算。关于基本医疗保险关系转移接续手续的办理，2009 年 12 月 31 日人力资源和社会保障部、卫生部、财政部联合发布的《流动就业人员基本医疗保障关系转移接续暂行办法》明确规定，城镇基本医疗保险参保人员跨统筹地区流动就业，新就业地有接收单位的，由单位按照《社会保险登记管理暂行办法》的规定办理登记手续，参加新就业地城镇职工基本医疗保险；无接收单位的，个人应在中止原基本医疗保险关系后的 3 个月内到新就业地社会(医疗)保险经办机构办理登记手续，按当地规定参加城镇职工基本医疗保险或城镇居民基本医疗保险。城镇基本医疗保险参保人员跨统筹地区流动就业并参加新就业地城镇基本医疗保险的，由新就业地社会(医疗)保险经办机构通知原就业地社会(医疗)保险经办机构办理转移手续，不再享受原就业地城镇基本医疗保险待遇。

思考题

1. 什么是医疗保险,特点是什么?
2. 医疗社会保险的基本内容一般包括哪些方面?
3. 医疗社会保险的模式有哪些?各个模式的特点及优缺点有哪些?
4. 中国传统的医疗保险有哪些形式?取得了哪些成就,目前存在哪些问题?
5. 现阶段中国城镇和农村在医疗改革方面进行了哪些有益的探索?

第六章　工伤保险

第一节　工伤保险制度概述

一、工伤保险制度历程

工伤保险是指劳动者在工作中或在规定的某些特殊情况下，因遭受意外伤害或患职业病，暂时或永久地丧失劳动能力以及死亡时，劳动者或其遗属从国家和社会获得物质帮助的一种社会保险制度。工伤保险具有强制性、普遍性、互济性和补偿性特点，采用补偿不究过失原则、个人不缴费原则以及补偿与预防、康复相结合原则。

1951 年的《劳动保险条例》对企业职工因工负伤的治疗和补偿作了规定，职工工伤保险作为劳动保险的一部分，开始在中国企业内实施。1996 年，原劳动部颁布了《企业职工工伤保险试行办法》，第一次把工伤保险作为独立的制度进行规定，从工伤保险覆盖范围、工伤资格认定、劳动鉴定和工伤评残、工伤保险待遇、工伤保险基金、工伤争议处理等方面初步确立了新型工伤保险制度的基本框架，提出了我国职工工伤保险制度的内容和任务是工伤预防、工伤康复和工伤补偿相结合。2003 年 4 月 27 日，国务院颁布《工伤保险条例》（以下称原《工伤保险条例》），于 2004 年 1 月 1 日起开始施行。该条例以行政法规的形式规范了工伤保险制度，标志着与社会主义市场经济体制相适应的工伤保险制度基本确立。本法以专章的形式对工伤保险的基本问题作了规定，开始实现工伤保险制度的法律化。原《工伤保险条例》自施行以来，对于维护工伤职工合法权益，分散用人单位工伤风险，规范和推进工伤保险工作，发挥了积极作用。但是，随着经济社会的发展，工伤保险制度面临一些新情况、新问题，例如：事业单位、社会团体、民办非企业单位等组织的职工工伤政策不明确；工伤认定范围不够合理；工伤认定、鉴定和争议处理程序复杂、时间冗长；一次性工亡补助金和一次性伤残补助金标准偏低等，这些问题都需要从制度层面加以解决、完善。2010 年 12 月 8 日，国务院第 136 次常务会议通过《国务院关于修改〈工伤保险条例〉的决定》，12 月 20 日国务院总理温家宝签署国务院第 586 号令，公布该条例（以下称新《工伤保险条例》），自 2011 年 1 月 1 日起施行。新《工伤保险条例》的颁布实施，是贯彻实施《社会保险法》，完善工伤保险制度的重大举措。《人力资源和社会保障事业发展“十二五”规划纲要》提出要“建立健全工伤预防、经济补偿、职业康复相结合的工伤保险制度体系”，并要求工伤保险参保人数达到 2.1 亿人。

二、工伤保险参保范围与缴费主体

(一)工伤保险费的参保范围

工伤保险是世界上产生最早的一项社会保险，也是世界上实施范围最广、发展最健全的一项社会保险制度。2003 年，国务院颁布《工伤保险条例》，以行政法规的形式确定了我国工伤保险制度的基本框架。原《工伤保险条例》第 2 条第 1 款规定：“中华人民共和国境内的各类企业、有雇工的个体工商户应当依照本条例规定参加工伤保险，为本单位全部职工或者雇工缴纳工伤保险费。”第 62 条规定：“国家机关和依照或者参照国家公务员制度进行人事管理的事业单位、社会团体的工作人员因工作遭受事故伤害或者患职业病的，由所在单位支付费用。具体办法由国务院劳动保障行政部门会同国务院人事行政部门、财政部门规定。其他事业单位、社会团体以及各类民办非企业单位的工伤保险等办法，由国务院劳动保障行政部门会同国务院人事行政部门、民政部门、财政部门等部门参照本条例另行规定，报国务院批准后施行。”原《工伤保险条例》的参保主体主要是各类企业、有雇工的个体工商户。

工伤保险是一项与劳动者身体健康相关的社会保险制度，只有参加工伤保险，才能通过保险基金统筹，分散用人单位的风险，保护工伤职工及其家属的合法权益。职工参加了工伤保险，一旦发生工伤事故或职业病，无论职工有无过错(法律另有规定的除外)，工伤职工都有权享受工伤保险待遇。《社会保险法》规定，职工应当参加工伤保险。这里的职工是指与用人单位存在劳动关系(包括事实劳动关系)的各种用工形式、各种用工期限的劳动者，包括进城务工的农村居民和个体工商户的雇工。职工是与用人单位相对应的概念，规定职工应当参加工伤保险，实际上是要求所有的用人单位包括企业、事业单位 、民办非企业单位、合伙组织和基金会、有雇工的个体工商户等存在劳动法意义上的劳动者的用人单位，都必须参加工伤保险制度。职工应当参加工伤保险的规定，强化了对所有劳动者的保护，突出了工伤保险的普遍性和公平性。新《工伤保险条例》第 2 条规定，中华人民共和国境内的企业、事业单位、社会团体、民办非企业单位、基金会、律师事务所、会计师事务所等组织和有雇工的个体工商户应当依照本条例规定参加工伤保险，为本单位全部职工或者雇工缴纳工伤保险费。中华人民共和国境内的企业、事业单位、社会团体、民办非企业单位、基金会、律师事务所、会计师事务所等组织的职工和个体工商户的雇工，均有依照本条例的规定享受工伤保险待遇的权利。”这样，在原《工伤保险条例》规定的的企业和个体工商户两类参保人群的基础上，新增了事业单位、社会团体、民办非企业单位、基金会、律师事务所、会计事务所等六类组织，扩大了工伤保险的适用范围。至于公务员和参照公务员管理的工作人员的工伤保险问题，新《工伤保险条例》第 65 条规定，公务员和参照公务员法管理的事业单位、社会团体的工作人员因工作遭受事故伤害或者患职业病的，由所在单位支付费用。具体办法由国务院社会保险行政部门会同国务院财政部门规定。

(二)工伤保险费的缴费主体

工伤保险是劳动者在工作中或法律规定的特殊情况下发生意外事故或者患职业病、致残、死亡，对本人或供养亲属给予物质帮助和经济补偿的一项社会保险制度。世界各国实行的工伤保险制度共有两种类型：一种是筹集工伤保险基金的工伤社会保险制度。凡受工伤保险法约束的单位或雇主，必须向社会保险机构缴纳工伤保险费，并由该机构对基金进行统一管理和支配。目前，实现社会保险类型的约占工伤保险制度国家的三分之二。另一种是雇主责任制，即雇主在工伤事故发生后必须按照不低于法定的保障标准向受伤的雇员或其供养亲属直接支付保险金。

我国实行的是社会保险型的工伤保险制度，与其他社会保险一样，工伤保险亦属于强制保险，用人单位必须参加。但与其他社会保险不同的是，一般的社会保险统筹基金通常是由雇主与雇工共同缴纳费用而构成，基金不敷使用时，由政府适当地予以补贴；而工伤保险则仅有雇主负担支付保险费的义务，职工不负担此项义务，政府仅对部分雇员（如政府雇员）提供补贴。法律规定由用人单位履行缴费义务的理由在于：一方面，工伤保险属于职业伤害，工伤风险来源于工作，而保护劳动者的职业健康权和生命权是用人单位的法定义务。一般而言，获得利益者应当承担相应的风险，工伤保险待遇具有明显的劳动力生产与再生产投入的性质，而工伤保险费则属于用人单位生产成本的特殊组成部分。另一方面，从工伤保险制度的发展历程看，工伤社会保险制度取代雇主责任制度是雇主分散风险的理性选择，用人单位通过缴纳工伤保险费将工伤的赔偿责任从个体转移到了社会，由此，工伤保险费也从工伤保险基金中支付而无须由用人单位负担，从而使用人单位的生产经营得以继续。所以，法律规定由用人单位承担缴费义务是完全必要和合理的。如果劳动者在两个甚至更多用人单位同时就业，其工伤保险的费用承担和待遇支付则值得关注。根据《实施〈中华人民共和国社会保险法〉若干规定》第9条之规定，这种情形下各用人单位应当分别为职工缴纳工伤保险费。发生工伤时，由职工受到伤害时工作的单位承担工伤保险责任。

职工个人无需缴费工伤保险费，当发生工伤时，职工个人可以依据法定的标准享受工伤保险待遇，这是工伤保险与养老保险、失业保险、医疗保险的不同之处。法律规定职工不缴纳工伤保险费，符合工伤保险国际惯例，体现了对劳动者进行倾斜保护的社会法立法精神。用人单位不得采取任何手段，将工伤保险费变相分摊到职工个人身上。

第二节　工伤保险费率的确定

一、工伤保险费率的确定方式

工伤保险费率是指工伤保险费的缴纳比例，确定工伤保险费既要考虑工伤保险基金的支付能力，又要考虑用人单位的承受能力。

各国关于费率的确定机制，主要有三种方式：

1. 统一费率制，即对所有行业与企业按照统一的比例缴费。方法是按照法定统筹范围内的预测开支需求，与相同范围内的企业的工资总额相比较，计算出一个总的工伤保险费率，统一适用于所有的行业和企业，不考虑行业和企业工伤实际风险的差别。统一费率制，是从雇主责任制发展而来的。这种方式需要准确的统计数据，管理比较复杂，适用时难度大，对不同行业或用人单位也不是很公平。

2. 差别费率制，即根据各行业或企业在一定时期内的工伤发生情况和职业病统计以及工伤费用的预测，对某一行业或单个企业单独确定工伤保险的缴费比率。差别费率制，体现了在工伤保险基金的分担上，不同工伤事故发生率的企业、行业负担的差别性，有利于促进用人单位改善劳动条件，促进安全生产，减轻工伤事故。

3. 浮动费率制，即在差别费率的基础上，根据对各行业或企业的工伤事故状况和工伤保险费用支出状况，由主管部门决定该行业或企业费率的上浮或下浮。浮动费率制能够起到促进企业加强安全生产和工伤预防的作用。

工伤保险不像养老保险那样需要大的积累以实现代际互济，也不同于医疗保险实行以收定支原则，而是实行以支定收原则。新《工伤保险条例》规定："工伤保险费根据以支定收，收支平衡的原则，确定费率。"这里的"以支定收"是指工伤保险费的收取要能够保证工伤保险待遇和各个项目的支出；"收支平衡"是指工伤保险费的收取既不能使工伤保险基金不能满足支出的需要，也不能使工伤保险基金有过多的剩余和积累。在该原则指导下，我国工伤保险费率实行行业差别费率和浮动费率相结合机制，即国家根据不同行业的工伤风险程度确定行业的差别费率，并根据工伤保险费使用、工伤发生率等情况在每个行业内确定若干费率档次。

二、工伤保险行业差别费率

《社会保险法》规定"国家根据不同行业的工伤风险程度确定行业的差别费率"。之所以作如此规定，是因为，与其他社会保险的费率确定方式不同，支付工伤保险费本质上是用人单位转嫁工伤赔偿风险的一种方式。由于各行业在产业结构、生产类型、生产技术条件、管理水平等方面存在差异，并表现出不同的职业伤害风险，同时为了体现保险费用的公平负担，利用费率杠杆促进风险大的行业改善劳动条件、加强工伤预防，实现工伤保险费用的社会共济，国家根据不同行业的工伤风险程度确定了行业差别费率。2003 年劳动和社会保障部、财政部、卫生部、国家安全生产监督管理局《关于工伤保险费率问题的通知》，根据不同行业的工伤风险程度，参照《国民经济行业分类》(GB/T 4754—2002)，将行业划分为三个类别：一类为风险较小的行业；二类为中等风险的行业；三类为风险较大的行业。三类行业分别实行三种不同的费率。行业差别费率是一个基准的费率，在行业差别费率的基础上根据工伤保险基金、工伤发生率等情况在每个行业内确定若干费率档次。例如，商业的基准费率为 0.3%，该行业内的费率档次可以以 0.3% 为基准，设计 0.25%、0.3%、0.35% 三个档次。由于行业差别费率和行业内费率档次的确定需要考虑工伤保险费的使用，事故发生率和职业病的发病率等因素与行业、企业的利益密切相关，需要由权威部门统一确定。因此，本法规定，行业差别费率和行业内费率档次由国务院社会保险行政部门制定，报国务院批准后公布施行。新《工伤保险条例》第 9 条规定，国务院社会保险行政部门应当定期了解全国各统筹地区工伤保险基金收支情况，及时提出调整行业差别费率及行业内费率档次的方案，报国务院批准后公布施行。

三、用人单位缴费率的确定

为了促进安全生产，调动用人单位工伤预防的主动性和积极性，我国在行业差别费率的基础上，还实行了浮动费率制。即在确定了行业差别费率和行业内差别费率的基础上，再根据用人单位的具体情况来确定其适用哪一档次的费率。本条规定：社会保险经办机构根据用人单位使用工伤保险费基金、工伤发生率和所属行业费率档次等情况，确定用人单位缴费费率。新《工伤保险条例》进一步明确，统筹地区经办机构根据用人单位工伤保险费使用、工伤发生率等情况，适用所属行业内相应的费率档次确定单位缴费费率。工伤发生率是指用人单位在某一段时间内，本单位职工发生工伤事故或者患职业病的比例。具有浮动性的费率，可以使工伤发生率高的企业缴纳更多的工伤保险费，工伤发生率低的企业则缴纳较少的工伤保险费，这样的制度规定，有利于促进用人单位提高安全生产意识，积极做好工伤预防和安全生产工作，实现工伤保险的立法宗旨。在确定用人单位的工伤保险费率后，用人单位缴纳工伤保险费的数额为本单位职工工资总额乘以单位缴费费率之积。

四、用人单位工伤保险费数额的确定

用人单位缴纳工伤保险的数额取决于两个因素：费基和费率。两者的乘积即为用人单位应当缴纳工伤保险数额。依据规定，用人单位缴纳工伤保险的费基为本单位的职工工资总额。这里的工资总额是指用人单位直接支付给本单位全部职工的劳动报酬总额。

工资总额由下列6个部分组成：(1)计时工资；(2)计件工资；(3)奖金；(4)津贴和补贴；(5)加班加点工资；(6)特殊情况下支付的工资。

但是，劳动者的以下各项不列入工资总额的范围：(1)根据国务院发布的有关规定颁发的发明创造创新奖、技术改进奖以及支付给运动员、教练员的奖金；(2)有关劳动保险和职工福利方面的各项费用；(3)有关离休、退休、退职人员待遇的各项支出；(4)劳动保护的各项支出；(5)稿费、讲课费及其他专门工作报酬；(6)出差伙食及误餐补助、调动工作的旅费和安家费；(7)对自带工具、牲畜来企业工作职工所支付的工具、牲畜等的补偿费用；(8)实行租赁经营单位的承租人的风险性补偿收入；(9)对购买本企业股票和债券的职工所支付的股息(包括股金分红)和利息；(10)劳动合同制职工解除劳动合同时由企业支付的医疗补助费、生活补助费等；(11)因录用临时工而在工资以外向提供劳动力单位支付的手续费或管理费；(12)支付给家庭工人的加工费和按加工订货办法支付给承包单位的发包费用；(13)支付给参加企业劳动的在校学生的补贴；(14)计划生育独生子女补贴。

社会保险经办机构根据用人单位使用工伤保险费基金、工伤发生率和所属行业费率档次等情况，确定用人单位缴费费率。目前，各省、自治区、直辖市工伤保险费平均缴费率原则上要控制在职工工资总额的1%左右。新《工伤保险条例》第9条规定，用人单位缴纳工伤保险费的数额为本单位职工工资总额乘以单位缴费费率之积。对难以按照工资总额缴纳工伤保险费的行业，其缴纳工伤保险费的具体方式，由国务院社会保险行政部门规定。

第三节　工伤保险待遇的享受

工伤保险待遇是指职工因工作原因遭受事故伤害或者职业病的职工获得的医疗救治和经济补偿，其功能是使伤残者的医疗、生活得到保障，使亡者遗属的基本生活得到保障。从原理上讲，享受工伤保险待遇的要件包括实体要件和程序要件两方面。实体要件即因工作原因受到事故伤害或者患职业病，程序要件即工伤认定。享受伤残待遇，还需要劳动能力鉴定的程序要件。

工伤认定是工伤保险的制度的一个重要环节，是决定受伤职工或者其亲属是否可以享受工伤保险待遇的关键因素。而工伤认定的前提是确定工伤的范围，明确工伤与非工伤的界限。原《工伤保险条例》对工伤认定制度作了规定。2003年9月18日，原劳动保障部出台了

《工伤认定办法》,该办法对工伤认定的程序作了规定。新《工伤保险条例》调整扩大了工伤认定范围,简化了工伤认定程序。2010 年 12 月 31 日,人力资源和社会保障部根据新《工伤保险条例》,公布出台新修订的《工伤认定办法》,废止了 2003 年原劳动和社会保障部颁布的旧《工伤认定办法》。其调整、变动值得关注。

一、工伤的范围

原《工伤保险条例》采取列举的方式对应当认定为工伤的情形、视同工伤的情形做了具体、明确的规定,使工伤认定具有较强的可操作性,可以减轻工伤认定工作的困难。但是,列举必然有“无法穷尽”的弊端,很难穷尽所有可能发生的工伤事故。本法没有对应当认定为工伤的情形、视同工伤的情形进行列举,而是规定“职工因工作原因受到事故伤害或者患职业病,且经工伤认定的,享受工伤保险待遇。”这实际上是确定了职工享受工伤保险待遇的基本原则即对工伤作了一般的概括性的规定,即只要是职工因工作原因受到事故伤害或者患职业病,经工伤认定程序认定为工伤的,就可以享受工伤保险待遇。这里的工作原因是指伤害是因工作需要或因工作中主客观条件变化而造成的,与履行工作职责、完成工作任务之间有因果关系,它是工伤认定的核心要素。是否属于工作原因应当从是否属于本岗工作,是否属于单位临时指派工作,是否属于单位重大紧急情况,是否属于与工作有关的预备性或者收尾性工作等方面考虑。事故伤害是指职工在工作过程中遇到的各类事故,包括安全事故、意外事故以及自然灾害等各种形式的事故。职业病,是指企业、事业单位和个体经济组织的劳动者在职业活动中,因接触粉尘、放射性物质和其他有毒、有害物质等因素而引起的疾病。依据《职业病目录》,我国职业病分为十类:尘肺、职业性放射性疾病、职业中毒、物理因素所致职业病、生物因素所致职业病、职业性皮肤病、职业性眼病、职业性耳鼻喉口腔疾病、职业性肿瘤和其他职业病。职工经诊断或鉴定患职业病的并经过工伤认定属于工伤的,享受工伤保险待遇。

新《工伤保险条例》采取列举式的立法模式,明确了我国工伤的范围。包括两种基本情形,即应当认定工伤和视同工伤。

(一)应当认定工伤的情形

新《工伤保险条例》第 14 条规定,职工有下列情形之一的,应当认定为工伤:

1. 在工作时间和工作场所内,因工作原因受到事故伤害的。这是最为普遍的工伤情形,因为它体现了工伤的最基本的含义,即“工伤”是由于工作直接或间接引起的伤害。这里的“工作时间”,是指法律规定的或者单位要求的工作时间,包括劳动者实际工作时间,用人单位延长劳动者的工作时间,工作前后必要的准备和整理时间等。这里的“工作场所”,是指职工日常固定的劳动场所,也包括受用人单位指派从事工作的场所。这里的“事故伤害”是指职工在工作过程中发生的人身伤害或者急性中毒等事故。

2. 工作时间前后在工作场所内,从事与工作有关的预备性或者收尾性工作受到事故伤害的。这里的“从事与工作有关的预备性或者收尾性工作”主要是指在工作前的一段合理时间内,以及在结束工作时间之后的一段合理时间内职工在工作场所内从事本职工作或者单位指派的其他工作有关的预备性或者收尾性工作。所谓预备性工作,主要是指在劳动者所从事的主要工作开始之前,需要做的一些前期准备工作,诸如准备工具、备料等;而收尾性工作则是指劳动者所从事的主要工作结束后所从事的后续工作,诸如清理、收拾工具和衣物等。

3. 在工作时间和工作场所内，因履行工作职责受到暴力等意外伤害的。“因履行工作职责受到暴力等意外伤害的”有两层含义：一是指他人因不服从职工履行工作职责的管理行为而施加暴力对职工造成的伤害，该暴力伤害与履行工作职责应具有直接因果关系；二是指职工在工作时间和工作场所内，职工因履行工作职责而受到的由于意外因素导致的人身伤害，例如由于单位车间房屋倒塌而造成的伤害等。

4. 患职业病的。这里的“患职业病的”，应该是《工伤保险条例》覆盖范围内的所有的用人单位的职工在职业活动中所患的职业病。如果某人患有职业病目录中规定的某种疾病，但不是在职业活动中引起的，就不属于《工伤保险条例》中所称的职业病。职业病的范围是由国家主管部门明文规定。

5. 因工外出期间，由于工作原因受到伤害或者发生事故下落不明的。“因工外出”是指包括职工受单位指派出差到外地或者根据工作性质要求并经单位授权自行决定到外地从事与本职工作相关的工作。“由于工作原因受到伤害”，是指由于工作原因直接或间接造成的伤害，包括事故伤害、暴力伤害和其他形式的伤害。这里的“事故”，包括安全事故、意外事故以及自然灾害等各种形式的事故。“下落不明”指职工离开最后居住地后没有音讯的状况。

6. 在上下班途中，受到非本人主要责任的交通事故或者城市轨道交通、客运轮渡、火车事故伤害的。“上下班途中”既包括职工正常工作的上下班途中，也包括职工加班加点的上下班途中。原《工伤保险条例》的规定是“上下班途中，受到机动车事故伤害的就应该认定为工伤。”新《工伤保险条例》中修改为“在上下班途中，受到非本人主要责任的交通事故或者城市轨道交通、客运轮渡、火车事故伤害的”。比较新旧规定，上下班途中工伤的认定标准有两点变化：一是造成伤害的事故范围扩大了，原来限定为机动车事故伤害，现在限定为交通事故或者城市轨道交通、客运轮渡、火车事故伤害，范围的扩大体现了国家在立法时希望能最大限度地让劳动者在因工作或与工作相关活动而受到伤害时得到赔偿和补助的以人为本的立法理念。二是造成伤害的责任方面的要求高了，原来没有关于职工责任的限定，即不论职工本人是否承担或者承担什么责任，只要职工不是故意以致不得认定为工伤的情形外，均应认定为工伤；新规定限定为“非本人主要责任”，如果本人在交通事故中负有主要责任，即使受伤了也不能认定为工伤。

7. 法律、行政法规规定应当认定为工伤的其他情形。法律是指全国人大和全国人大常委会制定的法律，行政法规是国务院制定的规范性法律文件。

（二）视同工伤的情形

根据新《工伤保险条例》第 15 条之规定，下列情形视同工伤：

1. 在工作时间和工作岗位，突发疾病死亡或者在 48 小时之内经抢救无效死亡的。“突发疾病”，是指上班期间突然发生任何种类的疾病，诸如心肌梗塞、脑出血等。职工在工作时间和工作岗位突发疾病当场死亡的，以及职工在工作时间和工作岗位突发疾病后没有当场死亡，但在 48 小时之内经抢救无效死亡的，应当视同工伤。

2. 在抢险救灾等维护国家利益、公共利益活动中受到伤害的。无论是否在工作时间和工作场所内，职工在抢险救灾等维护国家利益、公共利益的活动中受到伤害的，虽然这些活动与工作不存在直接或间接的关系，但是视同工伤。《突发事件应对法》第 61 条第 3 款也规定“公民参加应急救援工作或者协助维护社会秩序期间，其在本单位的工资待遇和福利不变；表现突出、成绩显著的，由县级以上人民政府给予表彰或者奖励。”

3. 职工原在军队服役，因战、因公负伤致残，已取得革命伤残军人证，到用人单位后旧伤复发的。军人属于优抚的对象，军人在军队服役，因战、因公负伤致残，已取得革命伤残军人证的，依法享受军人抚恤待遇。为了保持政策上的连续性，法律规定已取得革命伤残军人证，到用人单位后旧伤复发的，视同工伤，能够享受一次性伤残补助金以外的工伤保险待遇。

二、工伤认定的程序与工伤保险待遇的享受

工伤认定是劳动行政部门按照法定的程序，依据法律法规及相关政策的规定，确定职工受到的伤害或者患职业病的情形是否属于工伤或者视同工伤给予定性的行政确权行为。它是职工可否享受工伤保险待遇的前提。工伤认定的结果包括两种情况：一是工伤或视同工伤的认定决定；二是不属于工伤或不视为工伤的认定决定。

（一）工伤认定的程序

根据《社会保险法》、2010年修订的《工伤保险条例》以及《工伤认定办法》等规定，工伤认定程序包括申请、受理、核实、决定等环节。具体规则如下：

1. 工伤认定的申请程序

职工发生事故伤害或者按照职业病防治法规定被诊断、鉴定为职业病，所在单位应当自事故伤害发生之日或者被诊断、鉴定为职业病之日起30日内，向统筹地区社会保险行政部门提出工伤认定申请。遇有特殊情况，经报社会保险行政部门同意，申请时限可以适当延长。应当由省级社会保险行政部门进行工伤认定的事项，根据属地原则由用人单位所在地的设区的市级社会保险行政部门办理。

用人单位未按前款规定提出工伤认定申请的，工伤职工或者其近亲属、工会组织在事故伤害发生之日或者被诊断、鉴定为职业病之日起1年内，可以直接向用人单位所在地统筹地区社会保险行政部门提出工伤认定申请。用人单位未在规定的时限内提交工伤认定申请，在此期间发生符合规定的工伤待遇等有关费用由该用人单位负担。

提出工伤认定申请应当填写《工伤认定申请表》，并提交下列材料：(1)劳动、聘用合同文本复印件或者与用人单位存在劳动关系（包括事实劳动关系）、人事关系的其他证明材料；(2)医疗机构出具的受伤后诊断证明书或者职业病诊断证明书（或者职业病诊断鉴定书）。

2. 工伤认定申请的受理程序

工伤认定申请人提交的申请材料符合要求，属于社会保险行政部门管辖范围且在受理时限内的，社会保险行政部门应当受理。社会保险行政部门收到工伤认定申请后，应当在15日内对申请人提交的材料进行审核，材料完整的，作出受理或者不予受理的决定；材料不完整的，应当以书面形式一次性告知申请人需要补正的全部材料。社会保险行政部门收到申请人提交的全部补正材料后，应当在15日内作出受理或者不予受理的决定。社会保险行政部门决定受理的，应当出具《工伤认定申请受理决定书》；决定不予受理的，应当出具《工伤认定申请不予受理决定书》。

3. 调查核实程序

社会保险行政部门受理工伤认定申请后，可以根据需要对申请人提供的证据进行调查核实。社会保险行政部门进行调查核实，应当由两名以上工作人员共同进行，并出示执行公务的证件。社会保险行政部门工作人员在工伤认定中，可以进行以下调查核实工作：(1)根据工作需要，进入有关单位和事故现场；(2)依法查阅与工伤认定有关的资料，询问有关人员并作

出调查笔录；(3)记录、录音、录像和复制与工伤认定有关的资料。调查核实工作的证据收集参照行政诉讼证据收集的有关规定执行。社会保险行政部门工作人员进行调查核实时，有关单位和个人应当予以协助。用人单位、工会组织、医疗机构以及有关部门应当负责安排相关人员配合工作，据实提供情况和证明材料。

用人单位拒不协助社会保险行政部门对事故伤害进行调查核实的，由社会保险行政部门责令改正，处2000元以上2万元以下的罚款。

4. 工伤认定调查的证据文书认定和举证责任分配

社会保险行政部门在进行工伤认定时，对申请人提供的符合国家有关规定的职业病诊断证明书或者职业病诊断鉴定书，不再进行调查核实。职业病诊断证明书或者职业病诊断鉴定书不符合国家规定的要求和格式的，社会保险行政部门可以要求出具证据部门重新提供。社会保险行政部门受理工伤认定申请后，可以根据工作需要，委托其他统筹地区的社会保险行政部门或者相关部门进行调查核实。

职工或者其近亲属认为是工伤，用人单位不认为是工伤的，由该用人单位承担举证责任。用人单位拒不举证的，社会保险行政部门可以根据受伤害职工提供的证据或者调查取得的证据，依法作出工伤认定决定。

5. 决定程序

社会保险行政部门应当自受理工伤认定申请之日起60日内作出工伤认定决定，出具《认定工伤决定书》或者《不予认定工伤决定书》职业病诊断和诊断争议的鉴定，依照职业病防治法的有关规定执行。对依法取得职业病诊断证明书或者职业病诊断鉴定书的，社会保险行政部门不再进行调查核实。社会保险行政部门受理工伤认定申请后，作出工伤认定决定需要以司法机关或者有关行政主管部门的结论为依据的，在司法机关或者有关行政主管部门尚未作出结论期间，作出工伤认定决定的时限中止，并书面通知申请人。

社会保险行政部门应当自受理工伤认定申请之日起60日内作出工伤认定决定，出具《认定工伤决定书》或者《不予认定工伤决定书》；对于事实清楚、权利义务明确的工伤认定申请，社会保险行政部门应当自受理工伤认定申请之日起15日内作出工伤认定决定。

6. 决定的送达程序

社会保险行政部门应当自工伤认定决定作出之日起20日内，将《认定工伤决定书》或者《不予认定工伤决定书》送达受伤害职工(或者其近亲属)和用人单位，并抄送社会保险经办机构。决定书的送达参照民事法律有关送达的规定执行。

(二)工伤保险待遇的享受

工伤认定行为属于行政法上的行政确认行为，职工因工作原因受到事故伤害或者患职业病，且经工伤认定的，享受工伤保险待遇。依据新《工伤保险条例》工伤保险待遇包括医疗待遇、停工留薪待遇、伤残待遇、因工死亡职工直系亲属待遇等。

1. 工伤医疗待遇。职工因工作遭受事故伤害或者患职业病进行治疗，享受工伤医疗待遇。职工治疗工伤应当在签订服务协议的医疗机构就医，情况紧急时可以先到就近的医疗机构急救。治疗工伤所需费用符合工伤保险诊疗项目目录、工伤保险药品目录、工伤保险住院服务标准的，从工伤保险基金支付。工伤保险诊疗项目目录、工伤保险药品目录、工伤保险住院服务标准，由国务院社会保险行政部门会同国务院卫生行政部门、食品药品监督管理部门等部门规定。工伤职工到签订服务协议的医疗机构进行工伤康复的费用，符合规定的，从工伤保险基金支付。工伤职工治疗非工伤引发的疾病，不享受工伤医疗待遇，按照基本医疗保险办法处理。

2. 停工留薪待遇。职工因工作遭受事故伤害或者患职业病需要暂停工作，接受工伤医疗的，在停工留薪期内，原工资福利待遇不变，由所在单位按月支付。停工留薪期一般不超过12个月。伤情严重或者情况特殊，经社区的市级劳动能力鉴定委员会确认，可以适当延长，但延长不得超过12个月。工伤职工评定伤残等级后，停发原待遇，按照规定享受伤残待遇。工伤职工在停工留薪期满后仍需治疗的，继续享受工伤医疗待遇。生活不能自理的工伤职工在停工留薪期需要护理的，由所在单位负责。

3. 因工死亡职工直系亲属待遇。职工因工死亡，其直系亲属可以从工伤保险基金领取丧葬补助金、供养亲属抚恤金和一次性工亡补助金。

三、劳动能力鉴定与伤残待遇的享受

劳动能力鉴定即通常所说的“评残”，是指劳动者因工负伤或者患职业病，导致本人劳动与生活能力受到影响，由劳动能力鉴定机构组织专家，根据国家评残标准，运用医学科学技术的方法和手段，确定劳动者劳动功能障碍程度和生活自理障碍程度的一种综合评定制度 。劳动能力鉴定是指劳动功能障碍程度和生活自理障碍程度的等级鉴定。劳动功能障碍分为十个伤残等级，最重的为一级，最轻的为十级。生活自理障碍分为三个等级:生活完全不能自理、生活大部分不能自理和生活部分不能自理。

职工发生工伤，经治疗伤情相对稳定后存在残疾、影响劳动能力的，应当进行劳动能力鉴定。劳动能力鉴定标准由国务院社会保险行政部门会同国务院卫生行政部门等部门制定。

劳动能力鉴定由用人单位、工伤职工或者其近亲属向设区的市级劳动能力鉴定委员会提出申请，并提供工伤认定决定和职工工伤医疗的有关资料。省、自治区、直辖市劳动能力鉴定委员会和设区的市级劳动能力鉴定委员会分别由省、自治区、直辖市和设区的市级社会保险行政部门、卫生行政部门、工会组织、经办机构代表以及用人单位代表组成。劳动能力鉴定委员会建立医疗卫生专家库。列入专家库的医疗卫生专业技术人员应当具备下列条件:(1)具有医疗卫生高级专业技术职务任职资格;(2)掌握劳动能力鉴定的相关知识;(3)具有良好的职业品德。

设区的市级劳动能力鉴定委员会收到劳动能力鉴定申请后，应当从其建立的医疗卫生专家库中随机抽取3名或者5名相关专家组成专家组，由专家组提出鉴定意见。设区的市级劳动能力鉴定委员会根据专家组的鉴定意见作出工伤职工劳动能力鉴定结论;必要时，可以委托具备资格的医疗机构协助进行有关的诊断。设区的市级劳动能力鉴定委员会应当自收到劳动能力鉴定申请之日起60日内作出劳动能力鉴定结论，必要时，作出劳动能力鉴定结论的期限可以延长30日。劳动能力鉴定结论应当及时送达申请鉴定的单位和个人。

申请鉴定的单位或者个人对设区的市级劳动能力鉴定委员会作出的鉴定结论不服的，可以在收到该鉴定结论之日起15日内向省、自治区、直辖市劳动能力鉴定委员会提出再次鉴定申请。省、自治区、直辖市劳动能力鉴定委员会作出的劳动能力鉴定结论为最终结论。

劳动能力鉴定工作应当客观、公正。劳动能力鉴定委员会组成人员或者参加鉴定的专家与当事人有利害关系的，应当回避。自劳动能力鉴定结论作出之日起1年后，工伤职工或者其近亲属、所在单位或者经办机构认为伤残情况发生变化的，可以申请劳动能力复查鉴定。

《社会保险法》规定，职工因工作原因受到事故伤害或者患职业病，且经工伤认定的，享受工伤保险待遇;经劳动能力鉴定丧失劳动能力的，享受伤残待遇。

依据新《工伤保险条例》的规定，职工因工致残被鉴定为一级至四级伤残的，保留劳动关系，退出工作岗位，享受的待遇包括:(1)从工伤保险基金按伤残等级支付一次性伤残补助金，标准为:一级伤残为27个月的本人工资，二级伤残为25个月的本人工资，三级伤残为23个月的本人工资，四级伤残为21个月的本人工资;(2)从工伤保险基金按月支付伤残津贴，标准为:一级伤残为本人工资的90%，二级伤残为本人工资的85%，三级伤残为本人工资的80%，四级伤残为本人工资的75%。伤残津贴实际金额低于当地最低工资标准的，由工伤保险基金补足差额;(3)工伤职工达到退休年龄并办理退休手续后，停发伤残津贴，按照国家有关规定享受基本养老保险待遇。基本养老保险待遇低于伤残津贴的，由工伤保险基金补足差额。职工因工致残被鉴定为一级至四级伤残的，由用人单位和职工个人以伤残津贴为基数，缴纳基本医疗保险费。

职工因工致残被鉴定为五级、六级伤残的，享受的待遇包括:(1)从工伤保险基金按伤残等级支付一次性伤残补助金，标准为:五级伤残为18个月的本人工资，六级伤残为16个月的本人工资;(2)保留与用人单位的劳动关系，由用人单位安排适当工作。难以安排工作的，由用人单位按月发给伤残津贴，标准为:五级伤残为本人工资的70%，六级伤残为本人工资的60%，并由用人单位按照规定为其缴纳应缴纳的各项社会保险费。伤残津贴实际金额低于当地最低工资标准的，由用人单位补足差额。经工伤职工本人提出，该职工可以与用人单位解除或者终止劳动关系，由工伤保险基金支付一次性工伤医疗补助金，由用人单位支付一次性伤残就业补助金。一次性工伤医疗补助金和一次性伤残就业补助金的具体标准由省、自治区、直辖市人民政府规定。

职工因工致残被鉴定为七级至十级伤残的，享受的待遇包括:(1)从工伤保险基金按伤残等级支付一次性伤残补助金，标准为:七级伤残为13个月的本人工资，八级伤残为11个月的本人工资，九级伤残为9个月的本人工资，十级伤残为7个月的本人工资;(2)劳动、聘用合同期满终止，或者职工本人提出解除劳动、聘用合同的，由工伤保险基金支付一次性工伤医疗补助金，由用人单位支付一次性伤残就业补助金。一次性工伤医疗补助金和一次性伤残就业补助金的具体标准由省、自治区、直辖市人民政府规定。

此外，工伤职工已经评定伤残等级并经劳动能力鉴定委员会确认需要生活护理的，从工伤保险基金按月支付生活护理费。生活护理费按照生活完全不能自理、生活大部分不能自理或者生活部分不能自理3个不同等级支付，其标准分别为统筹地区上年度职工月平均工资的50%、40%或者30%。工伤职工因日常生活或者就业需要，经劳动能力鉴定委员会确认，可以安装假肢、矫形器、假眼、假牙和配置轮椅等辅助器具，所需费用按照国家规定的标准从工伤保险基金支付。

四、工伤认定和劳动能力鉴定程序

工伤认定和劳动能力鉴定直接关系到受伤职工能否享受伤保险待遇和伤残待遇，其程序的繁简决定了工伤职工的权利能够得到及时、有效的救济。劳动者依靠劳动为其主要生活来源，欠缺劳动纠纷解决的时间、精力及能力，与劳动者有关的纠纷解决的程序应该简捷、方便。根据原《工伤保险条例》的规定，工伤职工可能要经历十几道程序，才能确定是否享受工伤保险待遇。工伤争议发生后，首先要确认工伤职工与用人单位之间的劳动关系，依据《劳动争议调解仲裁法》可能会经历三道程序，即劳动仲裁认定，发生争议的情况下要经过劳动争议民事一审、劳动争议民事二审程序；劳动关系确认后，工伤职工的工伤认定可能需要经过四道程序：工伤认定、行政复议、行政诉讼一审、行政诉讼二审；劳动能力鉴定上可能要经历两道程序：劳动能力鉴定、劳动能力重新鉴定；工伤认定之后，当事人就工伤保险待遇发生纠纷，可能需要经历三道程序：劳动争议仲裁、劳动争议民事一审、劳动争议民事二审。① 上海曾发生这样的案例，外地农民工工作时手断了，家里条件也很差，每一次打官司都是跟着运煤的驳船来到上海的。结果一年半的时间里，他只完成了四道程序。

2009 年发生的张海超“开胸验肺”的典型案例也表明了我国职业病鉴定程序的困境。繁琐的程序导致了工伤处理的低效率，浪费了国家大量的司法资源，而且，繁琐的程序往往被用人单位利用，以时间的拖延迫使劳动者放弃权利诉求。因此，简化工伤处理的程序势在必行。新《工伤保险条例》缩短了工伤认定时间，设置了工伤认定的简易处理程序，对于事实清楚、双方无争议的工伤认定申请的认定时限，由原来规定的 60 天缩短为 15 天；规定工伤认定的时限中止制度即作出工伤认定决定需要以司法机关或者有关行政主管部门的结论为依据的，在司法机关或者有关行政主管部门尚未作出结论期间，作出工伤认定决定的时限中止；取消了工伤认定争议处理中行政复议前置的规定；对劳动能力的再次鉴定和复查鉴定的期限作出规定，对行政复议、行政诉讼期间的不停止支付工伤职工治疗工伤的医疗费用原则作了规定。

五、不认定为工伤的情形

虽然工伤保险法采取无过失补偿原则，但在一些由于职工自身的故意或者是实施了为法律和社会道德所不容的行为导致伤害，应当受到法律的否定性评价，如果依然享受工伤保险，则与社会公平原则不符。不应认定为工伤的情形包括以下三种：

（一）故意犯罪

犯罪是指触犯刑法，具有刑事违法性并且应当受到刑罚处罚的行为。故意犯罪中，因为犯罪结果是犯罪人追求或放任的，他的意愿和行为违背了公共利益，他在自己的意愿和行为中受到伤害，理应责任自付，工伤保险基金不可能为他分担。例如，某职工以非法占有为目的，进入工厂仓库盗窃，不慎从楼梯落下摔伤的，就不得认定为工伤。

《社会保险法》改变了原《工伤保险条例》中关于犯罪一律不得认定为工伤的规定，区分了故意犯罪和过失犯罪。对于因过失导致的犯罪，法律不应剥夺其基本的社会保险权利，将其排除在工伤保险制度之外。职工在工作过程中因为疏忽大大意或过于自信的原因造成伤害的，也可以认定为工伤。过失犯罪可以享受工伤保险待遇还因为劳动者的用人单位履行了缴费义务，至于他构成犯罪，需要承担刑事责任的，应当由刑法调整。本法的规定，厘清了不同性质的法律关系，体现了我国工伤保险立法的进步。对于职工究竟是属于故意犯罪还是过失犯罪，应当依据人民法院的判决来确定，而不是由工伤认定机构自行判断。

（二）醉酒或者吸毒

醉酒是指本人受酒精的作用，行为失去控制。醉酒导致伤亡不得认定为工伤，主要理由

① 蒋月：《工伤保险法：案例评析与问题研究》第 91 页，中国法制出版社，2009

是，醉酒是一种个人行为，国家的一些法律规定禁止酒后工作，如禁止酒后驾车等。因此，规定醉酒导致伤亡不得认定为工伤，在一定程度上可以控制职工酒后工作，减少工伤事故的发生。需要注意的是，这里的醉酒导致伤亡的是由于本人醉酒行为导致各种事故发生即伤亡事故的发生与醉酒之间存在因果关系，而不包括在醉酒状态下由第三方或自然力引发的伤亡。

吸毒在医学上多称药物依赖和药物滥用，是指不以医疗为目的，采取各种方式滥用麻醉药品与精神药品。吸毒的方式包括烟吸、鼻吸、口吸，也包括肌肉注射和静脉注射等。吸毒导致身体疾病，影响生活和生产，造成社会财富的巨大损失和浪费，同时毒品活动加剧诱发了各种违法犯罪活动，扰乱了社会治安，给社会安定带来巨大威胁。由吸毒所导致的伤害，应该由自己负责，工伤保险基金不可能为他分担。原《工伤保险条例》没有特别指出吸毒行为，而是将其包含在“违反治安管理”的情形中。由于《社会保险法》删除了“违反治安管理”的规定，但吸毒仍应排除在工伤认定的范围之外，因此在列举不认定为工伤的情形时特意予以明确。

(三)自残或者自杀

“自残或者自杀”是指职工在自由意志的支配下采用各种手段和方法伤害自己的身体或者结束自己的生命的行为。法律规定，自残或者自杀不得认定为工伤，完全是因为发生人身伤害的结果是行为人自己的责任，行为人存在主观故意造成的，与履行工作职责无关。如果将其认定为工伤，则容易引发道德风险，与工伤保险的立法宗旨相悖，比如，某职工为获取工伤保险赔付，故意自残或者自杀。但是，如果职工的自残或者自杀行为与工作存在因果关系，是由于工作原因导致的，则应当认定为工伤。

由于现实生活的复杂性，随着社会的发展，还可能会出现新的不应当认定为工伤的情形。但是，工伤认定直接涉及到劳动者的权利和利益，不认定为工伤的口子需要严格控制。此外，工伤认定应该是全国统一的制度，不应存在地区差异。因此，《社会保险法》规定，只有法律、行政法规才有权规定其他不应认定为工伤的情形。这里的法律是是指全国人大和全国人大常委会制定的法律，行政法规是国务院制定的规范性法律文件，地方性法规和政府规章无权就不应当认定为工伤的情形作出规定。

六、工伤保险待遇停止享受的情形

工伤职工或其供养亲属享受工伤保险待遇需要具备一定的条件，当条件不具备或者丧失了享受待遇的前提时，工伤职工或其供养的亲属将停止享受工伤保险待遇。根据本条规定，停止享受工伤保险待遇的具体情形包括：

(一)丧失享受待遇的条件

职工因工作遭受事故伤害或者患职业病导致劳动能力受损或生活不能自理的，有权依据规定享受医疗救治和物质补偿。如果工伤职工在享受工伤保险待遇期间情况发生变化，不再具备享受工伤保险待遇的条件，如工伤职工一旦能够恢复劳动能力而无需工伤保险制度提供保障时，则停止享受工伤保险待遇。工伤职工供养的亲属，在某些情况下，也不得继续享受有关待遇，如享受抚恤金的职工子女达到了一定的年龄或就业后，不得继续享受供养亲属抚恤金的待遇。

（二）拒不接受劳动能力鉴定

由工伤导致的职工劳动能力的丧失，使职工可能因此不能从事原工作，甚至导致不能从事任何工作的结果，也有可能能够恢复劳动能力继续从事合适的工作，而这一切都必须通过劳动能力鉴定来确定，劳动能力鉴定结论是确定不同程度的补偿，合理调整工作岗位和恢复工作等的科学依据，是确定工伤职工或其供养亲属享受工伤保险待遇的前提条件。如果工伤职工没有正当理由拒绝接受劳动能力鉴定的，工伤保险待遇难以确定，另一方面也表明这些工伤职工并不愿意接受工伤保险制度提供的待遇，因此，拒不接受劳动能力鉴定的不再享受工伤保险待遇。

（三）拒绝治疗

我国工伤保险制度的目的之一是通过提供医疗救治和经济补偿，以帮助职工尽快恢复劳动能力，重返工作岗位，回归社会。职工遭受工伤事故或患职业病后，有享受工伤医疗待遇的权利，也有积极配合医疗救治的义务。如果工伤职工无正当理由拒绝治疗，将影响其劳动能力的恢复，有悖工伤保险关于促进职业康复的宗旨，无法实现工伤保险制度的目的，因此也就不能享受工伤保险待遇。法律规定拒绝治疗的停止享受工伤保险待遇，就是为了促使工伤职工积极通过治疗，尽可能恢复劳动能力，提升自己的生活质量，而不是一味消极地等待社会救助。

思考题

1. 工伤保险的含义和特点是什么？
2. 试述工伤预防和职业康复在工伤保险中的作用。
3. 简述中国工伤保险制度的发展历程及制度内容。
4. 比较分析雇主责任制与社会保险制度下工伤保险基金筹集办法的异同。

第七章　失业保险

第一节　失业保险制度概述

一、失业保险制度发展历程

失业保险是国家通过立法强制实行，由社会集中建立失业保险基金，对因中断就业而暂时失去生活来源的劳动者提供一定时期的基本生活保障和与再就业有关的服务的一项社会保险制度。它与养老、医疗、工伤、生育保险构成了我国社会保险体系。作为社会保险体系的一个基本制度，失业保险具有社会保险的强制性、互济性和普遍性特点，此外，失业保险还具有其他社会保险制度所不具备的特点：(1)对象的特殊性。其他社会保险的保障对象多是丧失或暂时丧失劳动能力的劳动者，而失业保险的对象是有劳动能力和劳动意愿但无工作岗位的劳动者。(2)待遇的短期性。享受失业保险待遇有一定的期限，相对于其他社会保险，失业保险属于短期给付的险种。(3)运行的周期性。失业保险的运行往往随着经济运行的变化呈周期性变动。经济运行良好时失业率下降，缴费的人数增加，领取失业保险金的人数减少，失业保险基金收大于支，反之亦然。

失业保险是社会保障体系的重要组成部分，也是建立统一的劳动力市场，实现人力资源优化配置的重要条件。人力资源和社会保障部发布的《2010 年度人力资源和社会保障事业发展统计公报》显示，2010 年末城镇登记失业人数为 908 万人，城镇登记失业率为 4.1%。1986 年，国务院发布了《国营企业待业保险暂行规定》，明确规定了对国营企业职工实行待业保险制度，从此我国开始失业保险制度的探索和实践。1993 年，国务院发布了《国有企业职工待业保险规定》。1999 年，国务院发布了《失业保险条例》行政法规，进一步扩大了失业保险的覆盖范围，将城镇所有企业、事业单位及其职工都纳入了失业保险范围。该条例是我国失业保险制度发展的一个里程碑，为完善失业保险制度提供重要法律依据，也是我国失业保险制度基本定型的标志。自我国实行失业保险制度以来，失业保险在保障失业人员基本生活，维护社会稳定，支持经济体制改革和促进失业人员再就业等方面发挥了积极的作用。《社会保险法》以法律的形式对失业保险的基本制度作了规定，为进一步完善失业保险制度提供了法律保障。《人力资源和社会保障事业发展“十二五”规划纲要》提出要“强化失业保险制度保障生活、预防失业、促进就业功能”，将“失业保险参保人数达到 1.6 亿人”作为约束性目标。

二、失业保险的覆盖范围

失业保险的保障对象是劳动者，当依法参加失业保险的劳动者因失业而失去收入来源时，失业保险机构根据规定向其提供物质帮助，以保障失业者及其家属的基本生活。我国的失业保险制度始建于1986年，它在实践中是作为深化国有企业改革、建立现代企业制度的配套措施而发展和完善起来的。1986年7月12日，国务院颁布了《国营企业职工待业保险暂行规定》，该规定对职工待业保险基金的筹集和管理、职工待业基金的使用、管理机构等做出了规定，标志着中国失业保险制度的初步建立。1993年4月12日，国务院颁布《国有企业职工待业保险规定》，自5月1日起施行。1999年1月22日，国务院发布了《失业保险条例》，该条例吸收了以往待业保险制度实践中好的做法，借鉴了国外的先进经验，在很多方面做出了调整。

《失业保险条例》的特色包括：一是扩大了失业保险的适用范围，不再局限于国有企业及职工，而是扩展到了所有城镇企事业单位及其职工；二是调整了失业保险基金的筹集，保险费不再由单位单方负担，而是由单位和职工双方负担；三是规范了失业保险待遇制度。《失业保险条例》的颁布与实施，标志着与市场经济体制相适应的有中国特色的失业保险制度已经基本建立起来，中国失业保险制度逐步走向规范化轨道。《失业保险条例》第2条规定："城镇企业事业单位、城镇企业事业单位职工依照本条例的规定，缴纳失业保险费。城镇企业事业单位失业人员依照本条例的规定，享受失业保险待遇。本条所称城镇企业，是指国有企业、城镇集体企业、外商投资企业、城镇私营企业以及其他城镇企业。"同时，《失业保险条例》授权省级政府可以将统一的失业保险制度扩大到社会团体及其专职人员、民办非企业单位及其职工和城镇有雇工的个体工商户及其雇工。1999年8月30日，原劳动和社会保障部颁布了《关于事业单位参加失业保险有关问题的通知》，要求事业单位在单位所在地进行社会保险登记、按时申报并足额缴纳失业保险费。我国失业保险的对象的适用范围随着社会经济的发展和国家对于劳动者保障水平的提高而呈逐步扩大的趋势。目前我国失业保险的覆盖范围，参加人员种类只缺公务员，企业种类只缺乡镇企业。① 《社会保险法》的出台，使得《失业保险制度》进一步完善。

为适应失业保险广覆盖的需要，本法规定，职工应当参加失业保险。这里的"职工"是指除公务员之外的所有用人单位包括企业、民办非企业单位、有雇工的个体工商户的职工以及机关、团体、事业单位中参照公务员管理以外的人员。至于公务员和参照公务员管理的工作人员，因为其就业稳定，失业风险较小，目前的制度并没有把他们纳入失业保险范围。"应当参加失业保险"是指用人单位和职工参加失业保险制度并履行缴费义务是一种法律规定的强制性义务，不具有选择性。

三、失业保险费的缴纳模式

失业保险基金的来源，目前国际上有五种模式：(1)完全由政府负担；(2)完全由雇主负担；(3)政府与雇主双方负担；(4)雇主、雇员、政府三方负担；(5)雇主与雇员双方负担。我国采用的是雇主与雇员双方负担的模式，既体现了用人单位对劳动者失业进行补偿的雇主责

① 李炳安主编：《劳动和社会保障法》，第338页。厦门大学出版社，2010。

任，也可以增强劳动者本人的失业风险意识，增强失业保险基金的抗风险能力。《失业保险条例》第6条规定了城镇企业事业单位和职工必须按照有关规定履行缴费义务，但是，城镇企业事业单位招用的农民合同制工人本人不缴纳失业保险费。

《社会保险法》规定"由用人单位和职工按照国家规定共同缴纳失业保险费"。这里的"按照国家规定共同缴纳失业保险费"是指用人单位和职工按照国家规定的缴费基数和缴费比率等规定履行缴费义务。用人单位缴费基数是用人单位的工资总额，即按照国家有关工资政策认定的在一定时期内直接支付给本单位全体职工的劳动报酬总额。职工的缴费基数是本人工资，即由用人单位支付的劳动报酬，包括计时工资或计件工资、奖金、津贴和加班加点工资等。关于缴费比率，《失业保险条例》第6条规定："城镇企业事业单位按照本单位工资总额的百分之二缴纳失业保险费。城镇企业事业单位职工按照本人工资的百分之一缴纳失业保险费。"省、自治区、直辖市人民政府根据本行政区域失业人员数量和失业保险基金数额，经国务院批准，可以适当调整本行政区域失业保险金的费率。用人单位和职工按照国家规定共同缴纳失业保险费的具体程序是：缴费单位首先必须向当地的社会保险经办机构办理失业保险登记，社会保险经办机构审核后，发给社会保险登记证件。缴费单位按月向社会保险经办机构申报应缴纳的失业保险费数额，经社会保险经办机构核定后，在规定的期限内足额缴纳失业保险费。职工个人应该缴纳的部分，应该由所在单位从其本人工资中代扣代缴。

2015后2月25日，国务院总理李克强主持召开国务院常务会议，确定将失业保险费率由失业保险条例规定的3%统一降至2%。

第二节　失业保险金的领取

一、失业人员领取失业保险金的要件

失业保险的对象，是具有劳动能力，因暂时失去工作而中断收入的劳动者。失业人员从失业保险基金中领取失业保险金，必须具备相应的条件。具体如下：

1. 失业前用人单位和本人已经按照规定缴纳失业保险费满一年

失业保险作为一项社会互济制度，其受益对象只限于参加失业保险并履行相应的义务达到规定期限的劳动者。履行缴费义务达到的期限也称为失业人员领取失业保险金的资格及条件。失业保险的享受对象必须具备曾经就业以及缴纳失业保险费达到一定期限的条件。这种资格及条件的规定，主要是根据社会保险权利和义务的相关性原则，以及对工资收入损失进行补偿的特点来进行的。在享受失业保险待遇与缴费关系上，我国实行权利义务相关联原则。失业人员要从失业保险基金中领取失业保险金，必须符合曾经建立过劳动关系并且其失业前用人单位和本人必须已经按照法律规定参加失业保险，缴纳失业保险费满一年。如果失业人员前用人单位及本人未缴纳失业保险费，或者虽然缴费但缴费期限不满一年的，则不能享受失业保险待遇，不能领取失业保险金。规定领取失业保险金的资格期条件，不仅是失业保险基金正常运行的精算要求，同时也有利于避免道德风险，促使参保者不要轻易中止就业。

对于已经达到最低就业年龄而暂时没有就业的劳动者，如大学应届毕业生，即使因客观

原因，暂时没有找到工作，由于没有履行过缴费义务，按照本条规定，是不能享受失业保险金待遇的。但是，从社会责任的角度考虑，国家相关政策规定这些一毕业就“失业”的大学毕业生，在办理失业登记后可以享受免费求职登记、免费职业指导、免费空岗查询和优先推荐等待遇，符合相关规定的还可以按照规定领取最低生活保障金。

2. 非因本人意愿中断就业

“非因本人意愿中断就业”是指失业人员本人主观上愿意就业，但客观上却没有相应的就业机会。英国经济学家凯恩斯于20世纪30年代提出了自愿失业和非自愿失业的划分方法。自愿失业，责任完全在就业者本人，或者出于获取更体面工作岗位和更优厚工资的考虑，或者是出自其他的个人考虑而离开原工作岗位而暂时失业的现象，理应责任自负，国家和社会没有义务给他们提供物质帮助，他们没有权利获得失业保险待遇。而非自愿失业，是由社会的、自然的等非失业者个人能左右的因素造成的，国家和社会有责任帮助他们渡过难关，为他们提供失业保险，失业者有权享受失业保险待遇。《社会保险法》将因本人意愿中断就业即自愿离职的的失业人员排除在享受失业保险待遇的范围之外，他们不能享受失业保险待遇。

3. 已经进行失业登记，并有求职要求

失业人员失业后，应持用人单位出具的终止或解除劳动关系的证明，到指定的社会保险经办机构办理失业登记。失业登记是政府对劳动力和劳动力市场实施行政管理的一种手段，同时对于失业保险而言，又是对劳动者的失业状态进行确认，并据以提供相应待遇的依据。①办理失业登记是失业人员录取失业保险金的必经前置程序。只有先办理失业登记，才可以申请领取失业保险金。参保人员进行失业登记时，须持本人身份证件和证明原身份的有关证明，以及与原单位终止、解除劳动关系或解聘关系的证明。

失业人员已经进行失业登记后，在失业期间还必须有求职的要求，即通过职业介绍机构求职、主动应聘、参加职业培训等方式积极寻找工作。有求职要求既是享受失业保险待遇的一个前提条件，也是失业人员应尽的义务。由于失业保险是对有劳动能力和劳动意愿的失业者进行保障，没有劳动意愿的自愿失业者是不能享受失业保险待遇的。因此，无正当理由，拒绝接受当地政府指定的部门或机构介绍的工作的，不再享受失业保险待遇。法律之所以如此规定，主要是为了促进失业人员积极主动地寻找工作，克服单纯依赖失业保险金的思想，激励失业人员通过劳动实现自身价值。判断失业人员是否有求职要求，一般以其是否在职业介绍机构登记求职，并积极参加再就业活动为衡量标准。

只有同时具备上述三个要件的失业人员，才能从失业保险基金中领取失业保险金。对于不符合条件的，社会保险经办机构应当拒绝其申请，并向其说明拒绝的理由。

二、失业人员领取失业保险金的期限

失业人员领取失业保险金期限也就是失业保险金的给付期限。只有恰当的给付期限才能实现失业保险的基本保障功能，如果期限过长，则会滋生懒惰，造成浪费；如果期限过短，则达不到保障基本生活与促进就业的目的。失业保险金的给付期限长短的确定需要考虑以下因素：一是失业保险基金的财务状况；二是生存保障与就业促进的平衡；三是就业状况和就业政策。

① 胡晓义：《走向和谐：中国社会保障发展60年》，第299页。中国劳动社会保障出版社，2009。

（一）关于失业保险金的给付期限

国际上对于失业保险金的给付期限，主要有均一期限制和差别期限制两种。前者指不考虑失业者的工资、工龄以及参保期限的长短，对于所有的符合条件的失业人员提供相同期限的失业保险金给付，英国实行的就是这项制度；后者指在规定的最高期限内，根据缴费期的长短、工龄的长短以及工资所得等条件而提供不同的失业保险金给付期限，日本实行的就是这项制度。

我国实行的是差别期限，采取把失业人员领取失业保险金的期限与其缴费期限挂钩的办法即缴费时间越长，享受待遇的时间相应延长，但最长期限为二十四个月。这种规定，体现了参保人享受权利与履行义务的关联原则。由于我国社会经济发展水平的不平衡，各地情况差别较大，如果把享受失业保险金给付的年限和缴费年限规定的太具体，不利于各地结合本地区实际情况具体操作。所以，本法并没有将享受失业保险金的期限与缴费年限的关系进行一一对应的划分，而只是作了原则性规定，即规定领取失业保险金应达到的基本缴费年限为失业前累计缴费满一年。同时，根据失业人员失业前所在单位和本人规定累计缴费期限的长短，化分为三个档次：失业人员失业前用人单位和本人按照规定累计缴费满一年不足五年的，领取失业保险金的期限最长为十二个月；累计缴费满五年不足十年的，领取失业保险金的期限最长为十八个月；累计缴费十年以上的，领取失业保险金的期限最长为二十四个月。见下表：

失业保险金的给付期限与累计缴费期限对应表

累计缴费期限	领取失业保险金的最长期限
1—5 年	12 个月
5—10 年	18 个月
10 年以上	24 个月

失业者领取失业保险金期限与履行缴费义务时间长短的结合，有助于强化职工的缴费意识，体现权利和义务的结合；确定领取失业保险金的最长期限为二十四个月，目的是为了鼓励失业人员积极主动地寻找工作，尽快实现再就业。

（二）关于累计缴费期限

依据 1993 年国务院颁布的《国有企业职工待业保险规定》，职工领取待业救济金的期限根据职工待业前在该企业的连续工作时间确定。1999 年颁布的《失业保险条例》将连续工作时间改为累计缴费时间。目的主要是保护短期阶段性就业人员享受失业保险的权利。在劳动关系契约化的背景下，很多劳动者的劳动合同少于 1 年，于是有可能出现劳动者多次就业又多次失业的情况。例如，某劳动者工作满 8 个月后被单位解雇了，一段时间后又再次就业，就业 4 个月后又再次失业，假定劳动者和用人单位已经按照规定履行了缴费义务，在此情形下，按照失业前累计缴费时间的规定，此劳动者符合享受失业保险待遇资格期的条件，应当有权领取失业保险金；但如果只是把失业前的连续缴费时间作为领取失业保险金的资格期条件，不承认间断的累计，该失业人员就不符合享受失业保险待遇资格期的条件，不能领取失业保险金。《社会保险法》延续了《失业保险条例》规定的缴费时间累计计算的，不仅保护了劳动关系短期化的阶段性就业的劳动者的合法权益，也起到了鼓励失业人员通过多种方式尽快实现再就业的功能，有利于鼓励劳动力的合理流动，促进用人单位和劳动者参加失业保险。

(三)关于再次失业情况下失业保险金的领取

为解决劳动者重新就业后再次失业情形下，领取失业保险金的期限问题，《社会保险法》规定:“重新就业后，再次失业的，缴费时间重新计算，领取失业保险金的期限与前次失业应当领取而尚未领取的失业保险金的期限合并计算，最长不得超过二十四个月。”《实施〈中华人民共和国社会保险法〉若干规定》规定，“失业人员领取失业保险金后重新就业的，再次失业时，缴费时间重新计算。失业人员因当期不符合失业保险金领取条件的，原有缴费时间予以保留，重新就业并参保的，缴费时间累计计算。”职工失业后在领取失业保险金期间，如果重新就业，则应该停止领取失业保险金，这样，就会出现部分应领而未领的失业保险金，也即可能出现失业人员实际领取失业保险金的期限短于可以领取的最长期限的一个剩余期限。如果职工重新就业后再次失业，可以根据重新计算的缴费时间领取失业保险金。此外，如果再次就业人员还有前次失业期限的剩余的领取失业保险金的期限，则其领取失业保险金的期限与前次失业应当领取而尚未领取的失业保险金的期限合并计算，但是合并计算后的期限最长不得超过二十四个月。

三、失业保险金标准的设定和要求

各国失业保险待遇标准，取决于一个国家的社会经济发展水平和社会生活水平，其理想标准是既要达到使失业者的收入损失得到部分补偿，又不能妨碍其就业意识的目的。关于失业保险金的标准，理论上有“最低生活费说”和“地位说”两种观点。“最低生活费说”认为，为了防止自愿性失业，促使失业者尽快就业，失业补偿应以维持失业者的最低生活水平为原则。“地位说”认为，为了维持失业者的地位，使其以相同的条件寻求工作，同时也为了维护失业者家庭的正常生活水平，使其家庭不因失业遭受变化，失业补偿应与失业前工资相同。国际劳工组织曾先后提出三项建议:一是失业保险金以失业前的工资为依据或者以缴费工资为依据;二是失业保险金不低于原工资的60%;三是失业保险金既要规定最高限额，也应规定最低限额。

目前，国际上的失业保险金标准主要有以下几个模式:①(1)固定金额制，即失业保险金按照统一标准发放给失业者。如英国的求职者津贴分为三个标准，年满25周岁的，每周发给53.95英镑;18—24岁者，每周发给42.70英镑;16—17岁者，每周发给32.50英镑。(2)工资比例制，即以失业人员在失业前一定时间内的工资收入为基数按比例发放失业保险金。如日本失业保险金为工资的60%~80%。(3)混合制，即失业保险金的发放采取固定金额制和工资比例制相结合的方法，一部分按固定金额发放，另一部分按失业前工资的一定比例发放。

由于我国各地经济发展不平衡，经济水平地区差别较大，失业保险金的发放标准需要根据当地的社会经济发展水平，不可能是一个绝对的数字，其具体标准授权省、自治区、直辖市人民政府确定。省、自治区、直辖市人民政府在制定失业保险金标准时应该体现保障失业人员

① 林嘉主编:《劳动法和社会保障法》，第408页。中国人民大学出版社，2009。

基本生活，权利义务相统一和低于失业人员原来工资水平的原则。由于失业保险的功能是保障失业人员的基本生活，所以失业保险金的标准不得低于城镇居民最低生活保障标准。1999年，国务院颁布了《城市居民最低生活保障条例》，确定了城市居民最低生活保障标准。《城市居民最低生活保障条例》第6条规定，城市居民最低生活保障标准，按照当地维持城市居民基本生活所必需的衣、食、住费用，并适当考虑水电燃煤（燃气）费用以及未成年人的义务教育费用确定。直辖市、设区的市的城市居民最低生活保障标准，由市人民政府民政部门会同财政、统计、物价等部门制定，报本级人民政府批准并公布执行；县（县级市）的城市居民最低生活保障标准，由县（县级市）人民政府民政部门会同财政、统计、物价等部门制定，报本级人民政府批准并报上一级人民政府备案后公布执行。城市居民最低生活标准并不是固定不变，考虑到生活水平的逐年提高和物价的不断上涨，每一年或两年要调整一次，以保证救助对象的基本生活。本法规定，失业保险金的标准不得低于城镇居民最低生活保障标准，这一方面体现了失业保险以实现基本生活保障为基准的生存权保障的功能，另一方面也考虑到了居民获得最低生活保障不需要缴纳任何费用，而失业保险，还需要依法履行缴费义务，失业保险金的标准自然不应低于最低生活保障标准。

第三节 领取失业保险金期间其他相关待遇

一、领取失业保险金期间基本医疗保险待遇

（一）失业人员享受基本医疗保险待遇

我国的城镇医疗保险制度建立于20世纪50年代。根据1951年政务院颁布的《劳动保险条例》，我国建立了适用于企业职工的劳保医疗制度。根据1952年政务院颁布的《关于全国各级人民政府、党派、团体及所属单位的国家工作人员实行公费医疗预防》的指示，我国建立了适用于机关事业单位工作人员的公费医疗制度。为适应市场经济发展的需要，自20世纪80年代以来，我国开始了医疗保险的改革。1998年，国务院颁布《关于建立城镇职工医疗保险制度的决定》，决定从1999年1月开始，在全国范围内进行城镇职工医疗保险改革，将城镇所有用人单位和职工都纳入医疗保险的适用范围，建立了由用人单位和职工个人共同负担的费用筹集机制，明确了统筹基金和个人账户的支付范围。根据这一决定，失业人员在领取失业保险金期间患病就医的，可以从其基本医疗保险个人账户节余中支付，但由于此时失业人员已经不缴纳医疗保险费，其医疗保险账户余额必然数量有限，很难保障失业人员在领取失业保险金期间的基本医疗需求。

为保障失业人员在失业期间的基本医疗需求，我国1999年颁布的《失业保险条例》第19条规定："失业人员在领取失业保险期间患病就医的，可以按照规定向社会保险经办机构申请领取医疗补助金。医疗补助金的标准由省、自治区、直辖市人民政府规定。"医疗补助金数额较低且和医疗费用没有关系，因此，很难解决失业人员的在失业期间的患病的医疗保障，与我国医疗保险制度的发展方向也不相适应。2007年，国务院发布了《关于开展城镇居民基本医疗保险试点的指导意见》，探索和完善城镇非职工居民基本医疗保险的制度体系，将建立医疗保险的目标重新定位为建立基本覆盖城乡全体居民的医疗保障体系。2009年3月，中共

中央、国务院印发《关于深化卫生体制改革的意见》，提出了基本医疗保障制度全面覆盖城乡居民，明确了全民医保的目标。在此背景下，失业人员在领取失业保险期间患病就医领取医疗补助金的医疗保障措施已经不合时宜，因为，失业人员从失业保险基金中领取的医疗补助金标准低，保障能力弱，不足以保障大病和重病。《社会保险法》规定，失业人员在领取失业保险金期间，参加职工基本医疗保险，享受基本医疗保险待遇。这实际上是对现行的做法进行了改变，将申领医疗补助金改为享受基本养老保险待遇，提高了失业人员的医疗保障水平。失业人员参加职工医疗保险是强制性的而非自愿性的。也即失业人员在领取失业保险金期间应当与其他从业人员一样参加城镇职工基本医疗保险，享受基本医疗保险待遇，其个人账户主要支付门诊费用、住院费用中个人自付部分以及在定点药店购药费用;统筹基金用于支付符合规定的住院医疗和部分门诊大病医疗费用。将劳动者失业期间患病的医疗问题并入医疗保险待遇的给付范畴，符合失业保险和医疗保险各自的功能。失业保险的功能在于保障失业人员的生存保障和就业促进，而医疗保险则是为了预防疾病风险。失业人员在领取失业保险金期间享受基本医疗保险待遇的规定，不仅能够预防失业人员失业期间的疾病风险，而且能够保证医疗保险的持续。

(二)失业人员不缴纳基本医疗保险费

医疗保障主要有以英国为代表的国家卫生服务模式、以美国为代表的商业医疗保险模式和以德国为代表的社会医疗保险模式。我国的基本医疗保险采用的是社会医疗保险模式，即通过社会共济方式化解社会风险，形成稳定的资金筹集机制、费用分担机制和第三方付费的医疗服务制约机制。根据1998年国务院颁布的《关于建立城镇职工医疗保险制度的决定》规定，职工医疗保险费由用人单位和职工共同缴纳。用人单位缴费率控制在职工工资总额的6%左右，在职职工缴费率为本人工作的2%。退休人员个人不缴费。具体缴费比例由各统筹地区根据实际情况确定。本法把失业人员纳入了职工基本医疗保险体系，但是，失业人员既已失业就没有用人单位为其承担雇主缴费义务，同时，失业人员失去主要经济收入来源，其领取的失业保险金具有生存保障性质，在性质上不属于劳动收入，不应用来缴纳基本医疗保险费。为保障失业人员在领取失业保险金期间的基本医疗需求，维护职工基本医疗保险制度的统一性，本法规定，失业人员应当缴纳的基本医疗保险费从失业保险基金中支付，个人不缴纳基本医疗保险费。

二、领取失业保险金期间死亡的保险待遇

(一)失业人员死亡的丧葬补助金和抚恤金

给工作期间不幸死亡职工的家属发放丧葬补助费及供养直系亲属的抚恤金，是我国长期以来所坚持的一种福利制度。失业保险制度包含了死亡失业人员的遗属待遇的内容。1951年《劳动保险条例》规定，工人与职员因工死亡时，由该企业行政方面或资方发给丧葬费，其数额为该企业全部工人与职员平均工资3个月;另由劳动保险基金项下，按其供养的直系亲属人数，每月付给供养直系亲属抚恤费，其数额为死者本人工资25%~50%，至受供养者失去受供养的条件时为止。工人与职员因病或非因工负伤死亡时，由劳动保险基金项下付给丧葬补助费，其数额为该企业全部工人与职员平均工资两个月;另由劳动保险基金项下，按其供养直系亲属人数，付给供养直系亲属救济费，其数额为死者本人工资6个月到12个月。在

以后的若干年内，包括丧葬费、抚恤费、遗属生活困难补助费在内的遗属保障制度，不断被强化、发展并形成传统。

我国建立失业保险制度伊始，也考虑到这一问题。1986 年国务院颁布的《国营企业职工待业保险暂行规定》规定，为享受失业救济期间死亡的失业人员的亲属发放丧葬补助金和抚恤金。1993 年，国务院发布的《国有企业职工待业保险规定》明确了待业职工在领取待业救济金期间的丧葬补助费及其供养的直系亲属的抚恤费、救济费从待业保险基金中给付。1999 年国务院颁布的《失业保险条例》规定："失业人员在领取失业保险金期间死亡的，参照当地对在职职工死亡的规定，对其家属一次性发给丧葬补助金和抚恤金。"《社会保险法》基本延续了《失业保险条例》的内容，规定："失业人员在领取失业保险金期间死亡的，参照当地对在职职工死亡的规定，向其遗属发给一次性丧葬补助金和抚恤金。所需资金从失业保险基金中支付。"丧葬补助金和抚恤金具体标准参照当地对在职职工的具体规定执行。例如，《北京市失业保险规定》规定，"失业人员在领取失业保险金期间死亡的，参照本市在职职工社会保险有关规定发给丧葬补助金。有供养直系亲属的，发给一次性抚恤金，抚恤金标准按失业人员死亡当月领取失业保险金的数额和供养人数发给。供养一人的，给付 6 个月；供养两人的，给付 9 个月；供养三人或三人以上的，给付 12 个月。"

失业人员在领取失业保险金期间死亡的，其家属可持失业人员死亡证明、领取人身份证明、与失业人员的关系证明，按规定向经办机构领取一次性丧葬补助金和其供养的配偶、直系亲属的抚恤金。失业人员当月尚未领取的失业保险金可由其家属一并领取。需要注意的是，只有符合领取失业保险金条件的，而且正在领取失业保险金的失业人员，在领取失业保险金期间死亡的，其遗属才能得到一次性丧葬补助金和抚恤金。

（二）基本养老保险丧葬补助金、工伤保险丧葬补助金和失业保险丧葬补助金的竞合处理

失业人员在失业前作为劳动者应该参加基本养老保险和工伤保险，依据《社会保险法》第 17 条规定，参加基本养老保险的个人，因病或者非因工死亡的，其遗属可以领取丧葬补助金和抚恤金；第 38 条规定，因工死亡的，其遗属可以按照国家规定从工伤保险基金中领取的丧葬补助金、供养亲属抚恤金和因工死亡补助金。这样，就可能出现丧葬补助费待遇的竞合问题。由于丧葬补助金用于工亡职工的丧葬支出，其费用的发生具有一次性，不可兼得。所以，《社会保险法》规定，个人死亡同时符合领取基本养老保险丧葬补助金、工伤保险丧葬补助金和失业保险丧葬补助金条件的，其遗属只能选择领取其中的一项。

第四节　失业保险金的申领与转移接续

一、失业保险金的申领程序

失业保险金的领取及相关待遇的享受，需要劳动者、用人单位、公共就业服务机构与社会保险经办机构等多方协作，其程序如下：

（一）用人单位出具证明

用人单位及时为失业人员出具终止或者解除劳动关系的证明是失业人员证明自己的失业

人员身份的前提。

劳动合同终止是指劳动关系由于一定法律事实的出现而消灭，劳动者与用人单位之间原有的权利与义务关系不存在。依据《劳动合同法》的规定，劳动合同的终止的情形有以下几种：(1)劳动合同期满的；(2)劳动者开始依法享受基本养老保险待遇的；(3)劳动者死亡，或者被人民法院宣告死亡或者宣告失踪的；(4)用人单位被依法宣告破产的；(5)用人单位被吊销营业执照、责令关闭、撤销或者用人单位决定提前解散的；(6)法律、行政法规规定的其他情形。其中，与失业有关的劳动合同的终止主要是其中(1)(4)(5)(6)种情形。

劳动合同解除是指劳动合同签订后，在尚未履行完毕之前，劳动合同的主体基于单方或者双方的意愿，提前结束劳动合同效力的法律行为。依据《劳动合同法》的规定，解除劳动合同有以下几种情况：

1. 双方协议一致解除劳动合同。《劳动合同法》第 36 条规定，用人单位与劳动者协商一致，可以解除劳动合同。双方协议一致解除劳动合同而出现的劳动者失业，一般也按非本人意愿中断就业对待。

2. 劳动者单方面解除劳动合同。《劳动合同法》第 37 条规定，劳动者提前三十日以书面形式通知用人单位，可以解除劳动合同。劳动者在试用期内提前三日通知用人单位，可以解除劳动合同。《劳动合同法》第 38 条规定，用人单位有下列情形之一的，劳动者可以解除劳动合同：(1)未按照劳动合同约定提供劳动保护或者劳动条件的；(2)未及时足额支付劳动报酬的；(3)未依法为劳动者缴纳社会保险费的；(4)用人单位的规章制度违反法律、法规的规定，损害劳动者权益的；(5)用人单位以欺诈、胁迫的手段或者乘人之危，使劳动者在违背真实意思的情形下订立或变更情形劳动合同的；(6)用人单位免除自己的法定责任、排除劳动者权利和用人单位违背法律、行政法规强制性规定的；(7)法律、行政法规规定劳动者可以解除劳动合同的其他情形。用人单位以暴力、威胁或者非法限制人身自由的手段强迫劳动者劳动的，或者用人单位违章指挥、强令冒险作业危及劳动者人身安全的，劳动者可以立即解除劳动合同，不需事先告知用人单位。

劳动者单方解除合同中，如果是劳动者主动辞职而造成的失业，不属于非本人意愿中断就业，而是一种自愿性失业。但是，因为用人单位的违法、违约行为而致使劳动者主动解除劳动关系而造成失业的，可以认定为非自愿失业。

3. 用人单位解除劳动合同。《劳动合同法》第 39 条规定，劳动者有下列情形之一的，用人单位可以解除劳动合同：(1)在试用期间被证明不符合录用条件的；(2)严重违反用人单位的规章制度的；(3)严重失职，营私舞弊，给用人单位造成重大损害的；(4)劳动者同时与其他用人单位建立劳动关系，对完成本单位的工作任务造成严重影响，或者经用人单位提出，拒不改正的；(5)以欺诈、胁迫的手段或者乘人之危，使劳动者在违背真实意思的情形下订立或变更情形劳动合同的；(6)被依法追究刑事责任的。《劳动合同法》第 49 条规定，有下列情形之一的，用人单位提前三十日以书面形式通知劳动者本人或者额外支付劳动者一个月工资后，可以解除劳动合同：(1)劳动者患病或者非因工负伤，在规定的医疗期满后不能从事原工作，也不能从事由用人单位另行安排的工作的；(2)劳动者不能胜任工作，经过培训或者调整工作岗位，仍不能胜任工作的；(3)劳动合同订立时所依据的客观情况发生重大变化，致使劳动合同无法履行，经用人单位与劳动者协商，未能就变更劳动合同内容达成协议的。《劳动合同法》第 41 条规定，有下列情形之一，需要裁减人员二十人以上或者裁减不足二十人但占企业职工总数百分之十以上的，用人单位提前三十日向工会或者全体职工说明情况，听取工会或者职工的意见后，裁减人员方案经向劳动行政部门报告，可以裁减人员：(1)依照企业破产法规定进行重整的；(2)生产经营发生严重困难的；(3)企业转产、重大技术革新或者经营方式调整，经变更劳动合同后，仍需裁减人员的；(4)其他因劳动合同订立时所依据的客观经济情况发生重大变化，致使劳动合同无法履行的。用人单位单方解除劳动合同而导致的劳动者失业，一般都属于非本人意愿中断就业。

终止或者解除劳动关系的证明是证明失业人员失业的凭证，也是失业人员享受失业保险待遇的前提条件。为保障失业人员及时享受社会保险权益，我国法律法规早已明确用人单位的提供劳动关系证明材料的义务。《劳动合同法》第 50 条规定，用人单位应当在解除或者终止劳动合同时出具解除或者终止劳动合同的证明，并在十五日内为劳动者办理档案和社会保险关系转移手续。《劳动合同法实施条例》第 24 条规定，用人单位出具的解除、终止劳动合同的证明，应当写明劳动合同期限、解除或者终止劳动合同的日期、工作岗位、在本单位的工作年限。本法规定，用人单位应当及时为失业人员出具终止或者解除劳动关系的证明，并将失业人员的名单自终止或者解除劳动关系之日起十五日内告知社会保险经办机构。如果用人单位违反此项义务，依照本法可以适用劳动合同法的有关法律责任的规定，即由劳动行政部门责令改正，给劳动者造成损害的，承担赔偿责任。

(二)失业人员办理失业登记

办理失业登记是领取失业保险金的重要条件。失业人员，应当持本单位为其出具的终止或者解除劳动关系的证明，及时到指定的公共就业服务机构办理失业登记。公共就业服务机构是指由市、区(县)劳动保障部门和街道(乡镇)设立的，以促进就业为目标，为劳动者和用人单位提供免费、无偿的就业服务，帮助各类就业困难群体实现就业的公益性机构。公共就业机构具体包括：市或区(县)就业促进中心；街道(乡镇)就业服务机构和社区就业服务机构。至于由何种具体机构办理，由有关部门指定，一般是区(县)就业服务机构。公共就业服务机构应该对申领待遇的申请进行审核，内容包括：申请人提供的证明材料是否真实可靠，申请人参加失业保险和缴费情况，是否进行过求职登记等。至于失业人员应在失业后多长时间内到公共就业服务机构去办理失业登记，本法未作具体规定，只是规定了及时到指定的公共就业服务机构办理失业登记，因为失业保险金领取期限自办理失业登记之日起计算，所以对失业人员而言，越及时登记越好。早登记早享受，晚登记晚享受。办理失业登记后，失业人员可以接受公共服务机构提供的职业介绍、职业培训等服务，享受各项就业扶持政策；符合失业保险金申领条件的，依法享受失业保险金待遇。

(三)办理领取失业保险金手续

失业人员经过失业登记后，可以凭失业登记证明和个人身份证明到社会保险经办机构办理领取失业保险金。依据原劳动和社会保障部 2000 年颁布的《失业保险申领发放办法》规定，失业人员应在终止或者解除劳动合同之日起 60 内到受理其单位失业保险业务的经办机构申领失业保险金。失业人员申领失业保险金必须填写《失业保险金申领表》，并出示下列证明材料：(1)本人身份证明；(2)所在单位出具的终止或解除劳动合同的证明；(3)失业登记及求职证明；(4)省级劳动保障行政部门规定的其他材料。社会保险经办机构受理失业人员的申请后，应当及时进行审核。经审核，符合条件的，按规定计算申领者领取失业保险金的具体数额和期限，签署审核意见和核定金额，并建立失业保险金领取台账，同时告知失业人员审核结果，向其发放失业保险待遇证件。对于不符合条件的，也应告知失业人员并说明理由。

关于失业保险金的领取期限，许多国家的失业保险制度规定了等待期制度，即申领失业保险金与发放失业保险金之间有一个时间间隔期。之所以如此规定，一是取消一切失业期限很短的补偿，因为，在劳动力市场中，两次工作之间的短暂间隔是正常的，不应算作是应予补偿的失业；二是基于失业保险基金财务的考量，减少基金的财务支出和运营成本；三是基于失业保险给付程序的考量，因为社会保险经办机构在收到失业保险金的申请后，需要进行失业认定等资格审查。国际劳工组织《关于促进就业和保护失业的公约》（第 168 号）规定："如果成员国立法规定，在全失业的情况下，只有在等待期满后才能开始支付津贴时，这一等待期不得超过 7 天。"我国对失业人员领取失业保险金没有规定等待期，而是从失业者本人进行失业登记之日视为失业保险金领取的起始日。《失业保险申领发放办法》规定，经办机构自受理失业人员领取失业保险金申请之日起 10 日内，对申领者的资格进行审核认定，并将结果及有关事项告知本人。经过审核，对于符合条件的失业人员，社会保险经办机构为失业人员开具领取失业保险金的单证，承担按月发放失业保险金的义务。失业人员凭单证到指定银行领取失业保险金。

二、失业保险待遇的停止

失业保险法的立法宗旨为保障失业人员的基本生活，并促进失业人员再就业。如果失业人员在享受失业保险待遇期限重新就业或者在此期间其生活可以通过其他途径达到保障，就没有必要继续领取失业保险金并享受其他失业保险待遇。失业人员停止领取失业保险金，并同时停止享受其他失业保险待遇的情形如下：

1. 重新就业的。失业保险待遇是维持失业人员在失业期限的基本生活需要的。享受失业保险待遇的失业人员一旦重新就业即找到工作或开始自谋职业，其身份就不再属于失业人员，而是转化为从业人员，可以获得稳定的收入，生活有了保障，当然不能继续享受失业保险待遇包括领取失业保险金，接受失业期间的职业培训、职业介绍补贴和国家规定的与失业保险有关的其他费用。

2. 应征服兵役的。《兵役法》规定，中华人民共和国公民，不分民族、种族、职业、家庭出身、宗教信仰和教育程度，都有义务依照本法的规定服兵役。失业人员只要依据《兵役法》规定的条件、程序应征入伍，就成为一名军人，不再是失业人员身份，其生活将受到国家的充分保障，无需继续享受失业保险待遇。所以，失业人员应征服兵役的，停止领取失业保险金，并同时停止享受其他失业保险待遇。

3. 移居境外的。经济的全球化导致我国公民移居其他国家的数量逐年增加。失业人员在享受失业保险待遇期移居境外，不论其是否在国外就业，因为已经不在我国失业保险的地域管辖范围之内，理应停止享受失业保险待遇。此外，如果失业人员移居境外，其在境外的就业、生活等情况社会保险经办机构一般也难以掌握。所以，法律规定，移居境外的停止领取失业保险金，并同时停止享受其他失业保险待遇。这里的移居境外是指失业人员到境外定居，如果失业人员只是到国外去探亲、访友不应视为移居境外。

4. 享受基本养老保险待遇的。基本养老保险待遇是指职工按照规定缴纳基本养老保险费达到一定的年限，并且达到国家规定的退休年龄，按照规定办理了退休手续后可以享受的社会保障待遇。从1951年开始，我国政府机关、城镇企业和事业单位的职工符合退休年龄（男60周岁，女工人50周岁、女干部55周岁），连续工作满10年等条件，即可以申请退休。从批准退休的第二个月起，停发工资，按照工龄及其他条件支付个人工资一定比例的退休金，直至退休人员死亡。1995年，国务院发布了《关于深化企业职工养老保险制度改革的通知》，规定职工达到法定离退休年龄，凡个人缴费年限累计满15年，或本办法实施前参加工作连续工龄满10年的人员，均可以享受基本养老保险待遇，按月领取养老金。1997年，国务院颁布《关于建立统一的企业职工基本养老保险制度的决定》，规定本决定实施后参加工作的职工，缴费年限累计满15年的，退休后按月发给基本养老金。本决定实施前参加工作、实施后退休且个人缴费和视同缴费年限满15年的人员，按照新老办法衔接、待遇水平基本平衡等原则，在发给基本养老金和个人账户养老金的基础上再确定过渡性养老金。本法第16条规定，参加基本养老保险的个人，达到法定退休年龄时累计缴费满15年的，按月领取基本养老金。失业人员达到退休年龄时缴费满15年的可以办理退休手续，从享受失业保险待遇直接过渡到享受基本养老保险待遇，基本生活由基本养老保险予以保障，他们的状态并非失业，因此，不再享受失业保险待遇。

5. 无正当理由，拒不接受当地人民政府指定部门或者机构介绍的适当工作或者提供的培训的。保障失业人员的基本生活，促进就业是我国失业保险制度的宗旨。2007年我国通过了《就业促进法》，第一次以法律的形式明确了各级政府在促进就业问题上的责任与义务，明确将扩大就业作为经济和社会发展的重要目标。《就业促进法》规定，国家建立健全失业保险制度，依法确保失业人员的基本生活，并促进其实现就业；地方各级人民政府和有关部门应当加强对失业人员从事个体经营的指导，提供政策咨询，就业培训和开业指导等服务。如果失业人员无正当理由，拒不接受当地人民政府指定部门或者机构介绍的适当工作或者提供的培训，则说明他们没有求职的意愿或者行为，他们并不是没有就业机会，而是在有机会的情况下不愿意就业或不愿意为就业创造条件。鉴于此，就不能让他们享受失业保险待遇，否则，将有悖失业保险制度的促进再就业的宗旨。这里的无正当理由拒绝接受的工作应为与失业人员的劳动能力、身体条件、年龄、受教育程度、工作经历以及求职意愿等基本相符的工作。

三、失业保险关系的转移接续

社会保险关系跨地区转移制度，是劳动者的社会保险关系在不同地区之间流转的一项制度，关系到劳动者的社会保险关系从一个地区转移到另外一个地区时的交接。2008年开始实施的《劳动合同法》第49条规定，国家采取措施，建立健全劳动者社会保险关系跨地区转移接续制度。由于我国尚未实现失业保险全国统筹，统筹层次不统一，当职工跨统筹地区就业时，必然会涉及失业保险关系转移接续问题。失业保险基金是按照现收现付模式筹集的，并在一定范围统筹使用。从理论上讲，失业保险基金的统筹层次越高，基金的互济性和抗风险能力越强。但是，考虑到我国各地的社会经济发展不平衡等因素，1999年《失业保险条例》规定，“失业保险基金在直辖市和设区的市实行全市统筹；其他地区的统筹层次由省、自治区人民政府确定”。《社会保险法》第64条规定：“基本养老保险基金逐步实行全国统筹，其他社会保险基金逐步实行省级统筹，具体时间、步骤由国务院规定。”也即，省级统筹是失业保险基金的法定目标。目前，用人单位和劳动者在直辖市的应参加所在市的失业保险基金统筹；

在设区的市的应参加设区的市的失业保险基金统筹；在其他地区的，经省、自治区人民政府批准，可以参加所在县的失业保险基金统筹。目前，我国大多数地区的失业保险实行的是市(地)、县级统筹。由于失业保险实行属地管理，用人单位和劳动者应参加所在地的失业保险。在统筹层次不统一的情况下，职工发生工作地点变动、跨统筹地区就业的失业保险关系转移问题必须有一个解决办法，这样才能够适应劳动者流动就业的需要，方便他们参保和享受待遇，保障他们享受失业保险待遇的权益不会因职业流动而出现减损。

《社会保险法》规定，职工跨统筹地区就业的，其失业保险关系随本人转移，缴费年限累计计算。其主要理由是，职工跨地区就业的，在流动前本人和所在的用人单位已经按照规定缴纳了失业保险费，其失业后应该享受的失业保险待遇不应因其跨统筹地区就业而受到影响，其享受的失业保险待遇的权利应该得到保障。职工跨统筹地区就业的，其原来的失业保险关系所在地的社会保险经办机构应当将其失业保险关系随本人转移至转入地。转出地社会保险经办机构应为职工开具失业保险关系转迁证明，职工应到转入地的社会保险经办机构办理失业保险关系接续手续，并按转入地经办机构核定的缴费基数缴纳失业保险费。转出前后的职工的缴费年限合并计算。上述规定，既保护了跨统筹地区就业的劳动者社会保险权利，也有利于市场经济条件下劳动力市场的合理流动。

思考题

1. 什么是失业和失业保险？
2. 失业保险有哪些类型？
3. 失业保险都包括哪些内容？
4. 国际上失业保险的改革趋势是什么？
5. 如何完善中国的失业保险制度？

第八章 生育保险

第一节 生育保险制度概述

一、生育保险概念

生育保险是国家通过强制的方式筹集生育保险基金，在妇女因生育而暂时中断劳动时，而向其提供物质帮助和医疗保障服务的一项社会保险制度。生育保险通过提供生育津贴、医疗服务和生育产假，能够维护妇女享受与男子平等的就业权利，保障女性劳动力的恢复，避免女职工因承担人口再生产责任而导致本人及其家庭的生活水平的突然下降，维护社会稳定。生育保险的重要特点是:第一，保障对象的有限性，即生育保险的对象通常为女职工。第二，具有明显的福利性。生育保险的给付水平往往较其他社会保险项目要高，具有明显的福利性。第三，实行产前产后都享受的原则。与其他社会保险是在风险发生后才能享受保险给付的方式不同，生育保险需要兼顾产前和产后两个时期。在分娩前一段时间，由于行动不便，女职工已经不宜工作;分娩以后，需要休息一段时间，恢复身体健康和照顾婴儿。

1988 年以来，为了适应市场经济体制的建立与发展，我国部分地区开始进行生育保险制度改革，将原来的与计划经济体制相适应的由单位负担和管理的生育保障方式，逐步转变为实行社会统筹。1994 年 12 月，原劳动部颁布了《企业职工生育保险试行办法》，要求将生育保险的管理模式由用人单位管理逐步转变为社会统筹，由各地社会保障机构负责管理生育保险工作。试行办法对生育保险的基本原则、实施范围、待遇标准等做了明确规定，标志着我国社会生育保险制度的初步建立。《社会保险法》以专章的形式对生育保险的参保范围和缴费，生育保险待遇，生育医疗费的项目以及生育津贴享受的情形等进行了规定，提高了生育保险的立法层次，明确了生育保险的享受条件和待遇内容，标志着我国生育保险开始走向法制化的轨道。

二、生育保险的覆盖范围与缴费模式

1994 年 7 月颁布的《劳动法》通过第 60 条、第 70 条、第 73 条等条文对生育保险作了原则性、框架性规定。1994 年 12 月原劳动部颁布《企业职工生育保险办法》，对生育保险进行了专门和比较全面的规范。依据《企业职工生育保险办法》，生育保险的适用范围包括城镇企业及其职工，生育保险根据“以支定收、收支基本平衡”的原则筹集资金。参加统筹的企业，按照规定的比例缴纳生育保险费，职工个人不缴费。由于历史的局限，《企业职工生育保险办

法》仅适用于城镇企业及其职工。在实践中，一些地方出台政策，将机关、事业单位、社会团体、民办非企业单位、个体工商户等单位纳入了生育保险覆盖范围。目前，全国30个省、自治区、直辖市中，有15个地方规定将机关、事业单位、社会团体、民办非企业单位、个体工伤户等单位纳入了生育保险覆盖范围。

《社会保险法》规定："职工应当参加生育保险，由用人单位按照国家规定缴纳生育保险费，职工不缴纳生育保险费。"这里的"职工"是指用人单位的从业人员，包括企业、民办非企业单位、有雇工的个体工商户的职工，也包括机关、事业单位与社会团体中的职工。职工应当参加生育保险的规定，适应了生育保险广覆盖的需要，为更多的职业女性参加生育保险、享受生育保险待遇提供了法律依据。"应当参加生育保险"是指参加生育保险并履行缴费义务是法律规定的强制性义务，企业和职工并无可选择性。"用人单位按照国家规定缴纳生育保险费"，是指用人单位依据国家规定履行缴费义务。依据目前的制度，由企业按照其工资总额的一定比例向社会保险经办机构缴纳生育保险费，建立生育保险基金。生育保险费的提取比例由当地人民政府根据计划内生育人数和生育津贴、生育费用等项费用确定，并可根据费用支出情况适时调整，但最高不超过工资总额的1%。目前，各地缴费标准并不统一，从0.4% ~1%不等。企业缴纳的生育保险费作为期间费用处理，列入企业管理费用。"职工不缴纳生育保险费"是因为妇女的生育行为不是完全意义上的个人行为，妇女承担了人类繁衍生存和劳动力再生产的责任。因此，生育保险职工个人不需缴纳生育保险费，生育保险费主要来自于用人单位，这是生育保险不同于需要个人承担缴费责任的养老保险、医疗保险和失业保险的地方。

根据人社部发[2015]70号文，按照党的十八届三中全会提出的"适当降低社会保险费率"的精神，根据生育保险基金实际情况，经国务院同意，自2015年10月1日起，在生育保险基金结余超过合理结存的地区降低生育保险费率。在《通知》中规定，生育保险基金合理结存量相当于6至9个月待遇支付额。凡是统筹地区基金累计结余超过9个月支付额的，都应下调生育保险基金费率，调整到用人单位职工工资总额的0.5%以内。具体费率按照"以支定收，收支平衡的原则进行测算，根据近年来生育保险基金收支和结余情况确定。调整后将会逐步消化过多的基金存量，保持基金收支平衡，促进良性运行。

现实中，我国生育保险并存两种形式：第一种是新中国成立以来在国家机关、人民团体、企业、事业单位延续下来的，由职工所在单位负担生育女职工的生育津贴（产假工资）和医疗费。其法律依据是1988年国务院颁布的《女职工劳动保护规定》，以及1988年原劳动部颁布的《关于女职工生育待遇若干问题的通知》。第二种是在城镇企业中实行的生育保险制度，其依据是1994年原劳动部颁布的《企业职工生育保险试行办法》。《社会保险法》实施后，如何处理传统的生育保险制度与社会统筹生育保险制度两者的关系，需要进一步明确。

此外，农村妇女住院分娩的医疗费用根据新型农村合作医疗制度解决，其依据是国务院办公厅2003年1月转发的卫生部、财政部、农业部《关于建立新型农村合作医疗制度的意见》。随着逐步实现人人享有基本医疗卫生服务的目标的提出，有条件的地方已经开始探索农村孕产妇住院分娩补助与新型农村合作医疗、农村医疗救助补助统筹管理使用模式。

有关农民工生育保障办法，目前的制度是允许农民工选择在就业地生育或返乡生育。对于返乡生育的女农民工，可在自愿的基础上，于生育医疗费用与生育地医疗机构直接结算或一次性等额支付等多种待遇支付方式间进行选择，以维护农民工的生育保险权利。

第二节　生育保险待遇的条件、对象和内容

一、享受生育保险待遇的条件和待遇

生育保险作为一种社会保险制度，其基金是由用人单位向社会保险经办机构定期缴纳生育保险费，建立生育保险基金。生育保险待遇的前提条件是职工的用人单位必须履行了参保和缴费义务，以体现社会保险制度通常遵循的权利和义务相结合原则。基于这种考虑，用人单位已经缴纳生育保险费的，其职工享受生育保险待遇；职工未就业的配偶按照国家规定享受生育医疗费用待遇。换言之，生育保险待遇享受的条件是用人单位已经缴纳生育保险费，即职工所在的用人单位办理了生育保险登记并且按时足额地缴纳了生育保险费。如果用人单位没有缴纳生育保险费的，则其职工不能享受生育保险待遇。

传统的生育保险属于与职业相关的社会保险计划，依据我国《企业职工生育保险办法》，我国生育保险的对象是城镇从业人员，并不覆盖未就业配偶。《社会保险法》把“未就业配偶”纳入了生育保险对象，实际上是新中国成立之初生育保险制度覆盖职工家属规定的回归，同时也符合生育保险覆盖家属的国际惯例。生育保险惠及参保职工未就业配偶，可以使没有工作经历的“全职太太”或有工作后又失业的女工能够以“配偶”的身份获得生育保险待遇，有助于扩大生育保险的覆盖面，逐步实现人人享有基本卫生医疗服务的目标。同时，还有利于鼓励男职工多的企业参加生育保险。参保职工未就业配偶也能享受生育保险的规定，体现了社会保险权利与义务相对等的原则，可以使男性劳动者比较集中的用人单位不再认为参加生育保险是于己无益，其参加生育保险的积极性会增加。不过，职工未就业的配偶与职工享受生育保险待遇还是有区别的，即参保职工本人有权享受生育医疗费用和生育津贴，而职工未就业配偶只能按照国家规定享受生育医疗费用待遇。

二、生育保险待遇从生育保险基金中支付

生育保险基金是指由企业按照其工资总额的一定比例向社会保险经办机构缴纳的生育费等组成，由社会保险经办机构负责收缴、支付和管理，根据“以支定收，收支平衡”的原则筹集的用于支付生育保险待遇等的资金。生育保险基金应存入社会保险经办机构在银行开设的生育保险基金专户。生育保险待遇从生育保险基金中支付。

三、生育保险待遇的内容

生育保险待遇主要由两部分组成：生育医疗费用和生育津贴。生育医疗费用指受保职工或其未就业配偶因生育而产生的医疗费用，包括女职工因怀孕、生育而产生的医疗费用、计划生育的医疗费用和法律、法规规定的其他项目费用。生育津贴是根据国家法律、法规规定对职业妇女因生育而离开工作岗位期间，给予的生活费用，是对女性劳动者因生育而丧失劳动能力时提供的收入补偿。目的是为生育妇女提供基本生活保障。生育津贴是生育保险待遇享受主体的基本生活来源。依据我国相关法律规定，在实行生育保险社会统筹的地区，女职工在法定产假期间，停发工资，按月从生育保险基金中支付生育保险津贴，其标准为用人单位上年度职工月平均工资。

第三节　职工生育津贴的享受情形和待遇

一、生育津贴享受的情形

生育津贴是对职业妇女因生育而离开工作岗位期间，给予的生活费用，是对女职工收入损失的现金补偿，目的在于保障女职工产假期限的基本生活需要。享受生育津贴的情形有以下三种：

（一）女职工生育享受产假

产假是依法给予职工在生育过程中休息的期限，也即女职工自产前至产后的一定时间内享有的带薪假期。为了保护女职工的身体健康，维持其工作能力以及照顾和哺育婴儿，需要给生育女职工合理长度的假期，并应包括产前和产后适当长的期限在内。1952 年国际劳工组织通过的《生育保护公约》提出，产假应不少于 12 周。2000 年通过的《生育保护公约》中进一步规定，产假应不少于 14 周。我国 1988 年国务院公布的《女职工劳动保护规定》第 8 条规定，女职工产假为 90 天，其中产前休假 15 天，产后假 75 天。难产的，增加产假 15 天；多胞胎生育，每多生育一个婴儿，增加产假 15 天；女职工怀孕流产的，其所在单位应当根据医务部门的证明，给予一定时间的产假。流产产假以 4 个月划界，其中女职工怀孕不满 4 个月的，给予 15 天至 30 天的产假；满 4 个月以上流产的，产假为 42 天。许多地方还对晚育的职工制定了奖励政策，假期延长至 180 天。

（二）享受计划生育手术休假

计划生育手术主要是指职工响应国家计划生育号召，为实行计划生育而采取的避孕、节育和补救措施。公民在进行计划手术时，身心不可避免地会受到不同程度的伤害，有的还可能因为操作不当而引起手术并发症，理应得到国家的补偿。我国《人口与计划生育法》第 26 条规定："公民实行计划生育手术，享受国家规定的休假。"目前国家并没有一个正式的关于计划生育手术术后休假的强制性规定。

依据原卫生部和国家计划生育委员会的有关通知，各种节育手术术后的建议休假，具体如下：(1)放置宫内节育器和皮下药物埋植，自手术之日起休息 2 天，重体力劳动者，在术后一周内不做重体力劳动；(2)取宫内节育器，手术当日休息 1 天；(3)输精管结扎，休息 7 天；(4)单纯输卵管结扎，休息 21 天；(5)产后结扎输卵管，接产假另加 14 天；(6)人工流产，怀孕不满 3 个月的休息 20 天，3 个月以上不满 4 个月的休息 30 天，4 个月以上的休息 42 天。人工流产同时结扎输卵管，两项休假合并计算。职工享受计划生育手术休假期间，可以按照国家规定享受生育津贴。

（三）法律法规规定的其他情形

除了产假期间和计划生育手术休假期间职工可以享受生育津贴以外，还有由法律或法规规定的其他可以依法享受生育津贴的情形。比如：目前有的地方规定，女职工在生育后，给予男职工一定的假期，以关爱生育后的妻子，假期照发。

二、生育津贴的标准

生育津贴是对生育妇女的收入补偿，理应足以维持产妇和新生婴儿的身体健康，因此，生育津贴的给付水平应该是一切社会保险中给付水平最高的。《社会保险法》实施之前，我国各地生育津贴的支付标准并不统一，有的是按照女职工生育前工资标准支付；有的是按照本单位上年度职工月平均工资支付；有的是按照职工缴纳社会保险费基数计发；还有按照社会平均工资计发的。根据《社会保险法》规定，女职工在产假期间、享受计划生育手术休假期间享受生育津贴，按照职工所在用人单位上年度职工月平均工资计发，由生育保险基金支付。享受生育津贴的，不再计发工资报酬。尚未参加生育保险社会统筹的单位，女职工生育产假期间的生育津贴，由本单位支付，标准为女职工生育之前的基本工资，期限一般不少于 90 天。生育津贴、生育医疗费或其他属于生育保险性质的津贴免征个人所得税。

思考题

1. 我国生育保险的特点？
2. 生育保险的意义？
3. 我国生育保险制度中存在的问题？
4. 生育保险与医疗保险的区别与联系？

第九章　社会福利

第一节　社会福利概述

福利(welfare)一词具有“幸福”、“富足”等多种含义。综合起来看，福利不仅指人们社会生活的一种良好状态和总体上的利益，包含了富裕、幸福、平等等人们追求的价值和理想，而且还指对待特殊社会成员提供帮助或者特殊服务的方式，常常指一些专门针对鳏寡孤独者等特殊群体的社会救济和特别照顾。

一、社会福利的概念与特征

(一)社会福利的概念

社会福利有广义和狭义之分。广义的社会福利包括国家和社会举办的文化、教育事业、医疗及城市和农村社区和企事业单位举办的各类公益事业；狭义的社会福利仅指由国家兴资出办的、以低费或者免费形式向一部分需要特殊照顾的成员提供物质帮助或服务的一种社会保障制度。本书更偏向于使用社会福利的狭义概念，将社会福利界定为国家和社会通过社会化福利津贴、实物供给和社会服务，满足社会成员的生活需要并促使其生活质量不断得到改善的一种制度安排。①

这一概念包括以下几个层次：第一，社会福利的实施主体是政府。社会福利是一项社会性的事业，它的实施主体是作为社会管理者的政府，是政府直接或者通过社会组织向公民实施的一种社会保障措施。在这里，政府在社会福利的各种关系中处于主导的地位，这种主导地位主要表现在一个国家的社会福利制度由政府代表国家制定；社会的福利范围、对象和标准也由政府根据各制约因素加以确定；社会福利的资金由政府从社会统一筹集；社会福利的方式也由政府加以确定。第二，社会福利的对象是全体社会成员。社会福利是一种在全社会广泛进行的社会性事业，它有比其他社会保障项目更为广泛的覆盖对象，是以全体社会成员为对象的社会保障制度。尽管按照社会福利对象的不同身份、职业和生活状况，福利实施的方式有所不同，但不附带任何前提的普遍提供，是社会福利的一个基本内涵。第三，社会福利是在基本收入之外的物资利益。社会福利的目的是提高社会成员物质文化生活水平和质量，是政府和社会在社会成员基本收入之外为其提供的利益，它在保障目标上有自己的特殊要求，

---

①　参见郑功成：《社会保障学——理念、制度、实践与思辨》，商务印书馆，2000；潘锦棠：《社会保障学》，东北财经大学出版社，2010。

是为提高社会成员的生活质量而实施的社会保障制度。因此，在社会保障体系中，社会福利是一种层次较高的保障措施，被人们称为社会保障的最高层次。第四，社会福利的实现形式是多种多样的，它除了以发放津贴的形式提供保障服务，还以提供设施和服务的办法来实现其社会保障的目标，提供设施和服务在社会福利制度中更具有普遍性和经常性。

（二）社会福利制度的特征

1. 社会福利具有普遍性

从享受社会福利的对象上看，社会福利具有普遍性。社会福利普遍性是指社会福利所服务的对象是全体社会成员。社会福利的目的是改善和提高社会成员生活质量，是国家和社会向全体社会成员提供的社会保障措施，全体社会成员都有权享受针对全民的社会福利，如国家提供的义务教育，各种公共福利设施。特殊社会群体有权享受国家和社会向其提供的特殊福利，如残疾人福利、儿童福利、残疾人福利等。这种普遍的和特殊的社会福利共同构成了社会福利的普遍性。相比较而言，社会保险、社会救助、社会优抚等社会保障措施则只向特定的社会群体提供保障，如社会保险主要是向劳动者及其家属提供，社会救助向贫困者提供。

2. 社会福利具有单向性

社会保障的许多项目强调权利义务的一致性，即享受社会保障权利需以履行相应的义务为前提，如社会保险是以劳动者和（或）用人单位履行法定的缴费义务为前提的，只有交纳了社会保险费用才能享受社会保险。而社会福利的权利义务却具有单向性。社会福利的资金来源于国家和社会，社会福利一般是免费或者是非以营利为目的的，全体社会成员只要符合享有社会福利的条件，无需履行额外义务即可享受相关福利待遇。社会福利由国家或社会免费或优惠提供的，在权利义务方面具有单向性。

3. 社会福利具有均等性

社会福利的均等性是指社会福利的待遇标准不实行按劳分配，不与人们的经济地位相联系，也不与人们贡献挂钩，而是对所有同类对象给予同等标准的对待。社会福利是一种典型的国民收入再分配方式，是对社会财富分配的必要补充。它通过对全体社会成员或部分社会群体提供福利设施和服务，来共同分享社会发展的成果，满足社会成员的需要。"人人有份"的社会福利的主要目的是为追求社会公平。相比之下，其他社会保障措施则不具有这一特点，如社会救助只对生活贫困者提供帮助，且愈贫困帮助越大；社会保险则视参保者投保年限的长短和缴纳费用的多少决定其保险待遇。

4. 社会福利具有高层次性

社会救助、社会保险和社会福利实际上是整个社会保障体系中由低到高的三个不同层次的保障项目。社会救助是对社会成员最低生活水平的保障，社会保险是对劳动者及其家属基本生活水平的保障，而社会福利已经超越了保障人们基本生活需求的标准，是为保证人们能过上尊严、体面、文明的生活，即为全体社会成员物质和文化生活水平和生活质量的改善和提高而提供的保障。社会福利中的教育、科学、文化、体育、卫生、环境保护等公益性福利和残疾人福利、儿童福利、老人福利等，有利于满足社会成员在精神生活需求，有助于弘扬互助友爱、尊老爱幼、扶贫助弱的优良传统，有助于形成团结互助的和谐社会局面。

5. 社会福利标准具有不确定性

社会福利与其他社会保障制度相区别的一个重要特点是社会福利一般没有法定的统一标准。在其他社会保障制度中，保障待遇标准是制度的中心环节，标准的确定具有严格的程序和技术要求，标准确定后要以法律或法规等形式固定下来，任何人不得随意改动。可见，在其他社会保障制度中，保障标准是一个具有重要意义的因素。社会福利标准的不确定性主要是由其保障目标的不确定性决定的。社会福利是以提高社会成员生活质量为目标的社会保障制度，提高人民生活水平这一目标本身是一个不确定的概念，很难用量化的标准加以规定，因此，社会福利标准也是很难具体确定的。

二、社会福利分类

对于社会福利类型的划分，有的学者根据社会福利的对象，划分为老年人福利、残疾人福利、妇女儿童福利等。有的则根据社会福利的内容，划分为医疗卫生福利、公共教育福利、住房福利、社会服务等。对于上述两种分类，我们将在下文中予以重点介绍，这里主要介绍以下几种类型：

(一)按照资源的提供方式来划分

按照资源的提供方式来划分，社会福利可以分为现金给付型社会福利、实物给付型福利、社会服务型社会福利或假期形式等。

现金给付型社会福利一般被称为社会津贴或社会补贴，它是政府在实施某项可能影响居民物质利益的社会经济政策时，为了使居民能充分享受到政策实施所带来的经济社会效应，或者使居民不致因新政策的出台使生活水平降低而向居民普遍提供的一种津贴。

实物给付型社会福利是指政府和社会通过举办各种社会福利事业、向社会提供福利设施等实物的形式来体现社会福利待遇，它是社会福利最主要的表现形式，如向儿童提供免费午餐，国家通过兴办教育事业、实行义务教育或者低费教育来提高社会成员的教育福利，通过兴建各种文体娱乐设施以丰富人民群众文体生活等。

社会服务是指政府和社会为了解决社会成员的生活困难，使其生活更加方便和愉快，通过由社会福利组织及其人员向社会成员提供服务的方式来实现的社会福利形式，它主要通过社区组织和福利机构来实现，它的主要形式是社区服务，通过举办各类福利院、福利工厂、福利卫生医疗机构、福利性娱乐场所等为成员提供服务，以提高他们的生活质量和水平。

单位职工每年或几年享有一定时间的探亲假，这也是一种形式的社会福利。

(二)按照服务的对象来划分

按照服务对象来划分，社会福利可以分为老年人福利、残疾人福利、儿童福利等。

老年人福利是指国家和社会为了安定老年人的生活、维护老年人健康、充实老年人精神文化生活而采取的政策措施和提供的设施和服务。从老年人的生活保障出发，老年人的福利需求可以归纳为老年人的经济保障需求、老年人的健康保障需求、老年人的情感保障需求、老年人的服务保障需求等几个方面。随着老龄化的加剧，老年人福利事业必定成为社会福利制度乃至整个社会保障体系中的重要项目。

残疾人福利是指国家和社会对残疾的公民在年老、疾病、缺乏劳动能力及退休、失业、失学等情况下提供基本的物质帮助，并根据社会的经济、文化发展水平，给予残疾人相应的康复、医疗、教育、劳动就业、文化生活、社会环境等方面的权益保障，实现残疾人“平等、参与、共享”的目标。

儿童福利是指国家和社会为满足未成年的特殊需要和维护其特殊利益而提供的照顾和福

利服务，它是社会福利项目之一。儿童福利项目是根据未成年人的生理、心理特点以及可能受到的歧视和侵害而成立的，对于保障和满足未成年人的特殊利益需要和促进整个社会的和谐发展，具有重要意义。

第二节　公共福利

一、教育福利

教育福利是以免费或者低费方式向国民提供教育机会和教育条件的社会福利事业。发展教育事业是各国政府的一项重要职责，教育也就成为国家公共福利的重要组成部分。我国的教育福利内容包括：义务教育制度、社会力量捐资助、向学生提供助学金和奖学金、向学生提供无息贷款、学生假期购票优惠制度等。

（一）九年制义务教育制度

凡年满6周岁的儿童，不分性别、民族、种族，应当入学接受规定年限的义务教育。条件不具备的地区，可以推迟到7周岁入学。地方各级人民政府应当合理设置小学、初级中等学校，使儿童、少年就近入学。地方各级人民政府为盲、聋哑和弱智的儿童、少年举办特殊教育学校（班）。2001年，根据《中华人民共和国义务教育法》的要求，国家明确提出“两免一补”政策，即对农村义务教育阶段家庭经济困难学生免费提供教科书，免杂费并逐步补助寄宿生生活费。2006年全国人大常委会对《义务教育法》进行修订，明确规定九年义务教育阶段学费、书杂费全免，各地于当年9月1日起陆续实施。从2008年春季开始，各地完善农村义务教育经费保障机制，向全部农村义务教育阶段学生提供免费教科书。目前，农村免费义务教育已经基本实现，城市义务教育的学杂费和学生教科书费的免除也已经是大势所趋。到了城市义务教育阶段免除了学费和教科书费，我国的义务教育就转化为了带有福利色彩的彻底的、全面的免费义务教育。

（二）社会力量捐资助学

为了帮助解决贫困学生的入学问题，我国动员了社会力量参加各种形式的贫困助学工程。影响最大的是“中国青少年发展基金会”发起的全国性的救助失学儿童计划——“希望工程”。希望工程是中国青少年发展基金会于1989年发起实施的一项社会公益事业。此外，一些地区和行业还开展了援助在校学生的工程。通过这些工程，利用全社会的力量，既保证学生完成正常的学业又为国家减轻了负担。

（三）助学金制度

由国家拨款或由学校接受社会捐助款项，向困难的学生提供一定的物资帮助，这是我国长期对困难学生实行的一项福利制度，通过这种制度帮助品学兼优的学生摆脱生活困境，顺利完成学业，成为对国家和社会有用的人才。其中国家助学金是以资助家庭经济特别困难学生的生活费为目的，资助对象为高校中家庭经济特别困难的全日制本专科学生。从2007年开始，中央与地方共同设立国家助学金，用于资助普通本科高校、高职校全日制本专科在校生中家庭经济困难学生和中等职业学校所有全日制在校农村学生及城市家庭经济困难学生。

（四）奖学金制度

国家奖学金是自2002年9月1日起施行的中央政府对家庭经济困难、品学兼优的全国普通高等学校全日制在校本专科学生提供的无偿资助。其目的在于帮助家庭经济困难的普通高等学校学生顺利完成学业，激励家庭经济困难的普通高等学校学生勤奋学习、努力进取，促进学生在德、智、体、美等方面得到全面发展。国家奖学金由各高校统一发放给获奖学生本人。

（五）贷学金制度

贷学金制度是政府主导、财政贴息、财政和高校共同给予银行一定风险补偿金，银行、教育行政部门与高校共同操作的专门帮助高校贫困家庭学生的银行贷款。借款学生不需要办理贷款担保或抵押，但需要承诺按期还款，并承担相关法律责任。借款学生通过学校向银行申请贷款，用于弥补在校学习期间学费、住宿费和生活费的不足，毕业后分期偿还。

二、卫生福利制度

卫生福利是国家为提高公民的身体素质，预防各种疾病的发生而向社会成员提供的社会福利。世界卫生组织认为，“健康不仅是没有疾病，而且是一种生理的、心理的和社会适应能力的完好状态”。健康是生活质量的重要保证，也是个人在社会中发挥其功能的前提。健康服务是社会成员的基本需求，但仅靠商业性的医疗机构难以完全满足所有社会成员的需要，这客观上要求政府制定和实施公共卫生和医疗服务政策。

在我国，国民的医疗福利体现在以下三个方面：首先，国家通过建立各种医院、防疫、保健机构和设施，为公民提供就医机会，并防治疾病传播，保证公民能够在安全卫生的环境中生活；其次，国家通过制定医疗卫生制度，保障公民能够享受较好的卫生福利；再次，国家通过支持医学教育和科研，培养医疗和防疫人才，促进医疗水平的进步。目前，我国通过加大对医疗卫生事业的投入，建立覆盖全民的医疗保险制度，完善公共卫生体制，强化传染病预防机制等措施着力提高国民卫生福利水平。

三、住房福利制度

在住房福利方面，我国的制度经历了很大的改变。随着我国市场经济的不断形成和完善，职工福利制度也顺应市场发展的需要逐步走上了开放式、社会化的道路，在注重社会效益的同时兼顾经济效益，既立足中国国情，又顾及现代社会福利制度的发展趋势。1994年国务院正式推出《关于深化城镇住房制度改革的决定》，住房建设投资由国家、单位统包的体制改变为国家、单位、个人三者合理负担的体制；把各单位建设、分配、维修和管理住房的体制改变为社会化、专业化运作的体制；把住房实物福利分配的方式改变为按劳分配为主的货币工资分配方式，并建立了住房公积金制度、经济适用房制度等。

（一）住房公积金制度

1. 住房公积金的含义与特点

住房公积金是指国家机关、国有企业、城镇集体企业、外商投资企业、城镇私营企业、事业单位、民办非企业单位、社会团体及其在职职工交存的长期住房储金。职工个人缴存的住房公积金和职工所在单位为职工缴存的住房公积金属于职工个人所有。住房公积金对于解决城市中低收入家庭住房问题、改善居民消费结构、促进住房消费方面均发挥了十分重要的作用。

2. 住房公积金管理制度的主要内容

(1)管理原则

住房公积金管理实行住房管理委员会决策、住房公积金管理中心运作、银行专户存储、财政监督的原则。

(2)机构及其职责

设立住房公积金管理委员会作为住房公积金的决策机构，其主要职责如下:第一，依据有关法律、法规和政策，制定和调整住房公积金的具体管理措施，并监督实施。第二，根据《住房公积金管理条例》第 18 条的规定，拟订住房公积金的导体缴存比例。第三，确定住房公积金的最高贷款额度。第四，审批住房公积金归集、使用计划。第五，审议住房公积金增殖收益分配方案。第六，审批住房公积金归集、使用计划执行情况的报告。

设立住房公积金管理中心负责住房公积金的管理运作，其主要职责如下:第一，编制、执行住房公积金的归集、使用计划。第二，负责记载职工住房公积金的缴存、提取、使用等情况。第三，负责住房公积金的核算。第四，审批住房公积金的提取、使用。第五，负责住房公积金的保值和归还。第六，编制住房公积金归集、使用计划执行情况的报告。第七，承办住房公积金管理委员会决定的其他事项。

(3)住房公积金的缴存

缴存主体包括用人单位与劳动者，其中用人单位涵盖了以下主体:国家机关、国有企业、城镇集体企业、外商投资企业、城镇私营企业及其他城镇企业、事业单位、民办非企业单位、社会团体。

职工住房公积金的月缴存额为职工本人上一年度月平均工资乘以职工住房公积金缴存比例。单位为职工缴存的住房公积金的月缴存额为职工本人上一年度月平均工资乘以单位住房公积金缴存比例。职工和单位住房公积金的缴存比例均不得低于职工上一年度月平均工资的 5%，有条件的城市，可以适当提高缴存比例。具体缴存比例由住房公积金管理委员会拟订，经本级人民政府审核后，报省、自治区、直辖市人民政府批准。对缴存住房公积金确有困难的单位，经本单位职工代表大会或者工会讨论通过，并经住房公积金管理中心审核，报住房公积金管理委员会批准后，可以降低缴存比例或者缓缴;待单位经济效益好转后，再提高缴存比例或者补缴缓缴。

住房公积金的存、贷款利率由中国人民银行提出，经征求国务院建设行政主管部门的意见后，报国务院批准。自住房公积金存入职工住房公积金账户之日起开始计息。

(4)住房公积金的提取和使用

职工有下列情形之一的，可以提取职工住房公积金账户内的存储余额:第一，购买、建造、翻建、大修自住住房的。第二，离休、退休的。第三，完全丧失劳动能力，并与单位终止劳动关系的。第四，出境定居的。第五，偿还购房贷款本息的。第六，房租超出家庭工资收入的规定比例的。职工死亡或者被宣告死亡的，职工的继承人、受遗赠人可以提取职工住房公积金账户内的存储余额;无继承人也无受遗赠人的，职工住房公积金账户内的存储余额纳入住房公积金的增值收益。职工提取住房公积金账户内的存储余额的，所在单位应当予以核实，并出具提取证明。

(5)住房公积金的监督机制

住房公积金的监督包括财政监督、审计监督和内部监督。有关人民政府财政部门应当加强对本行政区域内住房公积金归集、提取和使用情况的监督，并向本级人民政府的住房公积金管理委员会通报。住房公积金管理中心应当依法接受审计部门的审计监督。住房公积金管理中心和职工有权督促单位按时履行相关义务，并有权揭发、检举、控告挪用住房公积金的行为。

（二）经济适用住房制度

为保障“有一个环境良好、适宜于人的住所”这一基本人权，联合国人类居住中心于1981年4月发表的《住宅人权宣言》强调“衷心期望把住宅供应作为国家的责任”。中国政府也曾在联合国第二次人类居住区大会上庄严承诺“将从土地供应、资金、技术等方面给予必要和长期的支持和倾斜，并将进一步完善社会保障体系，加强城市基础设施的建设，加速制定住宅发展纲要和人类住区发展的立法工作。”为了保障中低收入者实现“居者有其屋”的梦想，中国政府作了长久不懈的努力。1994年12月国家计委、建设部发布《城镇经济适用住房建设管理办法》。2002年11月国家计委、建设部发布《经济适用住房价格管理办法》。

2004年5月建设部、国家发改委、国土资源部、中国人民银行联合发布《经济适用住房管理办法》。为了给予经济适用房的建设更大的政策支持并减少管理中的问题，2007年11月建设部等7部门联合出台新的《经济适用住房管理办法》。

1. 经济适用住房的概念及特点

经济适用住房，是指政府提供政策优惠，限定套型面积和销售价格，按照合理标准建设，面向城市低收入住房困难家庭供应，具有保障性质的政策性住房。经济适用住房具有以下特点：第一，供应对象的特定性。经济适用住房的供应对象有着特定的要求，即购买者只能是城市低收入住房困难家庭，杜绝高收入者享受经济适用住房。第二，功能上的经济适用性。经济适用住房即以保障城市低收入者为目的，其功能自然要以满足保障人群的基本需要为基准。如经济适用住房以追求舒适为己任，在功能上无疑进行了越位。经济适用住房要体现适用、经济、安全、卫生、便利的原则。第三，运作机制的社会性。经济适用住房并不是由国家大包大揽解决公民的住房问题，其运作是在国家提供优惠政策的基础上，要求形成的是个人、单位与国家合力分担的社会化机制。第四，经济适用房购房人拥有有限产权。

2. 经济适用住房制度的主要内容

（1）建设、购买经济适用房的优惠

经济适用住房建设用地以划拨方式供应；经济适用住房建设项目免收城市基础设施配套费等各种行政事业性收费和政府性基金，项目外基础设施建设费用，由政府负担；建设单位可以以在建项目作抵押向商业银行申请住房开发贷款；个人贷款利率执行中国人民银行公布的贷款利率；住房公积金贷款优先向购买经济适用房的个人发放。

（2）经济适用房的面积和管理

经济适用住房单套的建筑面积控制在60平方米左右。市、县人民政府应当根据当地经济发展水平、群众生活水平、住房状况、家庭结构和人口等因素，合理确定经济适用住房建设规模和各种套型的比例，并进行严格管理。

确定经济适用住房的价格应当以保本微利为原则。其销售基准价格及浮动幅度，由有定价权的价格主管部门会同经济适用住房主管部门，依据经济适用住房价格管理的有关规定，在综合考虑建设、管理成本和利润的基础上确定并向社会公布。房地产开发企业实施的经济适用住房项目利润率按不高于3%核定；市、县人民政府直接组织建设的经济适用住房只能按成本价销售，不得有利润。经济适用住房销售应当实行明码标价，销售价格不得高于基准价格及上浮幅度，不得在标价之外收取任何未予标明的费用。经济适用住房价格确定后应当向社会公布。价格主管部门应依法进行监督管理。经济适用住房实行收费卡制度，各有关部门收取费用时，必须填写价格主管部门核发的交费登记卡。任何单位不得以押金、保证金等名义，变相向经济适用住房建设单位收取费用。价格主管部门要加强成本监审，全面掌握经济适用住房成本及利润变动情况，确保经济适用住房做到质价相符。

(3)申请购买或承组条件

经济适用住房面向城市低收入住房困难家庭供应，这里的城市低收入住房困难家庭，是指城市和县人民政府所在地镇的范围内，家庭收入、住房状况等符合市、县人民政府规定条件的家庭。

城市低收入家庭申请购买经济适用住房应同时符合下列条件:①具有当地城镇户口;②家庭收入符合市、县人民政府划定的低收入家庭收入标准;3)无房或现住房面积低于市、县人民政府规定的住房困难标准。

经济适用住房供应对象的家庭收入标准和住房困难标准，由市、县人民政府根据当地商品住房价格、居民家庭可支配收入、居住水平和家庭人口结构等因素确定，实行动态管理，每年向社会公布一次。

(4)申请及审批程序

购买经济适用住房实行申请、审核、公示制度。购买经济适用住房申请人应当持家庭户口本、所在单位或街道办事处出具的收入证明和住房证明以及市、县人民政府规定的其他材料，向市、县人民政府经济适用房主管部门提出申请，购买经济适用住房申请人的申请由街道办事处(镇人民政府)、市(区)、县人民政府逐级审核并公示的方式认定。审核单位应当通过入户调查、邻里访问以及信函索证等方式对申请人的家庭收入和住房状况等情况进行核实。申请人及有关单位、组织或者个人应当予以配合，如实提供有关情况。经审核，符合条件的家庭，可以持核准文件选购一套与核准面积相对应的经济适用房。

(5)转让与出租

经济适用住房购房人拥有有限产权。购买经济适用住房不满5年，不得直接上市交易，购房人因特殊原因确需转让经济适用住房的，由政府按照原价格并考虑折旧和物价水平等因素进行回购。购买经济适用住房满5年，购房人上市转让经济适用住房的，应按照届时同地段普通商品住房与经济适用住房差价的一定比例向政府交纳土地收益等相关价款，具体交纳比例由市、县人民政府确定，政府可优先回购;购房人也可以按照政府所定的标准向政府交纳土地收益等相关价款后，取得完全产权。上述规定应在经济适用住房购买合同中予以载明，并明确相关违约责任。

已经购买经济适用住房的家庭又购买其他住房的，原经济适用住房由政府按规定及合同约定回购。政府回购的经济适用住房，仍应用于解决低收入家庭的住房困难。

个人购买的经济适用住房在取得完全产权以前不得用于出租经营。

(6)集资建房和合作建房

单位集资合作建房是经济适用住房的组成部分，其建设标准、优惠政策、供应对象、产权关系等均按照经济适用住房的有关规定严格执行。单位集资合作建房应当纳入当地经济适用住房建设计划和用地计划管理。

距离城区较远的独立工矿企业和住房困难户较多的企业，在符合土地利用总体规划、城市规划、住房建设规划的前提下，经市、县人民政府批准，可以利用单位自用土地进行集资合作建房。参加单位集资合作建房的对象，必须限定在本单位符合市、县人民政府规定的低收入住房困难家庭。

任何单位不得利用新征用或新购买土地组织集资合作建房；各级国家机关一律不得搞单位集资合作建房。单位集资合作建房不得向不符合经济适用住房供应条件的家庭出售。单位集资合作建房在满足本单位低收入住房困难家庭购买后，房源仍有少量剩余的，由市、县人民政府统一组织向符合经济适用住房购房条件的家庭出售，或由市、县人民政府以成本价收购后用作廉租住房。

向职工收取的单位集资合作建房款项实行专款管理、专项使用，并接受当地财政和经济适用住房主管部门的监督。已参加福利分房、购买经济适用住房或参加单位集资合作建房的人员，不得再次参加单位集资合作建房。严禁任何单位借集资合作建房名义，变相实施住房实物分配或商品房开发。

单位集资合作建房原则上不收取管理费用，不得有利润。

(7)组织管理

国务院建设行政主管部门负责对全国经济适用住房工作的指导和实施监督。县级以上地方人民政府建设或房地产行政主管部门负责本行政区域内经济适用住房管理工作。县级以上人民政府发展改革(价格)、监察、财政、国土资源、税务及金融管理等部门根据职责分工，负责经济适用住房有关工作。

市、县人民政府应当在解决城市低收入家庭住房困难发展规划和年度计划中，明确经济适用住房建设规模、项目布局和用地安排等内容，并纳入本级国民经济与社会发展规划和住房建设规划，及时向社会公布。

第三节　职业福利

一、职业福利的概念和特点

(一)职业福利的概念

职业福利是指雇员从职业中获得的福利。职业福利是用人单位吸引人才的重要措施，也是政府社会福利的有效补充。一个国家的福利事业主要有三个层次：一是在社会范围内以全体社会成员为对象而兴办的福利事业，即社会福利或国家福利；二是在一定地域内以该地域内的居民为对象兴办的福利事业，即地方福利或社区福利；三是用人单位以本单位内的职工为对象而举办的福利事业，即职业福利，可见，职业福利是整个社会福利事业的一个组成部分。职业福利又可以分为两个层次：第一个层次的职业福利也称法定福利，它是国家通过一定法律手段普遍实行的福利制度，如社会保险和带薪休假制度等，其产生的前提是法律的规定，第二个层次的职业福利是真正意义上的职业福利，是单位(企业)在完成国家所有税收任务的前提下力所能及地自主地为职工提供的福利，是行业或单位内部的福利。这种职业福利也称自主福利，它是企业主动为员工提供的福利，主要包括：健康保健、职工补助、教育补助、生活福利等。本节所述的职业福利是指第二个层次的职业福利，即职业自主福利。职业福利主要由用人单位提供。在我国现行制度下，有的职业福利由行业提供，如铁路系统曾经给系统内的职工及直系亲属实行免票制度，电信行业的职工可以享受电信资费的优惠等。

(二)职业福利的特征

作为社会福利的一种形式，职业福利与其他种类福利相比，具有以下几个方面的特征：

1. 自主性。一个企业是否有自主福利是企业自主决定，是在国家法律规定之外的自愿的行为。企业可以根据自己的特点和具体情况，设计有益于企业和职工的福利制度，通过这种形式弥补法定福利不足，更好地保障职工的生活，激发其工作的积极性和创造性。

2. 身份性。职业福利是以业缘关系为标志的，只有在本单位、本企业的职工及其家属才能享受。职业福利的义务主体是职工所在单位，福利费用由单位承担。职业福利的受益人仅限于本企业和本单位的职工，福利内容的享有以职业关联为要件，具有身份性。

3. 普惠性。企业的福利一般是集体性福利，对于需要福利帮助的人员均等给予福利待遇，所有职工具有机会享受单位提供的特殊福利。只有这样企业才能用这种制度激励和帮助多数职工，培育优良的企业文化，促进企业的生产和市场竞争力。每一个人当他成为职业劳动者时，他便有权享有这种福利。因此，职业福利具有普惠性。

4. 差异性。不同的企业之间，自主福利待遇存在差异。由于职业福利的一部分资金直接来源于企业的利润，企业因行业的差异、效益的差异、经营理念的差异，其职工福利存在较大的差别。这是其自主办补充福利的结果，是企业根据自己本身状况所作出的具体选择。

5. 功利性。职业福利的直接目的在于保证职工一定的生活水平并提高生活质量；而对雇主和企业而言，在于增强职工的向心力、凝聚力，培养职工的归属感和群体意识，提升本单位或行业的地位和声望。

二、我国职业福利的主要内容

在计划经济时期，我国形成了“小企业、大社会”的职业福利格局。福利范围一再扩大。20 世纪 60 年代初，党和政府采取一系列措施增加社会福利投资，改善企业职工福利待遇。改革开放后我国对传统的福利制度进行改革。在市场经济条件下，在不同的单位也是不同的，这是由职业福利在内容和范围方面的需要与可能两方面因素决定的。福利项目的设置和待遇水平的高低，在很大程度上需取决于国家和职工所在单位一定时期内的经济支撑能力。随着我国经济的发展，企业经济效益提高，国家增加了一些职业福利的内容，也取消了一些与市场经济不相适应的内容，使我国职工福利制度逐步趋于完善。

目前，我国职工福利制度主要有以下内容①：

(一)职工福利设施

这是国家机关、企事业单位为解决职工物质生活方面普遍存在的需要或困难，满足职工精神生活、发展职业能力的普遍需要，保护职工生命健康而建立的各种福利设施。主要包括：(1)直接为减轻本单位职工的生活负担和家务劳动提供便利条件的各种集体福利设施。如职工食堂、托儿所、幼儿园、哺乳室、休息室、卫生室、浴室、理发室、缝纫组等；(2)为活跃和丰富职工文化娱乐生活而建立的各种集体福利设施。如文化馆、阅览室、职工俱乐部、体育场所、影

① 陈信勇主编：《劳动与社会保障法》，第 391 – 392 页。浙江大学出版社，2007。

剧院等;(3)为增进职工身体健康而开办的防病、治病设施。如职工医院或医务室、疗养院等。

(二)职工福利补贴

这是针对某种影响职工生活的特别因素采取的调剂和补充措施，它可以增加职工收入，减轻职工的生活负担，保持或提高职工的实际生活水平，一般直接以货币支付。我国的职工福利补贴项目广泛而繁杂，经改革有所简化，主要视各单位经济状况而定，当前大致上有职工探亲假补助、职工取暖费补贴和职工生活困难补助这几项。

(三)职工福利服务

职工福利服务相当广泛，包括在各种集体福利设施中为职工及其家属提供的服务以及其他服务。如各项生活服务、文化娱乐服务、医疗服务等，也包括诸如接送上下班、接送职工子弟上学、提供健康检查等特别服务。

(四)住房福利

多年来我国城市职工住房实行国家统包政策，即由国家投资建房，无偿分配给职工居住，收取少量租金，租金不够支付房屋维修费用，再由国家给予补贴。为克服这种高福利、低房租的分配制度造成的种种弊端，国家实行了城镇住房制度的改革，改变过去将住房作为福利进行无偿分配的制度。住房建设投资由国家、单位、职工个人三者合理负担，把住房实物福利分配的方式改变为按劳分配为主的货币工资分配方式，推广住房分配货币化改革与福利。停止住房实物分配后，各单位不得再建房、买房、分房，而将原来用于建房、购房的资金转化为住房补贴，一次性或逐月分发给职工，职工则到市场上通过购房或租赁等方式解决自己的住房问题，从而实现住房福利的社会化。同时，国家建立住房公积金制度。

三、职业福利经费管理

(一)职工福利经费的来源和提取办法

根据规定，职工福利经费的来源和提取办法主要有:(1)国家提供给各用人单位基本建设的费用，工矿企业的基本建设投资，就包括了与职工基本生活有关的必要的非生产性建设投资资金，如对职工住宅、文化宫等的投资;(2)用人单位根据规定专门设立职工福利基金，按职工工资总额一定比例提取，专款专用;(3)工会经费中的一部分;(4)从单位行政经费、企业管理费和事业单位的事业费中开支一部分作为福利费用;(5)福利设施本身的收入。

(二)职工福利经费的使用范围

职工福利经费的使用范围包括:(1)职工及其供养的直系亲属的医药费、医务人员工资、医务经费、职工因工负伤就医路费等;(2)职工生活困难补助;(3)职工浴室、理发室、托儿所、幼儿园的工作人员工资和各项支出同各项收入相抵后的差额、食堂饮食用具的购置，修理费用等;(4)集体福利设施支出;(5)按照国家规定由职工福利基金开支的其他支出。

第四节 特定人群的社会福利制度

特定人群的社会福利是指国家和社会为了维持和提高某些人的生活水平和生活质量而专门提供的社会福利。老年人、妇女、未成年人、残疾人或者由于年龄、性别的原因，或者出于身体、精神或智力的缺陷成为社会中的弱势群体。为了保障弱势群体的合法权益，实现实质意义上的社会公平，有必要对弱势群体给予更多的法律保护和生活福利待遇。不过，这种福利不是一种特权，而是使他们能够像一个正常的人一样生活，福利的目的是为了改善他们的生活状况。我国特定人群的社会福利制度主要包括老年人福利、未成年人福利、妇女福利和残疾人福利。

一、老年人福利制度

(一)老年人与福利

世界卫生组织和我国卫生部规定，60 岁以上的人为老年人。老年人是社会的重要组成部分，让老年人共享经济建设和社会发展的成就是国家和社会义不容辞的责任。老年人福利制度是指国家和社会为了发扬敬老爱幼美德、安定老人生活、维护老人健康、充实老人精神文化生活为目的而采取的政策措施和服务。

人口老龄化是一个世界性的发展趋势，我国 20 世纪 90 年代就已经进入人口老龄化国家的行列。全国老龄委 2006 年发布的《中国人口老龄化发展趋势预测研究报告》指出，到 2020 年，老龄人口将达到 2.48 亿，老龄化水平将达到 17.17%。其中 80 岁及以上老年人口将达到 3067 万人，占老龄人口的 12.37%。这种人口老龄化尤其是高龄化的发展趋势，将对我国政治、经济、社会产生深刻影响。《中华人民共和国宪法》第 45 条规定“中华人民共和国公民在年老、疾病或者丧失劳动能力的情况下，有从国家和社会获得物质帮助的权利。国家发展为公民享受这些权利所需要的社会保险、社会救济和医疗卫生事业”。第 49 条规定“禁止虐待老人”。老年人福利是以老年人为对象的社会福利项目。它指的是国家和社会为了安定老人生活，维护老人健康，充实老人精神文化生活而采取的政策措施和提供的设施和服务。

从老年人的生活需求出发，老年人福利的内容主要包括这几个方面：(1)经济保障。老年人面临的最突出问题还是因为退出劳动领域后收入中断或减少所带来的经济问题，从而使经济保障成为老年人安度晚年的必要保障。(2)健康保障。人生进入老年阶段后，生理功能衰退，抗御疾病的能力下降，患病几率增加，对健康保障需求迫切。(3)服务保障。随着年龄增加，其生活自我照料能力也会持续下降，从而特别需要有相应的生活照料服务等。(4)其他保障。收入减少，参与社会活动的机会减少，或者子女不在身边，凡此种种因素都可能导致老年人感情空虚；老年人寿命延长，而其知识和技能或许难以适应社会的需要，因此会有一定的培训需求；老年人还有参与娱乐及其他社会活动的需求。因此，有必要建立、扩展社区服务机构，给老年人提供包括便民服务、娱乐、培训等多方面的福利服务。

(二)老年人福利制度的沿革

我国政府历来重视老人的福利，1956 年《高级农业生产合作社示范章程》规定了农村“五保”制度。1978 年国务院颁发了《关于安置老弱病残干部的暂行办法》和《关于工人退休、退职的暂行办法》。1981 年国务院、中央军委发出关于颁发《关于军队干部退休的暂行规定》的通知。1990 年民政部发布《军队离休退休干部休养的管理暂行规定》。1994 年国务院发布《农村五保供养工作条例》。1996 年全国人大常委会通过《中华人民共和国老年人权益保障法》，对老年人的赡养与抚养、社会保障、参与社会发展及法律责任等，作出了明确的法律规定。1997 年民政部发布《农村敬老院管理暂行办法》。1998 年国务院发布《关于企业职工基本养老保险省级统筹和行业统筹移交地方管理有关问题的通知》。1999 年国务院办公厅发布《关于进一步做好国有企业下岗职工基本生活保障和企业离退休人员养老金发放工作有关问题的通知》。1999 年民政部发布《社会福利机构管理暂行办法》。2000 年出台了《中共中央国务院关于加强老龄工作的决定》，确定了 21 世纪初老龄工作和老龄事业发展的指导思想、基本原则、目标任务。

（三）现行老年人福利制度

《老年人权益保障法》提出，国家和社会应当采取措施，健全对老年人的社会保障制度，逐步改善保障老年人生活、健康以及参与社会发展的条件，实现老有所养、老有所医、老有所为、老有所学、老有所乐。从具体内容上看，我国老年人福利制度主要包括以下几个方面：

1. 老有所养。老有所养指满足老年人衣、食、住、行的需要。这是老年人安度晚年的最基本的生活要素，也是老年人要继续生存下去的物质保障。除经济供养外，老有所养还包括对老年人的生活照料和精神慰藉。

老年人养老主要依靠家庭，家庭成员应当关心和照料老年人。国家建立养老保险制度，保障老年人的基本生活。老年人依法享有的养老金和其他待遇应当得到保障。农村除根据情况建立农民养老保险制度外，有条件的还可以将未承包的集体所有的部分土地、山林、水面、滩涂等作为养老基地，收益供老年人养老。城市的老年人，无劳动能力、无生活来源、无赡养人和扶养人的，或者其赡养人和扶养人确无赡养能力或者扶养能力的，由当地人民政府给予保障。

2. 老有所医。老有所医是指满足老年人看病和治病的需要。随着老年人年龄的增长，其各种生理机能开始衰退，抵抗疾病的能力也开始减退，因此随之而来的就是疾病的增多。老年人要想健康地度过晚年，有病能够及时看、及时治疗是一个重要的保证。

赡养人对患病的老年人应当提供医疗费用和护理。国家建立多种形式的医疗保险制度，保障老年人的基本医疗需要。老年人依法享有的医疗待遇必须得到保障。老年人患病，本人和赡养人确实无力支付医疗费用的，当地人民政府根据情况可以给予医疗救助。医疗机构应当为老年人就医提供方便，对 70 周岁以上的老年人就医，予以优先。有条件的地方，可以为老年病人设立家庭病床，开展巡回医疗等服务。提倡为老年人义诊。国家采取措施，加强老年医学的研究和人才的培养，提高老年病的预防、治疗、科研水平。开展各种形式的健康教育，普及老年保健知识，增强老年人自我保健意识。

3. 老有所居。老有所居指满足老年人居住的需要。赡养人应当妥善安排老年人的住房，不得强迫老年人迁居条件低劣的房屋。老年人自有或者承租的住房，子女或者其他亲属不得侵占，不得擅自改变产权关系或者租赁义务。老年人自有的住房，赡养人有维修的义务。老年人所在组织分配、调整或者出售住房，应当根据实际情况和有关标准照顾老年人的需要。新建或者改造城镇公共设施、居民区和住宅，应当考虑老年人的特殊需要，建设适合老年人生活和活动的配套设施。

4. 老有所学。老有所学指要满足老年人学习新知识与技能的需要。老年人根据社会的需要和本人的安好，学习掌握一些新的知识和技能，既能够陶冶情操丰富生活，又能够学到老有所养的新本领。老年人有继续受教育的权利。国家发展老年教育，鼓励社会办好各类老年学校。各级人民政府对老年教育应当加强领导，统一规划。大批老年人通过学习，扩大了社交圈子，丰富了老年生活，增长了知识，陶冶了情操。

5. 老有所为。老有所为指要满足老年人继续为国家、社会和家庭做贡献的需要。国家和社会应当重视、珍惜老年人的知识、技能和革命、建设经验，尊重他们的优良品德，发挥老年人的专长和作用。国家应当为老年人参与社会主义物质文明和精神文明建设创造条件。根据社会需要和可能，鼓励老年人在自愿和量力的情况下，从事下列活动：对青少年和儿童进行社会主义、爱国主义、集体主义教育和艰苦奋斗等优良传统教育；传授文化和科技知识；提供咨询服务；依法参与科技开发和应用；依法从事经营和生产活动；兴办社会公益事业；参与维护社会治安，协助调解民间纠纷；参加其他社会活动。

6. 老有所乐。国家和社会采取措施，开展适合老年人的群众性文化、体育、娱乐活动，丰富老年人的精神文化生活。国家鼓励、扶持社会组织或者个人兴办老年福利院、敬老院、老年公寓、老年医疗康复中心和老年文化体育活动场所等设施。地方各级人民政府应当根据当地经济发展水平，逐步增加对老年福利事业的投入，兴办老年福利设施。

7. 老有所助。国家保护老年人依法享有的权益。老年人有从国家和社会获得物质帮助的权利，有分享社会发展成果的权利。禁止歧视、侮辱、虐待或者遗弃老年人。保障老年人合法权益是全社会的共同责任。国家机关、社会团体、企业事业组织应当按照各自职责，做好老年人权益保障工作。居民委员会、村民委员会和依法设立的老年人组织应当反映老年人的要求，维护老年人合法权益，为老年人服务。全社会应当广泛开展敬老、养老宣传教育活动，树立尊重、关心、帮助老年人的社会风尚。青少年组织、学校和幼儿园应当对青少年和儿童进行敬老、养老的道德教育和维护老年人合法权益的法制教育。提倡义务为老年人服务。发展社区服务，逐步建立适应老年人需要的生活服务、文化体育活动、疾病护理与康复等服务设施和网点。发扬邻里互助的传统，提倡邻里间关心、帮助有困难的老年人。鼓励和支持社会志愿者为老年人服务。地方各级人民政府根据当地条件，可以在参观、游览、乘坐公共交通工具等方面，对老年人给予优待和照顾。农村老年人不承担义务工和劳动积累工。老年人因其合法权益受到侵害提起诉讼交纳诉讼费确有困难的，可以缓交、减交或者免交；需要获得律师帮助，但无力支付律师费用的，可以获得法律援助。

二、未成年人福利制度

(一)未成年人与福利

我国法律规定年满18周岁的人即为成年人，因此，未成年人也就是通常所说的儿童和青少年。未成年人福利是国家根据未成年人身心特点以及可能受到的侵害，由国家和社会为保障未成年人特殊利益和特殊需要，而设立的福利特殊制度及提供的服务。未成年人是人类的未来和希望，是国家和社会的未来。未成年人福利不仅旨在提高监护人的责任感，而且意在加强国家和社会对培养未成年成长不可推卸的责任。我国《宪法》第46条规定，“国家培养青年、少年、儿童在品德、智力、体质等方面全面发展”；第49条规定“儿童受国家的保护”，“禁止虐待儿童”。根据中国宪法，中国有关法律对儿童的生命权、生存与发展、基本健康和保健、家庭环境和替代性照料、教育、休闲和文化活动以及残疾儿童的特殊保护等均有全面系统的规定，并规定对虐待、遗弃、故意杀害儿童以及偷盗、拐卖、绑架、出卖、收买儿童等犯罪行为，予以严厉惩处。

（二）未成年人福利制度的沿革

我国政府十分重视对未成年人权益和福利的保障。目前我国未成年人保护已经构成了一个系统的法律体系。我国参照世界各国立法。先后制定了以《中华人民共和国宪法》为核心的一系列有关未成年保护的法律、法规和部门规章，形成了较为完备的儿童福利法律体系。主要有：1986 年的《中华人民共和国义务教育法》、1989 年的《幼儿园管理条例》、1991 年的《禁止使用童工规定》、1991 年的《中华人民共和国未成年人保护法》（2006 年修改）、1992 年的《中华人民共和国义务教育法实施细则》、1994 年的《中华人民共和国母婴保健法》、1994 年的《未成年工特殊保护规定》、1994 年的《托儿所、幼儿园卫生保健管理办法》、1995 年的《中华人民共和国教育法》、1996 年的《学生集体用餐卫生监督办法》、1998 年的《流动儿童少年就学暂行办法》、1999 年的《中华人民共和国预防未成年人犯罪法》、2002 年的《禁止使用童工规定》、2006 年民政部等 15 个部门发布了《关于加强孤儿救助工作的意见》，等等。

（三）现行未成年人福利制度

1. 未成年人用工方面的特殊保护制度

首先，我国禁止使用童工，禁止国家机关、社会团体、企业事业单位和个体工商户、农户、城镇居民使用童工。禁止各种职业介绍机构以及其他单位和个人为未满 16 周岁的少未成年人介绍职业。其次，我国给予未成年工以特殊保护。未成年工是指年满 16 周岁、未满 18 周岁的劳动者。用人单位不得安排未成年工从事国家规定范围的劳动。未成年工患有某种疾病或具有某些生理缺陷时，用人单位也不得安排其从事规定范围的劳动。用人单位应按规定对未成年工定期进行健康检查，并根据健康检查结果安排从事合适的劳动。违反上述规定的行为，依照关法律进行处罚。

2. 未成年人的教育福利制度

国家实行九年制义务教育。凡年满 6 周岁的儿童，不分性别、民族、种族，应当入学接受规定年限的义务教育。地方各级人民政府应当合理设置小学、初级中等学校，使儿童、少年就近入学。地方各级人民政府为盲、聋哑和弱智的儿童、少年举办特殊教育学校（班）。国家对接受义务教育的学生免收学费。国家设立助学金，帮助贫困学生就学。各级人民政府创造条件，建立和改善适合未成年人文化生活需要的活动场所和设施。博物馆、纪念馆、科技馆、文化馆、影剧院、体育场（馆）、动物园、公园等场所，应当对中小学生优惠开放。对流浪乞讨或者离家出走的未成年人，民政部门或者其他有关部门应当负责交送其父母或者其他监护人；暂时无法查明其父母或者其他监护人的，由民政部门设立的儿童福利机构收容抚养。地方各级人民政府应当积极发展托幼事业。努力办好托儿所、幼儿园，鼓励和支持国家机关、社会团体、企业事业组织和其他社会力量兴办哺乳室、托儿所、幼儿园，提倡和支持兴办家庭托儿所。学校应当尊重未成年学生的受教育权，不得随意开除未成年学生。学校、幼儿园的教职员应当尊重未成年人的人格尊严，不得对未成年学生和儿童实施体罚、变相体罚或者其他侮辱人格尊严的行为。学校不得使未成年学生在危及人身安全、健康的校舍和其他教育教学设施中活动。

3. 未成年人保护与福利制度

《未成年人保护法》(1991 年 9 月 4 日通过，2006 年 12 月 29 日修订）规定了对未成年人的家庭保护、学校保护、社会保护和司法保护措施，在有关未成年人福利方面，有以下主要规定：

（1）未成年人享有生存权、发展权、受保护权、参与权等权利，国家根据未成年人身心发展特点给予特殊、优先保护，保障未成年人的合法权益不受侵犯。未成年人享有受教育权，国家、社会、学校和家庭尊重和保障未成年人的受教育权。未成年人不分性别、民族、种族、家庭财产状况、宗教信仰等，依法平等地享有权利。

（2）父母或者其他监护人应当关注未成年人的生理、心理状况和行为习惯，以健康的思想、良好的品行和适当的方法教育和影响未成年人，引导未成年人进行有益身心健康的活动，预防和制止未成年人吸烟、酗酒、流浪、沉迷网络以及赌博、吸毒、卖淫等行为。

（3）学校应当根据未成年学生身心发展的特点，对他们进行社会生活指导、心理健康辅导和青春期教育。学校应当尊重未成年学生受教育的权利，关心、爱护学生，对品行有缺点、学习有困难的学生，应当耐心教育、帮助，不得歧视，不得违反法律和国家规定开除未成年学生。

（4）各级人民政府应当保障未成年人受教育的权利，并采取措施保障家庭经济困难的、残疾的和流动人口中的未成年人等接受义务教育。各级人民政府应当建立和改善适合未成年人文化生活需要的活动场所和设施，鼓励社会力量兴办适合未成年人的活动场所，并加强管理。

（5）爱国主义教育基地、图书馆、青少年宫、儿童活动中心应当对未成年人免费开放；博物馆、纪念馆、科技馆、展览馆、美术馆、文化馆以及影剧院、体育场馆、动物园、公园等场所，应当按照有关规定对未成年人免费或者优惠开放。

（6）学校、幼儿园、托儿所和公共场所发生突发事件时，应当优先救护未成年人。县级以上人民政府及其民政部门应当根据需要设立救助场所，对流浪乞讨等生活无着未成年人实施救助，承担临时监护责任；公安部门或者其他有关部门应当护送流浪乞讨或者离家出走的未成年人到救助场所，由救助场所予以救助和妥善照顾，并及时通知其父母或者其他监护人领回。对孤儿、无法查明其父母或者其他监护人的以及其他生活无着的未成年人，由民政部门设立的儿童福利机构收留抚养。未成年人救助机构、儿童福利机构及其工作人员应当依法履行职责，不得虐待、歧视未成年人；不得在办理收留抚养工作中牟取利益。

（7）卫生部门和学校应当对未成年人进行卫生保健和营养指导，提供必要的卫生保健条件，做好疾病预防工作。卫生部门应当做好对儿童的预防接种工作，国家免疫规划项目的预防接种实行免费；积极防治儿童常见病、多发病，加强对传染病防治工作的监督管理，加强对幼儿园、托儿所卫生保健的业务指导和监督检查。

（8）地方各级人民政府应当积极发展托幼事业，办好托儿所、幼儿园，支持社会组织和个人依法兴办哺乳室、托儿所、幼儿园。各级人民政府和有关部门应当采取多种形式，培养和训练幼儿园、托儿所的保教人员，提高其职业道德素质和业务能力。

（9）公安机关、人民检察院、人民法院以及司法行政部门，应当依法履行职责，在司法活动中保护未成年人的合法权益。

三、妇女福利制度

(一)妇女福利的概念

妇女福利是根据妇女的生理心理特点以及可能受到的歧视和侵害设立的，由国家和社会为保障妇女的特殊利益和特殊需要而提供的照顾和福利服务。基于妇女自身情况的特殊性，妇女应该享有特殊的权益。对妇女这种迥异于一般成年男性的特殊情况，必须给予特别的照顾。妇女福利，由此应运而生。我国《宪法》第48条规定:“中华人民共和国妇女在政治的、经济的、文化的、社会的和家庭的生活等各方面享有同男子平等的权利。国家保护妇女的权利和利益，实行男女同工同酬，培养和选拔妇女干部。”男女平等原则在宪法层次得以确认。

(二)妇女福利制度的沿革

对妇女等特殊人群的福利问题，国内外的立法均有规定。在国外的社会福利制度中，对妇女福利的规定，因经济发展水平和国情不同而有所不同。联合国及其下属组织也制定了大量涉及妇女等特殊人群福利的规范性文件。我国政府重视妇女的福利问题，新中国成立以来制定了大量的法律法规和政策性文件。1955年4月26日，国务院发出《关于女工作人员生产假期的通知》;1988年6月28日，国务院发布《女职工劳动保护规定》;1988年9月4日，劳动部发出《关于女职工生育待遇若干问题的通知》;1990年1月18日，劳动部作出《女职工禁忌劳动范围的规定》;1992年4月3日，七届全国人大五次会议通过《妇女权益保障法》;1993年11月26日，卫生部、劳动部、人事部、全国总工会、全国妇联颁发《女职工保健工作规定》;1994年10月27日，第八届全国人大常委会第十次会议通过《母婴保健法》;1994年12月14日，劳动部发布《企业职工生育保险试行办法》;2001年6月20日，国务院发布《中华人民共和国母婴保健法实施办法》;2001年12月29日，第九届全国人大常委会第二十五次会议通过了《中华人民共和国人口与计划生育法》;2005年8月28日第十届人大常委会对《妇女权益保障法》进行了修订。

(三)现行妇女福利制度

1. 女职工福利。根据《女职工劳动保护规定》，其主要内容包括:不得在女职工怀孕期、产期、哺乳期降低其基本工资，或者解除劳动合同;禁止安排女职工从事矿山井下、国家规定的第四级体力劳动强度的劳动和其他女职工禁忌从事的劳动;女职工在月经期间，所在单位不得安排其从事高空、低温、冷水和国家规定的第三级体力劳动强度的劳动;女职工在怀孕期间，所在单位不得安排其从事国家规定的第三级体力劳动强度的劳动和孕期禁忌从事的劳动，不得在正常劳动日以外延长劳动时间;不能胜任原劳动的，根据医务部门证明予以减轻劳动量或安排其他劳动。怀孕七个月以上的职工，一般不得安排其从事夜班劳动，在劳动时间内应当安排一定的休息时间。怀孕的女职工，在劳动时间内进行产前检查应算作劳动时间。女职工产假为90天，其中产前休假15天。难产的，增加产假15天。多胞胎生育的，每多生育一个婴儿，增加产假15天。女职工怀孕流产的，其所在单位应当根据医务部门的证明给予一定时间的产假。女职工在哺乳期内，应给予哺乳时间并不得安排其从事国家规定的第三级体力劳动强度的劳动和哺乳期禁忌从事的劳动，不得延长其劳动时间，一般不得安排其从事夜班劳动。女职工比较多的单位应当按照国家有关规定，以自办或者联办的形式，逐步建立女职工卫生室、孕妇休息室、哺乳室、托儿所、幼儿园等设施，并妥善解决女职工在生理、卫生、哺乳、照料婴儿方面的困难。

2. 女职工保健制度。根据《母婴保健法》和《女职工保健规定》对女职工保健制度作了规定。县以上的各级妇幼保健机构，负责对管理范围内的各单位进行业务指导。各单位的医疗卫生部门应负责本单位女职工保健工作。女职工人数在1000人以下的厂矿应设兼职妇女保健人员；女职工人数在1000人以上的厂矿，在职工医院的妇产科或妇幼保健站中应有专人负责女职工的保健工作。女职工保健包括月经期保健、婚前保健、孕前保健、孕期保健、产后保健、哺乳期保健、更年期保健，并对女职工定期进行妇科疾病及乳腺疾病的查治。

3. 女职工生育待遇。按规定，女职工怀孕，在本单位的医疗机构或者指定的医疗机构检查和分娩时，其检查费、接生费、手术费、住院费和药费由所在单位负担，费用由原医疗经费渠道开支。产假期间，工资照发。女职工产假期满，因身体原因仍不能工作的，经过医务部门证明后，其超过产假期间的待遇，按照职工患病的有关规定处理。

四、残疾人福利制度

（一）残疾人与福利

残疾人是指在心理、生理、人体结构上，某种组织、功能丧失或者不正常，全部或部分丧失以正常方式从事某种活动能力的人。残疾人包括视力残疾、听力残疾、言语残疾、肢体残疾、智力残疾、精神残疾、多重残疾和其他残疾的人。我国残疾人是一个庞大的社会群体，根据2006年12月1日公布的第二次全国残疾人抽样调查数据，全国各类残疾人总数为8296万人，占全国总人口的比例为6.34%，平均每16个人中就有一个残疾人，平均每5个家庭就有1个家庭有残疾人。世界各国均有残疾人权利保护和福利的法律，如日本有《残疾人对策基本法》《残疾人雇佣促进法》《身体残疾者福利法》等，联合国也非常关心残疾人事业，1969年联合国在《社会进步与发展宣言》决议中声明："对精神上或躯体上残疾者的康复采取适当措施，以便使他们能尽最大可能的成为社会上有益的成员。这些措施包括治疗和技术设备的准备，教育、职业和社会指导，训练和选择职位及其他必需的帮助，创造不因为残疾人的困难而受到歧视的社会条件。"此后，1971年联合国通过《智能发育迟缓者权利的宣言》。1975年通过《残疾人权利宣言》，1982年通过《关于残疾人的世界行动纲领》。国际劳工大会也通过了《残疾人职业康复和就业公约》等文件。

（二）残疾人福利制度沿革

我国政府向来重视残疾人事业，《宪法》第45条第3款规定："国家和社会帮助安排盲、聋、哑和其他有残疾的公民的劳动、生活和教育"。特别是20世纪80年代以来，残疾人保障立法与残疾人事业得到更大的发展。先后制定的残疾人保障法律法规规章有：1986年12月24日，民政部印发《民政部福利企业技术改造贷款试行管理办法》；1988年9月27日，国务院发布《基金会管理办法》；1989年8月17日，民政部、劳动部、卫生部、中国残联发布《社会福利企业招用残疾职工的暂行规定》；1990年9月15日，民政部、国家计委、财政部、劳动部、物资部、国家工商行政管理局、中国残联发布《社会福利企业管理暂行办法》；1990年12月28日，七届全国人大常委会第十七次会议通过了《残疾人保障法》；1994年7月21日，国家教育委员会发布《关于开展残疾儿童少年随班就读工作的试行办法》；1994年8月23日，国务院发布《残疾人教育条例》；1995年，财政部发布《残疾人就业保障金管理暂行规定》；1997年1

月22日，国务院发布《残疾人专用品免征进口税收暂行规定》；2007年2月14日国务院发布《残疾人就业条例》；2008年4月24日，十一届全国人大常委员对《残疾人保障法》进行了修订。

（三）现行残疾人福利制度

1. 残疾人康复

各级政府和有关部门应当采取措施，为残疾人康复创造条件，建立和完善残疾人康复服务体系，并分阶段实施重点康复项目，增强残疾人参与社会生活的能力。康复工作应当从实际出发，以实用、易行、受益广的康复内容为重点，优先开展残疾儿童抢救性治疗和康复。

为了保障残疾人的康复权利，政府和有关部门有计划地在医院设立康复医学科（室），举办必要的专门康复机构，开展康复医疗与训练、科学研究、人员培训和技术指导工作。医学院校和其他有关院校应当有计划地开设康复课程，设置康复专业，培养各类康复专业人才。国家和社会采取多种形式对从事康复工作的人员进行技术培训；向残疾人、残疾人家属、有关工作人员和志愿工作者普及康复知识，传播康复方法。政府有关部门应组织和扶持残疾人康复器械、生活自助具、特殊用品和其他辅助器具的研制、生产、供应、维修服务。

在具体康复措施方面，《中国残疾人事业"十五"计划纲要》提出了残疾人康复工作的八项措施：组织实施白内障复明手术；开展低视力康复工作；巩固、完善聋儿康复网络；推广"社会化、综合性、开放式"精神病防治康复工作模式；为现有麻风畸残者实施矫治手术或配备辅助用具；加强残疾人用品用具供应工作；加强社区康复工作，广泛开展康复训练；减少和控制残疾发生，提高人口素质等。

2. 残疾人教育

各级政府对接受义务教育的残疾学生、贫困残疾人家庭的学生提供免费教科书，并给予寄宿生活费等费用补助，对接受义务教育以外其他教育的残疾学生、贫困残疾人家庭的学生给予资助。

在教育方式方面，分为普通教育和特殊教育。普通教育方面，着重发展义务教育和职业技术教育；国家举办残疾人教育机构，并鼓励社会力量办学、捐资助学。普通小学、初级中等学校，必须招收能适应其学习生活的残疾儿童、少年入学；普通高级中等学校、中等专业学校、技工学校和高等院校，必须招收符合国家规定的录取标准的残疾考生入学，不得因其残疾而拒绝招收。特殊教育方面，主要是指残疾幼儿教育机构、普通幼儿教育机构附设的残疾儿童班、特殊教育学校的学前班、残疾儿童福利机构、残疾儿童家庭，对残疾儿童实施学前教育。初级中等以下特殊教育学校和普通学校附设的特殊教育班，对不具有接受普通教育能力的残疾儿童、少年实施义务教育。高级中等以上特殊教育学校、普通学校附设的特殊教育班和残疾人职业技术教育机构，对符合条件的残疾人实施高级中等以上文化教育、职业技术教育。

3. 残疾人就业

《残疾人就业条例》规定，国家对残疾人就业实行集中就业与分散就业相结合的方针，促进残疾人就业。用人单位安排残疾人就业的比例不得低于本单位在职职工总数的1.5%。具体比例由各省、自治区、直辖市人民政府根据本地区的实际情况规定。用人单位安排残疾人就业达不到其所在地省、自治区、直辖市人民政府规定比例的，应当缴纳残疾人就业保障金。《残疾人保障法》规定，国家实行按比例安排残疾人就业制度。国家机关、社会团体、企业事业单位、民办非企业单位应当按照规定的比例安排残疾人就业，并为其选择适当的工种和岗位。

达不到规定比例的，按照国家有关规定履行保障残疾人就业的义务。国家对安排残疾人就业达到、超过规定比例，或者集中安排残疾人就业的用人单位和个体经营的残疾人，依法给予税收优惠，并在生产、经营、技术、资金、物资、场地等方面给予扶持。国家对从事个体经营的残疾人，免除行政事业性收费。

4. 残疾人文化生活

国家和社会鼓励、帮助残疾人参加各种文化、体育、娱乐活动，努力满足残疾人精神文化生活的需要。残疾人文化、体育、娱乐活动应当面向基层，融于社会公共文化生活，适应各类残疾人的不同特点和需要，使残疾人广泛参与。国家和社会采取下列措施，丰富残疾人的精神文化生活:通过广播、电影、电视、报刊、图书等形式，反映残疾人生活，为残疾人服务;在公共图书馆根据盲人的实际需要，设立盲文读物、盲人有声读物图书室。国家组织和扶持盲文读物、盲人有声读物、聋人读物、弱智人读物的编写和出版，开办电视手语节目，在部分影视作品中增加字幕、解说;组织和扶持残疾人开展群众性文化、体育、娱乐活动，举办特殊艺术演出和特殊体育运动会，参加重大国际性比赛和交流;文化、体育、娱乐和其他公共活动场所，为残疾人提供方便和照顾。有计划地兴办残疾人活动场所;国家和社会鼓励、帮助残疾人进行文学、艺术、教育、科学、技术和其他有益于人民的创造性劳动。

5. 残疾人福利

对生活确有困难的残疾人，按照国家有关规定给予社会保险补贴。县级以上地方政府对享受最低生活保障待遇后，仍有特别困难的残疾人家庭，应当采取其他措施，保障其基本生活。对生活不能自理的残疾人，地方各级政府应当根据情况给予护理补贴。地方各级政府对无劳动能力、无扶养人或者扶养人不具有扶养能力、无生活来源的残疾人，按照规定予以供养。

地方各级人民政府和社会举办福利院和其他安置收养机构，按照规定安置收养残疾人，并逐步改善其生活。公共服务机构应当为残疾人提供优先服务和辅助性服务。残疾人搭乘公共交通工具，应当给予方便和照顾;其随身必备的辅助器具，准予免费携带。盲人可以免费乘坐市内公共汽车、电车、地铁、渡船。盲人读物邮件免费寄递。县级和乡级人民政府应当根据具体情况减免农村残疾人的义务工、公益事业费和其他社会负担。各级人民政府应当逐步增加对残疾人的其他照顾和扶助。国家和社会逐步创造良好的环境，改善残疾人参与社会生活的条件。国家和社会逐步实行方便残疾人的城市道路和建筑物设计规范，采取无障碍措施。

6. 残疾人生活环境

国家和社会逐步创造良好的环境，改善残疾人参与社会生活的条件。新建、改建和扩建建筑物等设施，应当符合国家有关无障碍设施工程建设标准。国家举办的各类升学考试、职业资格考试和任职考试，有盲人参加的，应当为盲人提供盲文试卷、电子试卷或者由专门的工作人员予以协助。公共服务机构和公共场所应当为残疾人提供语音和文字提示等信息交流服务，公共交通工具应当逐步达到无障碍设施的要求。国家和社会促进残疾人与其他公民之间的相互理解和交流，宣传残疾人事业和扶助残疾人的事迹，弘扬残疾人自强不息的精神，倡导团结、友爱、互助的社会风尚。每年5月的第三个星期日，为全国助残日。

思考题

1. 如何理解社会福利的概念?
2. 简述社会福利制度的基本框架。
3. 如何理解人口老龄化与老年人福利的关系?
4. 为什么说残疾人福利事业最能体现社会文明进步的水平?
5. 比较社会福利与社会救助、社会保险制度的差异。
6. 儿童福利通常包括哪些内容?

第十章　社会救助

第一节　社会救助概述

现代社会救助源于历史上的慈善事业，不过，它虽然仍然以救灾济贫为己任，但已不同于历史上具有浓厚的恩赐、怜悯色彩的慈善救济活动，而是一种通过立法规范制度化的社会政策，它与其他社会保障制度一样，都是建立在公平原则基础之上以保障国民生活权益、促进社会和谐发展为宗旨的制度安排;本章在介绍作为基本社会保障制度并在社会保障体系占有基础地位的社会救助制度的同时，还将介绍由民间推动的慈善事业，因为现代慈善事业同样被赋予了平等的理念并接受着政府的扶持，从而与政府负责的社会救助共同构成了一道最低防线。

一、社会救助的涵义

社会救助是指公民因自然、社会或者个人的原因导致生活发生严重困难时，由国家和社会按照法定程序给予款物或服务，以使其生活得到最基本保障的救助制度。社会救助作为社会保障的最低目标，承担着保证社会成员最低生活的责任。它是构成社会保障这一庞大体系的重要组成部分。社会救助通常包含以下三层涵义：

第一，社会救助是一种政府或社会的行为。作为政府行为，它表现为政府在相应的立法规范下，通过实施社会救助政策为救助对象提供最低生活保障，政府对社会救助的实施负有直接的责任和义务;作为一种社会行为，它又表现为民间或社会团体对救助对象的自发性救助，主要以自发性的募捐和其他慈善性活动的形式来实现，带有自发性、不确定性的特点。

第二，社会救助的对象，是容易遭遇生活困境的社会脆弱群体。所谓社会脆弱群体(也称弱势群体)，是指依靠自身能力难以摆脱生活困境的社会成员，包括收入水平低于贫困线的贫困人口、就业市场竞争中的失败者、遭遇天灾人祸难以自拔者以及因身体原因、年龄原因乃至政策歧视原因等而在生活及就业中处于显著不利地位的社会成员①,因其不能依靠自己的力量维持基本的生活水平，而需要国家和社会的扶助。

第三，社会救助提供的通常是最低生活保障。它是为生活在最低收入标准之下的社会成员提供物质及其他方面救助的社会保障制度，目标是避免社会成员陷入生存危机，维护法律

---

① 参见郑功成:“社会保障与弱势群体保护”，载《中国人民大学中国社会发展研究报告 2002——弱势群体与社会支持》，中国人民大学出版社，2003。

赋予公民的基本生存权利。需要注意的是，最低收入标准是以维持人的最低生存条件为依据确立的，但最低生存条件仍然是一个动态的概念，如农业社会的最低生活标准是指食物或营养方面的最低标准，但进入工业社会尤其是进入发达社会后，这一标准显然要高得多。因此，它不仅仅是指维持生命极限所需要的食物消费需求，而是相对于一定时期其他社会成员已经拥有的平均消费水准，由国家和政府根据历史、道德、社会等因素加以确定。这一标准通常低于社会平均收入水平及相应的社会平均消费水平。

值得指出的是，长期以来，中国习惯将对贫困人口、灾民等提供物质帮助的行为称为救灾救济或社会救济，社会救助是改革开放以后才出现并逐渐被广泛使用的概念。社会救助与社会救济在实际工作中并没有本质的区别，但还是略有差异。一方面，社会救助的覆盖面比社会救济更广泛，不仅包括政府的救济，也包括社会的支持和帮助；不仅包括社会保障体系中的社会救济和社会互助，还应包括其他有效的针对救助对象的扶助措施；另一方面，救济一词历史上曾经包含慈悲、怜悯等不平等的色彩，救助一词则较为中性，从而更加合乎现代社会的理念。实际上，社会救助概念的提出，还有其特定的经济社会背景，其内涵的扩大是与人类生存需求内容的扩展相联系的，可以说是现实中贫困人口基本生存条件的变化，推动了单纯的衣食救济向综合型的社会救助转变的要求。因此，从社会救济到社会救助，概念改变的本身即反映了这一制度的发展趋势。

二、社会救助的发展进程

社会救助（社会救济）是最早产生的社会保障形式，是从慈善事业发展而来的制度安排。最初的救济活动包括宗教慈善事业、官办慈善事业及民间慈善事业，正是这些慈善事业形成了现代社会救助的雏形。

从历史纵向视角来看，国家直接介入济贫事务是社会生产力发展的要求。在自然经济向商品经济转化、农业社会向工业社会迈进的过程中，逐渐摆脱人身依附关系的一部分农业劳动者开始进入城镇成为无产者，从而形成城镇的流动人口和失业人口。他们没有财产，又找不到工作。在这种情况下，仅凭临时的、不确定的慈善行为根本无法保障他们最起码的生存条件，同时也就无法保障社会的稳定，这就在客观上提出了由政府向贫困者提供物质援助的要求，从而使援助贫困人口成为国家和政府的重要职责。1601 年英国颁布的《伊丽莎白济贫法》，可以称得上是西方最早以法律形式确定的社会救助措施，但它虽然在一定程度上保障了部分贫困人口的最低生存生活，却因带有“惩戒性”和损害受惠者的人格与尊严为代价而引起贫民的极大不满。

真正具有现代意义的社会救助制度产生于 20 世纪初，较确立社会保险制度的时间要晚。当时，人们已经认识到，贫困并非万恶之源，因为进入现代社会后，导致贫困的主要原因已经不在个人而在社会，因此，给贫困者提供物质援助亦应成为政府与社会的责任，接受物质帮助的贫困者也不应当低人一等，社会救助应当成为国民的一项基本权利。尤其是 1929 - 1931 年欧美各国爆发了严重的经济危机，导致大量贫困人口，社会陷入不稳定状态。在传统的济贫手段和社会保险都不足以解决问题的前提之下，各国政府不得不尝试建立社会救助制度，以弥补社会保险制度的不足。例如，英国 1930 年在应对经济危机的过程中，就提供了范围较宽的“公共救助”；1946 年英国通过《国民救助法》，正式确立了社会救助制度；1966 年又将国民救护改为补助待遇，弱化了原来的短期待遇，强化了长期待遇；1986 年的社会保障法对贫困救助作出较大改革，将贫困补助待遇改成贫困收入支持。经过历年的补充完善，英国形成了一个健全的社会救助体系。

在美国，1935年通过了《社会保障法》，由此开始实施社会救助，并在此后的半个世纪中得到了持续的发展。由于美国社会对弱者较为重视，其社会救助制度亦相当健全。

第二次世界大战以后，越来越多的国家建立了自己的社会救助制度，享受社会救助成为社会成员的一项基本权利，而提供社会救助则构成了国家和社会的应尽职责和义务。尽管因社会保险的普及化和社会福利事业的持续发展，使社会救助在现代会保障体系中的地位相对下降，但因社会救助仍然承担着救助贫困人口、不幸者等的功能无可替代，其在整个社会保障制度中的基础地位不可动摇。

三、社会救助的基本特征

在现代社会保障体系中，社会救助虽然只覆盖贫困人口与不幸者，保障待遇也较其他社会保障系统低，但却是最基本且不可或缺的，即使对社会保障制度持批判态度的新自由主义经济学家，对社会救助制度也持肯定态度。正如1965年美国出版的《社会工作百科全书》所述："社会救助是社会保险制度的补充，当个人或家庭生计断绝急需救助时，乃给予生活上的扶助，是在整个社会保障制度体系中，最富有弹性而拘束的一种计划。"与其他的社会保障制度相比，社会救助制度的特征主要表现在以下几个方面①：

1. 最低保障性。从现代社会保障体系来看，社会保险、社会福利与军人社会保障 均是水平较高的社会保障制度，它们解决的不仅是社会成员的生存问题，而且也包括了保障社会成员一定的生活质量乃至个人发展问题。只有社会救助面对的是陷入生存困境并迫切需要国家或社会援助的社会成员，其救助(待遇)水平通常以维持社会成员的最低生活需要为标准，从而是整个社会保障体系中待遇最低的制度安排。这一特征使社会救助成为整个社会保障制度或社会稳定系统的第一道防线，被称为最低保障制度。

2. 按需分配。社会救助是有别于按劳分配与按资分配的国民收入再分配渠道。一方面，社会救助虽然面向全体社会成员，不像其他社会保障子系统有特定的年龄、职业或性别等身份限制，但它以确定的贫困线或救助起点为依据，只有生活陷入困境或者遇到特殊困难的社会成员才有资格申请社会救助，并通过这一途径获得国家或社会的援助。另一方面，国家或社会提供的社会救助包括现金援助、实物援助、服务援助等，一般根据不同社会救助对象的具体需要来提供，如服务救助就有医疗救助、心理咨询、教育培训等。因此，社会救助具有在确定的标准范围内向救助对象按需分配的特征，也是典型的收入再分配手段，有助于缩小收入分配差距，推进社会公平。

3. 权利义务单向性。与其他社会保障子系统相比，社会救助体现了权利义务单向性特征，即享受社会救助的社会成员只要符合救助的条件就有权利申请得到救助，对受益者而言，其享受的是单纯的法定权利；而提供社会救助则成了国家与社会的职责和法定义务，当需要社会救助而不能提供或提供救助不足时，社会便会出现严重的问题，这便可以视为政府与社会的失职或未尽到应尽的义务。而社会保险等却强调权利与义务相结合，但又并非是权利与义务对等。

① 参见郑功成著：《论中国特色的社会保障道路》，第222－223页。武汉大学出版社，1997。

4. 社会救助还具有全民性特征，它虽然设定了申请者申请救助的门槛，但任何人只要达到了这一门槛均有权申请社会救助；同时，对于某些特定事件中的不幸者亦提供救助，而任何人均有可能遭遇自然灾害并成为灾害救助的对象。因此，与社会保险面向劳动者且主要是工薪劳动者、社会福利按照其不同的项目面向特定的群体、军人保障面向军人等相比较，社会救助的保障范围显然更加宽泛，这一特点决定了它并非只是贫困人口的最低保障机制，而是整个社会即全体社会成员的最低保障机制。

上述特征是社会救助系统区别于其他社会保障系统的基本标志，也是社会救助始终在社会发展进程和社会保障体系中占据特殊地位的原因。

四、社会救助的功能

从历史上的慈善活动到早期的社会救助，扮演的均是临时应急措施，功能也较单一。但现代社会救助制度，在对付贫困问题、维护社会稳定等方面具有多方面的功能。

第一，缓解贫困问题是社会救助最基本和最直接的功能。社会救助通过及时对处于贫困线之下或者最低生活标准之下的贫困群体实施救助，帮助他们解决基本的生活问题，使他们不致因此而危及生存，直接保障了贫困群体的生存条件。这种直接功能既体现在对遭遇灾害、急难而难以维持生活的群体实施救助，以帮助他们应对突发的急难事件，也体现在改善贫困人口的生存状况上，即社会救助可以让每一个贫困人口都能维持其最低生活水准，或使他们接受医疗救助以恢复健康，或使他们有条件接受教育和学习劳动技能，或者扶助贫困群体自力更生，成为社会的建设力量。

第二，社会救助推动社会公平和社会文明进步。在人类社会，无论是发达国家还是发展中国家，无论是历史上还是现代社会，对弱势群体的关注与援助均是人道主义与人文关怀精神的体现，是社会文明进步的象征。现代社会救助在面对社会发展进程中的社会分化和贫富冲突时，通过运用政府的公共权力与公共资源对收入分配进行适度调整，依法对低收入阶层（贫困人口与不幸者）生存权利的维护，恰恰体现了社会公平与正义的价值追求，它能够在一定程度上消除市场经济条件下效率对公平的排斥，减轻低收入和无收入的社会成员的生活困难，从而增进社会稳定。同时，社会救助还为劳动力再生产提供相应的条件。在现代经济生活中，社会再生产呈现周期性的运行特征，这种周期性运行特征要求暂时处于失业状态的劳动者作为劳动力后备军进行正常的再生产，社会救助在劳动者在失业保险期后仍处于失业状态、没有收入的情况下，为其提供最低生活保障，为劳动力的正常再生产创造了必要的条件。

作为一种收入再分配制度，社会救助同时还是国家宏观调控的工具。在现代社会，社会救助通过保障社会成员最低生活需求的实现，同时也会部分地实现国家对生产、分配、交换与消费等的有效调节，进而对经济运行起到“自动稳定器”的作用。

第二节　社会救助的基本内容

一、社会救助体系

社会救助体系是指一个国家或地区对于低收入群体及不幸者所进行各种救助项目所形成的一整套制度框架体系。在实践中，社会救助一方面依然保留并将继续保留救灾、济贫等传统项目，另一方面也在根据社会经济发展的需要，不断增加新的救助项目，其内容在不断丰富和完善。

社会救助体系的结构，按照不同的划分标准，可以做不同的分类。

（一）依据救助的实际内容，社会救助可分为生活救助、灾害救助、就业救助、住房救助、医疗救助、教育救助、临时救助、特困人员供养、农村扶贫开发等①

1. 生活救助

生活救助是指对家庭人均收入低于贫困线或当地最低生活保障标准的贫困人口，实行差额补助的一种社会救助。中国的最低生活保障制度即是一种生活救助，其最显著的特点就是解决保障对象的最低生活保障问题，而不是改善其生活。

2. 灾害救助

灾害救助是指当社会成员遭受自然灾害袭击而造成生活困难时，由国家和社会紧急提供援助的一种社会救助，目的在于帮助社会成员度过灾害发生带来的生活困境。如地震救助、洪水救助等等。灾害救助包括现金救助、实物救助以及以工代赈等。

3. 就业救助

国家对最低生活保障家庭中有劳动能力并处于失业状态的成员，通过贷款贴息、社会保险补贴、岗位补贴、培训补贴、费用减免、公益性岗位安置等办法，给予就业救助。

4. 住房救助

住房救助是指政府向低收入家庭和其他需要保障的特殊家庭提供住房租金补贴或以低廉租金配租住房的一种社会救助，其实质就是由政府承担住房市场费用与居民支付能力之间的差额，解决部分居民因住房支付能力不足而居无定所的问题。

5. 医疗救助

医疗救助是指对贫困人口中因病而无经济能力进行治疗的人，提供帮助和支持的一种社会救助。其特点是在政府主导下，社会广泛参与，通过医疗机构实施，旨在恢复受助对象的健康。

6. 教育救助

教育救助是国家和社会为保障适龄人口获得接受教育的公平机会而对贫困地区和贫困家庭子女提供物质援助的一种社会救助。其特点是通过减免学杂费用、资助学杂费等方式帮助贫困人口完成相关阶段的学业，以提高其文化技能。

7. 临时救助

① 参见时政新主编：《中国社会救助体系研究》，第4－6页。中国社会科学出版社，2002。

国家对因火灾、交通事故等意外事件,家庭成员突发重大疾病等原因,导致基本生活暂时出现严重困难的家庭,或者因生活必需支出突然增加超出家庭承受能力,导致基本生活暂时出现严重困难的最低生活保障家庭,以及遭遇其他特殊困难的家庭,给予临时救助。

8. 特困人员供养

国家对无劳动能力、无生活来源且无法定赡养、抚养、扶养义务人,或者其法定赡养、抚养、扶养义务人无赡养、抚养、扶养能力的老年人、残疾人以及未满16周岁的未成年人,给予特困人员供养。

9. 扶贫开发

扶贫开发是指国家和社会通过包括政策、资金、物资、技术、信息、劳务、就业等方面的外部投入,对贫困地区的经济运行状态进行调整、优化,在此基础上实现贫困地区经济的良性增长,进而缓解贫困地区的贫困,促使贫困人口逐渐摆脱贫困的政策体系。它虽然与其他社会救助相比,主要是面向区域而不是直接面向贫困家庭与个人,但追求的目的仍然是社会救助要达到的目标,并且同样需要运用政府的公共权力与公共资源,从而仍然可以纳入到现代社会救助体系中来。

(二)依据救助的手段来划分,社会救助可以划分为现金救助、实物救助和服务救助等

1. 现金救助

现金救助是指以发放现金的形式为救助对象提供帮助的社会救助形式。费用的减免或核销其实也是现金救助,它是现代社会救助的主要形式。受助者可以根据自己的需要来将其转换为各种物质或服务,从而更有利于按需保障。在社会救助中,现金救助采用得最为经常。

2. 实物救助

实物救助是指以发放物资的形式为救助对象提供帮助的社会救助形式,它是一种传统的救助形式。实物救助的优点是所发的物资可以直接消费,救助的效果比较快捷,因此,在现代社会它主要在灾害救助中被经常采用。不过,实物救助需要讲究针对性,从而并非任何救助项目均可以采用的。

3. 服务救助

服务救助是指针对特殊的救助对象提供生活照顾和护理等服务。主要包括了对高龄老人的护理服务、对孤儿的关爱和照顾等。

4. 以工代赈

以工代赈是指通过提供相应的工作或就业机会并发放劳动报酬的方式实现对救助对象的救助。在灾害救助与扶贫开发中,以工代赈就是一种被国内外较为广泛采用的救助手段。

实际上,许多救助项目在实践中并不限于使用上述一种手段,而是可能两种或多种救助同时采用。如灾害救助就几乎包括了上述四种救助手段。

(三)依据救助的时间长短,社会救助可以划分为定期救助和临时救助

1. 定期救助

定期救助是指在时间上具有连续性的社会救助,它一般表现为在相对长的一段时间里,社会救助管理机构按规定连续地、定时地为救助对象提供援助。如对孤寡老人、孤残儿童以及长期生活在贫困线或最低生活保障线之下的社会成员的救助等,均采取定期救助。

2. 临时救助

临时救助是指在时间上没有连续性，或者救助时间比较短的社会救助，它是为解决社会成员临时的生活困难而进行的社会救助。这种救助的条件往往是短期的或者临时的，因此，当救助条件消失之后，救助的必要性也就不复存在。临时救助主要包括各种灾害救助和失业救助等等，其特征是短期性和非连续性。

从各国的社会救助实践来看，其社会救助体系结构并不相同，发达国家的社会救助项目齐全，保障全面，水平也相对较高，已经超过了早期社会救助提供最低食物保障的阶段。而发展中国家则大多停留在食物保障阶段，但也在不断扩展。

在美国，社会救助体系健全，其救助项目包括低收入家庭能源补助、强制性儿童补助、特困人员收入补助、抚养子女补助、就业与劳动技能援助、食品券补助、医疗补助、住房补助、额外津贴等，还有失业救济，但其经费主要来源于失业保险。

在英国，从 1601 年颁布济贫法，到 20 世纪 40－50 年代确立新型的国民救助制度，再到 1986 年对贫困救助作出较大改革，经过历年的补充完善，亦形成了健全的社会救助体系，主要包括低收入家庭救助、老龄救助、儿童救助、失业救助及疾病救助等内容。

在德国，社会救助大体分为两大类：一类是特殊困难的救助，一类是一般低收入家庭的救助。特殊困难的救助包括残疾人救助、老人救助，以及病人救助、孕妇救助和产妇救助、在国外的德国人的救助等等。一般低收入家庭社会救助面向全社会，低于政府规定最低生活费标准的家庭都可申请社会救助，救助的内容包括食品费、生活费、燃料费以及杂费等日常生活费。此外，还有家属津贴，只要有一个子女的家庭都可以申请，子女越多得到的家庭津贴也越多。

在日本，公共救助和社会救济共同构成了社会救助制度。其公共救助制度包括生活保护和灾害救助，而社会救济主要由生活救济、义务教育、住宅、医疗、生育、立业和丧葬等 7 个救济制度组成，是为保证所有贫困国民的最低生活并促进其生活自立而设立的。此外，有的国家的社会救助制度不仅包括了生活补助、医疗补助、灾害救济等，还包括对伤残军人的补助。

在中国，现行的社会救助体系主要由最低生活保障、乡村贫困救济、农村五保制度、灾害救助以及对特殊对象的救助等。此外，一些地方开始探索住房救助（如廉租房）、医疗救助等。对孤寡病残老年人与儿童的救助，一直是新中国成立后社会救助的重点。

二、社会救助的对象

在各国的社会救助制度中，对社会救助对象通常都会有明确的规定，即只对自我保障有困难而且确实需要国家与社会给予救助，才能摆脱生存危机或困境的社会成员负责。各国一般是通过家庭财力（包括收入状况与资产状况）审查和就业（有劳动能力的人）审查，来确认申请人领取社会救助金的资格。

由于各国情况不同，加之社会救助体系日益发达，在救助对象上也各有不同的划分和偏重。如英国社会救助对象主要分为四类：无固定职业或就业并不充分，无力定期交纳社会保险费，因而无权享受社会保险者；有权领取社会保险津贴，但不足以维持最低生活者；领取社会保险津贴已满期限，却无其他收入者；未参加社会保险，生活又无着落的人。

在中国，社会救助的对象主要包括三部分人员：一是无依无靠、无生活来源、无法定抚养人的社会成员，这一群体大多属于长期被救助即定期救助的对象，主要包括孤儿、孤老及无劳动收入且无社会保险津贴的劳动者、长期患病者以及未参加社会保险又无子女的丧偶老人。

二是灾民，即遭受灾祸严重侵袭而使生活一时陷入困境的社会成员，这类社会成员有劳动能力也有生活收入来源，只是由于突发性的灾祸使其遭受严重的财产损失或人身伤害，生活一时发生困难，需要国家和社会给予相应的援助。三是贫困人口，即生活水平低于国家规定最低标准的社会成员，这一群体尽管会有生活来源和相应的收入，但收入水平及生活水平达不到法定的最低标准，所以也属于社会救助的对象范围。此外，一些特殊的社会成员亦被列为社会救助的对象，如艾滋病人等。以上第一、二类救助对象的数量将会随着经济和社会的发展或者其他保障机制的确立而越来越少，如居民都参加商业性财产与人身保险后，需要国家救助的灾民人数就会减少；而第三类救助对象在很长一段时期内会依然存在，并将构成社会救助对象的主体。

三、救助标准及其确定方法

实行社会救助的目的，是保障社会成员享有最低生活水平，这种最低生活水平不能凭主观判断，而是必须科学界定，否则，社会救助的功能就不可能得到应有发挥。同时，由于贫困救助或者低收入家庭救助是各国社会救助的主体，对救助标准的确定亦以社会成员的收入状况与生活状况即贫困状态为主要依据。

一般来说，社会成员的贫困状态有绝对贫困与相对贫困之分。所谓绝对贫困，是指不能保证维持生命所需的最低限度的饮食和居住条件的生活状态；所谓相对贫困，并非指社会成员缺衣少食、受冻挨饿，而只是相对于其他居民群体拥有的消费品和服务数量少才有的“贫困”。

从社会发展阶段来看，发展中国家的贫困大多是绝对贫困，发达国家的贫困基本上属于相对贫困；农业社会的贫困属于绝对贫困，而进入工业化社会后，随着生产力的迅速发展和国家对收入分配调节力度的强化，社会成员的生活水平也会随着经济增长而日益得到普遍性的提高，此时的“贫困”便更多地具有相对意义了。正因为如此，现代社会举办的社会救助，其目标主要是针对相对贫困，即经过社会救助力求使属于这一群体的社会成员能够享有更加公平的生活保障。

既然社会救助的目标在于保障被救助者享有当时当地的最低生活标准，那么科学地确定最低生活标准则构成社会救助的重要环节。由于各国的经济发展水平和居民的生活水平差异极大，各国的最低生活标准也差距很大。发达国家确定最低标准多采用收入比例法，即贫困者的收入为社会平均收入的50%～60%，发展中国家的一般比例为平均收入的25%～35%。国际劳工组织专家曾经建议，在工业国家最低生活标准大体上应相当于制造业工人平均工资的30%。同时，由于不同人群的最低生活需求是不同的，如老年人、儿童、成年人维持最低生活的消费支出就不同，在确定救助标准时还需要按照贫困人群的不同特点，适当地调整救助标准的结构，形成多层次的救助体系。总的来说，最低生活标准主要受以下四个因素的影响：一是一定时期的社会生产力水平，它决定着社会的富裕程度，也决定着一定时期政府实施社会救助计划的财政实力，它与社会救助的标准构成正比例关系；二是一定时期的社会平均收入水平，它表明该时期满足社会基本生活所要求的收入量，一般情况下，社会救助标准应该略低于社会平均收入水平，但必须以社会平均收入水平作为标准制定的重要参考因素；三是消费品价格指数，这是将收入转化为实际消费能力的最重要的制约因素，在收入水平一定的情况下，消费品价格指数高，同样收入所能转化为消费的能力就弱一些，相反就强一些，因此，确定社会救助标准，必须考虑消费品价格指数因素；四是贫困人口的数量，在经济发展所能提供的济贫资金一定的情况下，贫困人口的数量制约着政府和社会对贫困人口的供养能力，进而制约着社会救助的标准，它与贫困人口的数量成反比关系。上述四个因素是各国决定自己社会救助标准时必须要加以考虑的宏观因素。

不过，从实施社会救助已久的发达国家的经验来看，决定最低生活标准的具体方法，主要有以下几种：

（1）市场菜篮子法。它是根据一个人的生存和发展需要确定必不可少的基本需求并按照市场价格来计算这种需求的标准的方法。1978 年，美国人率先提出一整套划定贫困标准的具体生活消费指标，包括食品、房租、衣服、家具、交通、卫生保健、水暖电气、税收和文化娱乐，依据市场上这些生活必需品和有关服务项目的价位，计算出维持人们生存和发展所必不可少的基本需求的开支，从而得出最低生活保障线。1990 年，世界银行也提出一个设想，以人们日常最起码消费支出的总费用作为划定贫困的标准，具体包括人们的食品、生活必需品和参与社会日常生活的费用。为了真实地反映贫困者所需，在确定菜篮子的内容时，需要由群众和专家共同做出决定。但这种方法有很大的不确定性，因为不同的国家和地区人们的生活水平参差不齐，生活必需品在不同的地方也有不同的界定，因而很难进行国际比较。在中国，各个地区的最低生活保障线就标准不一，同一个城市生活在市区与生活在郊区或郊县的最低生活标准也不一，就是因为市场价格与生活要素的差异所致。

（2）恩格尔系数法。此法根据一个家庭用于食物的支出在全部支出中所占的比例来衡量其贫困程度。在 19 世纪，德国统计学家恩格尔经过大量调查研究发现，如果食物支出占家庭总支出的比例很高，则意味着家庭生活水平很低；反之，如果食物支出比例很低，则意味着家庭用于满足其他生活需求的收入很多，生活状况肯定较好。这种食物支出与家庭收支逆向相关的情况，被称之为“恩格尔定律”。根据恩格尔定律，国际上较为公认的标准是，凡食物支出占家庭支出的比例达 59% 以上的，属于绝对贫困家庭；处于 40% ~59 % 之间的，则进入小康生活水平；处于 20% ~40% 时，家庭生活便上升到富裕行列；这一比例降到 20% 以下时，则属于极富裕阶层。在美国，只要家庭开支中有 1/3 用于购买食物以果腹的，便被视为贫困家庭和贫民，给予社会救助。

（3）国际贫困标准法。这是由欧洲经济合作与发展组织提出的一种收入比例法，它根据一个国家或地区社会的平均收入水平来确定最低标准。欧洲经合组织认为，社会的平均收入水平在一定程度上反映了一定生产力水平下满足社会成员基本生活需要所要求的平均消费价格。这种消费价格是社会的平均水平，是基于最高和最低之间的消费水平。社会救助是以满足最低生活消费为目的的，这种最低消费水平的确定可以一定时期社会平均收入水平为依据，向下进行一定比例的调整。一般情况下，最低社会标准相当于社会平均收入的50% ~60% 。

（4）生活形态法，也称“剥夺指标法”。它从人们的生活方式、消费行为等“生活形态”入手，提出一系列有关贫困家庭生活形态的问题让被调查者回答，然后选择出若干“剥夺指标”并据此及被调查者的实际生活状况来确定哪些人属于贫困者，再分析他们被剥夺的需求以及消费和收入来求出最低生活标准。这种方法实际上是以当地大多数人的主观判断来确定贫困者的，并以此为基础作进一步的调查确认之后进行救助。如 20 世纪 80 年代初，香港学界就有人对 326 位各界人士进行调查，得出的“贫困生活状态”是：无力为子女上学提供必需的学习用品，过年过节无力送礼，生大病买不起补药，子女9年义务教育后立即就业，家中无电话，过年过节开不起舞会等等①，这种方法带有较强的主观性。

以上四种方法各有特色，具体到某个国家或地区采用哪一种方法或兼用几种方法要根据该国或该地区的基本情况来决定。即从实际情况出发，根据当地实际生活水平、经济发展水平、当地政府的财力状况和需要救助对象的范围等因素而定。因此，地域性是确定救助标准的一个非常重要的因素。一般来说，发达国家或地区的救助标准多采用收入比例法，保障水平相对较高，发展中国家和不发达地区多根据基本需求，采用绝对贫困标准，保障水平较低。

四、社会救助管理

在现代社会保障体系中，社会救助在世界各国都是政府介入程度最深，并直接以国家财政充当经济后盾的制度安排，因此，社会救助管理亦必然是政府管理。这显然与社会保险可以存在类似于德国自治管理模式、社会福利可以交由民间福利机构管理有着重要区别。各国社会救助的管理体制在保持政府供款、直接管理并负责实施的共性时，也存在着一些差别，即中央政府和地方政府在社会救助方面的事权、财权划分方面并不尽一致。概括起来，各国政府对社会救助的管理模式主要有以下三种类型：

（一）中央政府集中管理型

在这种管理模式下，中央政府直接承担着管理全国社会救助事务的责任，包括确定社会救助标准并负责实施，中央政府中的社会救助机构直接延伸到各个地区，其特征是高度统一。英国、澳大利亚、新西兰等国家采取这种管理模式。

（二）地方政府分散管理型

在这种管理模式下，一般由中央政府制定社会救助标准，由地方政府根据本地区的具体情况来负责管理并实施社会救助。日本、瑞士、瑞典、芬兰和挪威等国家采取这种管理模式。在中国，虽然社会救助政策主要由中央政府制定，中央政府每年均有专门的预算拨款分配给各地，但社会救助的管理主要采取由地方政府分散管理的模式。

（三）中央和地方政府分层管理型

这种管理模式是划分中央政府与地方政府在社会救助方面的职责，并按照分工负责的原则履行各自职责。法国、美国和卢森堡等国均实行这种管理体制。在法国，中央政府制定最低生活保障制度并统一管理部分专项救助事务，其他非现金救助由地方政府出资并负责管理。在卢森堡，由中央政府负责确定社会救助标准，地方政府负责具体实施，头3个月到1年的开支由地方财政承担，以后的开支由中央财政负担。在美国，则是分工负责，如食品救济券等是由联邦政府负责的，紧急援助金是地方政府负责的，而家庭补助金自福利改革法案在1996年通过后，则由联邦政府每年拨出一部分专款给州政府，再由州政府提供相应的拨款，按照本州的法则管理并实施。

在社会救助实施过程中，管理机构主要是根据法定的程序来实施救助。按一般规定，享受社会救助者需具备一定的条件。因此，首先必须由申请者提出申请，并由主管部门对申请者财产和收入进行调查，对合乎条件的确定救助标准，付给救助费。对申请者的调查一般称

① 参见张彦、陈红霞编著:《社会保障概论》，第124页，南京大学出版社，1999。

之为家庭经济情况调查，这是进行社会救助的必要前提。西方国家的家庭经济情况调查内容包括家庭收入水平、市场物价、购买力的动向、就业状况、消费构成等指标，目的是核实申请者的真实经济情况。

第三节　最低生活保障

在中国社会救助体系中，1999 年国务院颁布《城镇居民最低生活保障条例》所确立的最低生活保障制度，是继农村五保制度之后又一个上升到法制化轨道的社会救助项目，其他社会救助项目多属于政策规范甚至只是各个地方的自主尝试。因此，它不仅在中国社会救助体系中占据着最重要的地位，而且随着向农村地区的扩展，也成为中国整个社会保障体系中的重要组成项目，是中国特色社会保障制度中的主体项目之一。

一、最低生活保障及其基本原则

所谓最低生活保障，是指国家和社会为生活在最低生活保障线之下的社会成员，提供满足最低生活需要的物质帮助的一种社会救助制度安排。最低生活保障的根本目标，就是运用国家财力帮助那些低于当地最低生活保障线的贫困人口摆脱生活困境，使其达到最基本的生活水平。

作为“社会最后一道安全网”，最低生活保障制度的确立及其实施，必须遵循统一的原则，包括生存保障原则、普遍性原则、与当地实际生活水平相联系原则、维护受者尊严原则等。

（1）生存保障原则。在当代社会，生存权不仅是公民在现代生活中最重要的权利，也是公民享受其他合法权益的基础，因此，保障全体国民的生存权是国家和社会的当然职责与基本义务，最低生活保障制度就是为保障国民生存权而建立的社会保障制度。尽管各国或各地区确定的保障标准不一，但是最低生活保障线能够维持受助者最低生活水准的“保底”原则却是一致的。换言之，贫困人口在获得最低生活保障救助后，能够避免挨饿受冻，并能够享受最起码的生活条件。

（2）普遍性原则。尽管最低生活保障的对象是低于最低生活保障线的个人和家庭，但这一标准是开放的，社会成员不论其身份地位、有无职业，只要生活陷入困境，即应一视同仁地予以救助。也就是说，在最低生活保障制度下，全体社会成员一律平等。

（3）与当地实际生活水平相联系原则。一般而言，在走过了共同贫穷的岁月后，对贫困人口的认定，通常是与他周围的人群相比较的，在中国这样幅员辽阔且地区发展极不平衡的国家，更不可能有全国统一的标准。因此，最低生活保障标准的制定，必须坚持与当地实际生活水平相联系的原则，即与当地居民的总体生活水平和各方承受能力相适应。如果保险范围过窄，保障水平过低，就不可能真正解除贫困人口的生存危机；如果保障范围过大，标准过高，则可能扭曲这一制度的社会功能，滋生懒惰，甚者会形成贫困陷阱。因此，最低生活保障制度应当避免水平过低与过高的现象。

（4）维护受助者尊严原则。在历史上，总把对贫困者的救助视为一种恩赐、施舍与怜悯，受助者以牺牲人格尊重为代价，然而，社会救助之所以在现代社会被上升到法律规范的层面，其所体现的恰恰是国家与社会对解决贫困问题的责任与义务，而接受救助则是社会成员在遭遇生活困境时应多享受的法定权益，社会保障制度的核心价值在于平等，即救助者与受助者的地位是完全平等的。因此，在实施最低生活保障制度时，不能损害个人尊严。否则，将会产生与建立这一制度初衷相反的效果。

二、最低生活保障制度的建立与发展

中国的最低生活保障制度，是在原有的城市定期救济与临时救济的基础上，经过1993年在上海等地开展的针对原有城市救济模式的最低生活保障试点，于1999年通过国务院颁布的《城市居民最低生活保障条例》得到确立并付诸实施的。进入21世纪以后，一些地方开始由城市向乡村扩展，部分发达的省市开始建立城乡一体化的最低生活保障制度。

(一)城市居民最低生活保障制度的改革试验

改革开放后，市场经济改革不仅打破了城镇职工的终身制铁饭碗，而且亦使各种组织单位丧失了长生不死的生存条件，城市贫困问题日益复杂化。改革开放前，政府救济的对象基本上都是城市中的无依无靠、无生活来源、无法定抚养人的孤寡老人、孤儿及部分特殊对象，凡有单位的社会成员及其家属均不在政府救济范围之列，因而救助对象不仅数量有限，结构也不复杂;改革开放后，市场经济体制逐渐得到确立，单位不再负有救助贫困职工家庭的义务，而困难职工群体依然存在，不仅如此，失业、下岗职工及部分退休人员因收入丧失或收入锐减而成为城市新贫困群体。因此，不改革原有的救济制度，便不能适应经济改革与社会发展的需要，亦无法维护城市居民的最起码的生活权益。正是在经济体制改革、城市贫困人口结构及致因发生重大变化的社会背景下，一些地方才开始积极探索改革旧的救济制度而代之以新的救助制度。

1993年6月1日，上海市率先建立了城市居民最低生活保障制度，并以此取代以往实施了数十年的旧救济办法。它确立了一条最低生活保障线，规定凡家庭人均收入低于这一保障线的家庭均可以申请最低生活保障金，从而彻底消除了原有的救助对象的身份限制，并使这一制度有了客观的标准和规范的程序。

1994年民政部作为全国主管社会救助事务的中央政府职能部门，充分肯定了上海市的改革经验，提出了对城市社会救济对象逐步实行按照当地最低生活保障线标准进行救济的改革目标，并决定在全国范围内开展试点。

1995年5月，民政部在厦门、青岛分别召开全国城市最低生活保障线工作座谈会，进一步推动全国各地探索建立最低生活保障制度。到1996年底，建立城镇居民最低生活保障制度的城市已有116个，1997年5月底达到206个，约占全国建制市的1/3。

1997年8月，国务院发出《关于在全国建立城市居民最低生活保障制度的通知》，中央政府正式有力推动最低生活保障制度在全国的实施，这一通知明确要求在1998年底以前全国地级以上城市均要建立城市居民最低生活保障制度，1999年底以前全国县级市和县政府所在地的镇均要建立起这项制度，使非农业户口的居民得到最低生活保障。

进入1999年后，中央政府加强了对各地建立城市最低生活保障制度的督查力度。截至1999年9月底，全国有668个城市和1638个县政府所在地的建制镇，已经全部建立起面向非农业户口居民的最低生活保障制度，全国享受最低生活保障待遇的城市居民为282万人，其中:传统的民政救济对象占21%，新增加的救助对象占79%;1999年1-10月，全国共支出最低生活保障金15亿元。在1999年新中国成立50周年前后，全国各地按照中央的统一要求，普遍将当地的最低生活保障标准提高30%，除北京、上海、山东、江苏、浙江、福建、广东等七省市外，省、市、自治区在建立最低生活保障制度时均得到了中央政府的财政补贴。

(二)城市居民最低生活保障制度的基本确立

1999年10月1日，国务院颁布的《城市居民最低生活保障条例》正式实施。该条例规定，“持有非农业户口的城市居民，凡共同生活的家庭成员人均收入低于当地城市居民最低生活保障标准的，均有从当地人民政府获得基本生活物质帮助的权利。”“对无生活来源、无劳动能力又无法定赡养人、扶养人或抚养人的城市居民，批准其按照当地城市居民最低生活保障标准全额享受。”“对尚有一定收入的城市居民，批准其按照家庭人均收入低于当地最低生活保障标准的差额享受。”这一条例还规定了政府对建立最低生活保障制度的财政责任与管理责任，原则规定了最低生活保障制度实施程序等事项。因此，《城市居民最低生活保障条例》的颁行，是中国社会救助制度发展进程中的一个重要里程碑。

不过，由于各地政府对最低生活保障制度的财政拨款机制不健全，民政部门在一定程度上处于无米之炊的状态，虽然最低生活保障制度在法规上得到了确立，但大量符合救助标准的困难居民，因各种严格的限制而不能享受这一权益，从而事实上并未覆盖到全体城镇居民。资金不足成为制约最低生活保障制度发挥作用的关键障碍。

2001年8月，中共中央、国务院决定进一步强化城市居民最低生活保障制度建设工作，要求尽快把符合条件的所有城市贫困居民全部纳入最低生活保障范围。为解决资金不足的问题，中央财政在年初拨款8亿元的基础上又追加15亿元资金，专门用于城市居民最低生活保障。各级地方政府财政、尤其是省级财政亦加大了低保资金投入，在较短时间内将大量符合城市低保条件的贫困人员纳入了保障范围。到2001年底，全国享受最低生活保障的人数达到1170多万人，比年初的402万人增加191%。

2002年2月4日，中共中央办公厅、国务院办公厅发出《关于进一步安排好困难群众生产和生活的通知》，民政部亦进一步加大了督察工作的力度，对各地的应保人数、资金安排和管理情况进行了一次全面的排查。低保资金由此全部纳入了包括中央财政在内的各级政府财政预算，具有了稳定的经费来源，并且有较大幅度的增长，2002年列入各级财政预算的低保资金105．2亿元，其中，中央财政拨款46亿元，省及省以下地方财政已安排预算资金59．2亿元。到2003年底，全国享受了最低生活保障待遇的城市贫困人口达到2 300万人。

(三)农村居民最低生活保障制度的探索

在城市居民最低生活保障制度改革的进程中，一些地方也开始了农村居民最低生活保障制度的探索。最早开展的是1994年山西省民政厅在阳泉市开展的建立农村社会保障制度的试点。1996年，民政部又确定山东烟台、河北平泉、四川彭周市和甘肃永昌县作为发达、中等发达和欠发达三种不同类型的农村社会保障体系建设的试点县市，最低生活保障制度也是其中的一项基本内容。1996年底，民政部在总结各地试点的基础上，正式印发了《关于加快农村社会保障体系建设的意见》和《农村社会保障体系建设指导方案》，要求各地把建立，农村居民最低生活保障制度作为农村社会保障体系建设的重点来抓。自1997年开始，有条件的地区开始逐步建立农村居民最低生活保障制度。到2001年底，全国有27个省、市、自治区的2 037个县(市;区)建立了农村居民最低生活保障制度，占应建县市区总数的81%，受助人口344万人，占农业人口的0．4%，年支出最低生活保障资金9.1亿元。

2006年10月，中共中央十六届六中全会第一次提出在全国“逐步建立农村最低生活保障制度”的要求。2007年7月11日，国务院印发《关于在全国建立农村最低生活保障制度的通知》（国发〔2007〕19号），对农村低保标准、救助对象、规范管理、资金落实等内容作出了明确规定，要求在年内全面建立农村低保制度并保证低保金按时足额发放到户。

根据各地的试点实践，农村居民最低生活保障制度的保障对象，主要有四类：一是家庭成员均无劳动能力或基本丧失劳动能力的无劳户；二是家庭劳动力严重残疾生活确有困难者；三是家庭劳动力因常年疾病确有困难者；四是家庭成员因病、灾死亡而子女均不到劳动年龄生活特别困难者。实施最低生活保障所需资金由各级财政分级负担，用于保障救助对象最低层次的生活需要和基本需求。实现保障的方式主要有两种：以现金和实物救助相结合，经济条件比较好的地方全部发放现金。现金一般由乡镇通过村发放，实物则由村来发放。发放时间，通常每季或每半年发一次，个别地方按每月或每年发放一次。一些地方对农村低保户还实施了优惠政策。对低保对象家庭减免提留款、统筹款及各种集资款，减免医疗费、子女学杂费等。

在浙江、广东等省，还通过户口政策的改革，取消了城市居民与农村居民的身份差别，其最低生活保障制度亦由城市居民扩展到城乡全体居民，这无疑代表着最低生保障制度的发展方向。

三、最低生活保障制度的基本内容

（一）最低生活保障的资金来源

中国在开始建立城镇最低生活保障制度时，各省筹集经费主要有两种办法：一是由各级地方财政按一定比例分级负担，所需经费列入财政预算；另一种办法是各方出，财政保底，也就是在原有单位保障即“谁家孩子谁抱走”的前提下，先由所在单位解决，当有些单位无力保障或仅有一部分保障时再由地方财政兜底。在此，第一种办法确立了政府的全额财政责任，从而也就消除了传统救助体制下的弊端；第二种办法则只是原有体制的简单延续。1999年9月国务院颁布并于同年10月1日实施的《城市居民最低生活保障条例》，从法律上明确了最低生活保障资金的来源，规定“城市居民最低生活保障制度所需资金，由地方人民政府列入财政预算，纳入社会救济专项资金支出项目，专项管理，专款专用。”这一规定表明，最低生活保障制度是以地方政府为责任主体的社会救助，地方政府财政应当承担全部责任。不过，考虑到一些地方财政困难，中央财政事实上自1999年以来，就承担着为最低生活保障制度拨款的责任，并且保持了逐年增长的势头，从而为全国实施最低生活保障制度提供了条件。

除明确政府供款责任外，《城市居民最低生活保障条例》还同时规定“国家鼓励社会组织和个人为城市居民最低生活保障制度提供捐款、资助；所提供的捐赠资助，全部纳入当地城市居民最低生活保障资金”。因此，社会捐献构成了最低生活保障制度的补充供款渠道。

（二）最低生活保障的保障标准

根据现行规定，最低生活保障标准由各地按照当地维持居民基本生活所需的衣、食、住费用，并适当考虑水电燃煤（燃气）费用以及未成年人的义务教育费用确定。对孤寡老人按当地低保标准实行全额救济。各市、县根据当地基本生活必需品费用和财政承受能力等因素，科学地确定和调整最低生活保障标准。因此，中国的最低生活保障标准主要是为贫困人口提供食物保障及其他生活必要条件。

需要指出的是，由于中国城乡差距大，地区发展不平衡，各地的最低生活保障标准亦差距甚大。如据2002年6月30日的资料，全国四个直辖市、27个省会城市和5个计划单列市，每人每月低保标准最高的为深圳市(344元)，最低的是南昌市(143元)；地级市保障标准一般为130元左右，县和县级市保障标准在100元左右，最低海南省陵水县52元；中东部7省(直辖市)保障对象每月平均领取保障金104元，中西部24省(自治区、直辖市)为68元。不仅如此，同一城市亦可能存在着市区、郊区、郊县的不同低保标准。

由于经济发展和居民生活水平的不断提高，以及通货膨胀等因素的影响，最低生活保障的标准也会随之提高，一些地区建立了正常的调整机制，以确保最困难群体的最起码生活能够在这一制度下真正得到保障。

(三)最低生活保障待遇的申领程序

社会成员享受最低生活保障待遇的权利，需要经过相应的程序。《城市居民最低生活保障条例》第7条规定："申请享受城市居民最低生活保障待遇，由户主向户籍所在地的街道办事处或者镇人民政府提出书面申请，并出具有关证明，填写《城市居民最低生活保障待遇审批表》"。在中国，接受申请并批准救助的机构是政府的民政部门及其办事机构。

一般而言，社会成员申请救助时需要经过如下程序：

(1)申请。即社会成员根据现行法规、政策规定的最低生活保障标准，评估自己及共同生活的家庭成员的人均收入水平，如果低于法定标准并需要通过这一制度提供援助时，应当填写并向社会救助机构提交申请书，申请书应当填写清楚家庭人口、无劳动能力人口、工作人口及家庭收入和支出状况，以作为申请救助的依据。

(2)调查。社会救助机构在接到申请后，应当派出工作人员，向申请家庭及其所在地区和工作者所在单位进行详细调查，以核实申请者的家庭情况及收入情况。

(3)审核与批准。根据调查结果和核实后的情况，社会救助专门机构做出是否批准其申请报告。

(4)发放保障金。经过社会救助机构批准后，应当向申请者发放最低生活保障金。

通常，为了防止浪费国家资金，防止欺骗、冒领行为的发生，对申请人资格条件的规定和审查要求是较严格的。以英国为例，为了防止欺诈行为，生活津贴委员会每年都要出一本申请须知手册，让申请人按规定申报。内容十分庞杂，如1980年的手册就多达125页。然而这种严格的申请制度也存在不利的一面。首先，申请及审核项目非常繁琐，使不少申请人望而却步；其次，在"生活状况调查"时，如果对申请人的审查过于苛刻，往往会损害申请者的尊严，引起他们的反感。调查制度的实施，一般是由基层社会保障组织中的专业人员负责。他们到申请者的住所、所在街区的管理部门或申请者的工作单位以及其他一些部门，如银行、社区等，进行调查，以了解申请者真实的生活情况，为最后的申请评判提供可靠资料。

第四节　农村五保制度

农村五保制度，是有中国特色的一项社会救助制度，它面向乡村孤寡老人及孤儿等，是中国农村自中华人民共和国成立以来坚持至今并较为规范化的一种社会救助制度安排。

一、农村五保制度及其发展

所谓五保制度，是针对农村中缺乏或丧失劳动能力、无依无靠、没有生活来源的老、弱、孤、寡、残疾人员，由乡、村两级组织负责向其提供保吃、保穿、保住、保医、保葬和保教等五个方面的援助的一种社会救助制度。

五保制度是20世纪50年代中期开始形成的。当时，中国实行严格的城乡户籍分隔制，农村中的孤寡老人与孤儿等不可能像城市孤寡老人与孤儿一样得到国家的直接援助，他们的生活只能依靠乡村集体经济来保障。因此，自1953年全国陆续开展合作化运动后，农村走上了集体化道路。

1956年1月，经最高国务会议通过，中央以草案的形式发表了《1956年到1967年全国农业发展纲要》(也称《农业四十条》，并于1960年4月10日经第二届全国人大第二次会议通过)，其中第三十条规定，“农业合作社对社内缺乏劳动能力，生活没有依靠的鳏寡孤独自的社员，应当统一筹划，指定生产队或生产小组在生产上给予适当安排，使他们能够参加力能胜任的劳动；在生活上给予照顾，做到保吃、保穿、保烧(燃料)、保教(儿童和少年)、保葬，使他们生养死葬都有指靠。”这是在官方文献中首次正式提出“五保”的概念。

1956年6月30日，第一届全国人大第三次会议通过的《高级农业生产合作社示范章程》也明确规定，“农业合作社对于缺乏劳动能力或者完全丧失劳动能力、生活没有依靠的老、弱、孤、寡、残疾社员，在生产上和生活上给以适当的安排和照顾，保证他们的吃、穿和柴火的供应，保证年幼的受到教育和年老的死后安葬，使他们的生养死葬都有依靠。”这两份文件是最早提出“五保”概念并赋予其规范涵义的法规性文件，农村享受五保保障的对象被称为五保户。以此为依据，有中国特色的农村五保制度初步形成，并由此而成为中国农村中的一项长期制度。不仅如此，一些地方还为五保户兴建敬老院，对五保老人实行集中供养制。据统计，1958年全国农村享受五保的有413万户519万人，共办起敬老院15万多所，集中收养五保对象300多万人。

20世纪80年代初期，随着农村承包责任制的推行，农村五保制度曾经受到一些影响，部分地区出现了损害五保户权益的现象。为了做好新时期的农村五保工作，中共中央先后印发了《关于进一步加强和完善农业生产责任制的几个问题的通知》、《全国农村工作会议纪要》、《关于制止向农民乱摊派、乱收费的通知》(与国务院联合发出)，明确规定各地必须切实保障农村五保对象的生活。

1994年1月，国务院颁布《农村五保供养工作条例》，首次以法规的形式对农村五保供养进行了规范，它标志着农村五保供养工作进入了一个新的发展阶段，它进一步明确了农村五保供养工作的性质、资金来源、集体责任等，从而对维护农村极端弱势群体的基本生活起到了良好的推动作用，并为农村五保供养工作提供了基本的法律依据。

不过，随着农村经济的改革深化与发展，建立在农村集体经济基础之上并主要由农村居民互助的农村五保制度亦面临着新的挑战，尤其是农村实行税费改革和取消农业税等后，农村中的五保对象亦需要有新的保障机制。在新的时代背景下，民政部、财政部、国家发展和改革委员会于2004年8月23日联合发出《关于进一步做好农村五保供养工作的通知》，再次明确了农村五保供养工作的相关政策，为在新的形势下继续做好农村五保供养工作提供了指导。

二、农村五保制度的基本内容

“五保”供养制度主要是对生活在农村，且没有劳动能力，没有经济收入和没有抚养人的孤寡老弱病残农民实施的救助。在1956年出台该项政策时，提出集体经济组织要给予相关人员保吃、保穿、保烧，给予年幼的保教和年老的死后保葬五个方面的保障，简称为“五保”，享受这种照顾的人和家庭被人们习惯称之为“五保户”，有关这方面的政策也就称之为五保政策。五保供养的性质是农村的一项集体福利事业，它由负责管理社会救助事务的民政部门主管，由农村集体经济组织负责提供所需的经费和实物，乡、民族乡、镇人民政府负责组织五保供养工作的实施。

1.“五保”供养对象

2006年颁布的《农村五保供养工作条例》中对五保供养的对象做出了更为明确的界定。其第六条规定：“老年、残疾或者未满16周岁的村民，无劳动能力、无生活来源又无法定赡养、抚养、扶养义务人，或者其法定赡养、抚养、扶养义务人无赡养、抚养能力的，均可以享受农村五保供养待遇。”

享受农村五保供养待遇，由本人提出申请并提供相关证明材料，通过村(居)民委员会向户口所在地的乡镇政府(街道办事处)提出申请。村(居)民委员会对申请人的家庭收入和实际生活情况进行核实，然后将申请人家庭情况和评议情况在村务(社区)公开栏公示，公示无异议后，报乡镇人民政府(街道办事处)审核。乡镇人民政府(街道办事处)审核后报县级民政部门审批。对批准给予农村五保供养待遇的，发给《农村五保供养证书》；对不符合条件不予批准的，应当书面说明理由。五保对象具有下列情形之一的，经村民委员会审核，报乡、民族乡、镇人民政府批准，停止其五保供养，收回《五保供养证书》：有了法定扶养义务人且法定扶养义务人具有扶养能力的；重新获得生活来源的；已满16周岁且具有劳动能力的。

2.“五保”供养的内容与标准

“五保”供养的内容，最初实际上是“四保”：保吃、保穿、保烧、保葬。1994年颁布的《农村五保户供养工作条例》新增了“保医”内容。2006年重新修订并颁布并实施的《农村五保供养工作条例》，明确规定五保供养包括以下内容：(1)供给粮油、副食品和生活用燃料；(2)供给服装、被褥等用品和零用钱；(3)提供符合基本条件的住房；(4)及时治疗疾病，对生活不能自理者给予照料；(5)妥善办理丧葬事宜。五保对象是未成年人的，保障他们依法接受义务教育。

在整体上，应当保证五保供养的实际标准不低于当地村民的一般生活水平。具体标准由乡、民族乡、镇人民政府规定。

五保供养所需经费和实物来源：免征、减征农业税及其附加后，原从农业税附加中列支的五保供养资金，列入县乡财政预算。在列入县级财政预算后，集中供养经费可由县级财政部门根据县级民政部门提出的用款计划直接拨付敬老院；分散供养经费可由县级财政部门根据县级民政部门提出的用款计划，通过银行直接发放到户。

3.“五保”供养方式

目前的“五保”供养方式分为集中供养和分散供养两大类。集中供养是由乡、镇、村等开办农村敬老院、福利院，在集体院内供养五保对象。建设房屋和生活用品等的资金是来自于国家财政的支出、社会的捐助和集体多方面的筹集。

五保供养对象也可选择在家分散供养。分散供养主要有以下几种具体形式：

(1)义务供养。供养人自愿将五保户接到家中或者是主动到五保户家中落户，集体不用出钱或是出一部分生活费，五保户生活完全由供养他的人负责照顾。

(2)亲戚朋友供养。由五保户与亲友自愿协商，通过签订协议，建立供养关系，供养者来承担五保户的吃，穿，住，医疗等供养义务。

(3)统供分养。以乡镇或者村统一制定供养标准，统一筹集分配供养款物，五保对象是在原有家中生活，村中有保护服务组供养日常生活服务。

(4)承包供养。由五保对象与其邻居或他人自愿协商，签订供养协议或者是宅基地等遗赠协议，在建立了供养关系后，供养者要承担全面供养的义务。

(5)合作养老保险辅助供养。通过由集体缴纳保费，乡、镇、村的养老保险理事会或者是养老保险基金会给予五保户对象的特殊的照顾。

国家鼓励社会各界参与农村五保供养工作，形成全社会共同关心支持五保供养工作的局面。在保证五保供养经费财政投入的基础上，继续发挥乡村集体经济组织的作用，各地民政部门还可以在开展社会捐助活动中将募集的物资优先用于解决农村五保户的生活需要。

为适应农村税费改革形势，切实保障五保对象的合法权益，新修订的《农村五保供养工作条例》于2006年3月实施。新条例把农村五保供养资金纳入财政预算，规定五保供养标准不得低于当地村民平均生活水平，并将五保供养服务机构建设纳入当地经济社会发展规划，从而建立起以财政供养为基础的新型农村五保供养制度，实现了农村五保由农村集体供养向国家财政供养的根本性转型。

第五节　专项救助制度

一、医疗救助

(一)医疗救助及其形式

医疗救助是我国专项社会救助的重要内容之一。所谓医疗救助是指政府和社会对贫困人口患病而无经济能力进行治疗的人实施专项帮助和支持的行为。医疗救助制度的建立是弥补"基本生活救助"制度和医疗社会保险制度的不足，切断贫困与疾病的循环链，解决城乡贫困人口医疗困境的有效手段。联合国大会1948年通过《世界人权宣言》规定："人人有权享受、为维持他本人和家庭的健康和福利所需的生活水准，包括食物、衣着、住房、医疗和必要的社会服务；在遭到失业、疾病、残废、守寡、衰老或在其他不能控制的情况下丧失谋生能力时，有权享受保障。"联合国1978年的《阿拉木图宣言》提出，每个国家都要实现"人人享有卫生健康"的目标。因此，公民获得医疗保障是其基本的生存权利，政府有责任予以保障。城乡医疗救助制度，既是我国社会保障制度的重要组成部分，也是我国医疗卫生服务体制的重要组成部分。建立和完善适合我国国情的城乡医疗救助制度，切实帮助贫困群众解决就医方面的困难和问题，是减少因病致贫、促进社会公平、推动社会和谐的需要。

医疗救助主要有以下几种形式：第一，医疗费减免。这是医疗救助的基本形式。这种形式主要是通过政府颁布文件，强制要求国有医疗机构对医疗救助对象在挂号费、治疗费、药费、住院费等费用实行一定比例的减收或全部免收。第二，创立福利医院或慈善医院。即地方政府进行组织、运用社会各界资源创立的专门为贫困人口服务的医疗机构。第三，大病医疗救助基金。贫困人口的医疗困境主要表现为无力承担高额的医疗费用，特别是大病重病的费用，为了减轻贫困人口的大病重病的医疗负担，政府从财政中每年拨出专款建立大病医疗救助基金，对得大病重病的贫困人口施以救助。第四，专项医疗补助。即由财政每年根据救助对象的治病需求，拨付一定的经费，专款专用，小病包干，大病补助。第五，团体医疗互助。即工会、妇联等群众团体建立了医疗互助互济组织，经费来源于工会经费、个人缴费以及社会捐助等，当贫困职工、妇女或家庭无力支付医疗费用时给予一定的资助。

民政部、卫生部、劳动保障部、财政部于 2003 年提出了《关于实施农村医疗救助的意见》(以下简称《农村医疗救助意见》)，2005 年，民政部、卫生部、劳动保障部、财政部又颁布了《关于建立城市医疗救助制度试点工作的意见》(以下简称《城市医疗救助意见》)，分别对城乡医疗救助工作作出了规定。

（二）医疗救助的对象

1. 城市医疗救助的对象

城市医疗救助的对象主要有两类:一类是城市居民最低生活保障对象中未参加城镇职工基本医疗保险人员;另一类是已参加城镇职工基本医疗保险但个人负担仍然较重的人员和其他特殊困难群众。

由于全国各地的具体情况不同，《城市医疗救助意见》要求，各个城市的医疗救助对象的具体条件由地方政府民政部门会同卫生、劳动保障、财政等部门制订并报同级人民政府批准。

2. 农村医疗救助的对象

依据《农村医疗救助意见》的规定，农村医疗救助的对象也主要有两类，一类是农村五保户，农村贫困户家庭成员;另一类是地方政府规定的其他符合条件的农村贫困农民。《农村医疗救助意见》规定，各地农村医疗救助对象的具体条件由地方民政部门会同财政、卫生部门制定，报同级人民政府批准。

（三）医疗救助的形式

1. 城市医疗救助的形式

《城市医疗救助意见》规定，对救助对象在扣除各项医疗保险可支付部分、单位应报销部分及社会互助帮困等后，个人负担超过一定金额的医疗费用或特殊病种医疗费用给予一定比例或一定数量的补助。具体补助标准由地方政府民政部门会同卫生、劳动保障、财政等部门制订。对于特别困难的人员，可适当提高补助标准。

在明确城市医疗救助标准的基础上，《城市医疗救助意见》提出，城市医疗救助要遵循多方筹资，多种方式，量力而行。通过发动社会力量资助、城市医疗救助基金给予适当补助、医疗机构自愿减免有关费用等多种形式对救助对象给予医疗救助。也即，城市医疗救助的形式主要有三种:社会力量资助、城市医疗基金补助和医疗机构减免有关费用。

2. 农村医疗救助的形式

《农村医疗救助意见》规定，农村医疗救助有以下三种形式:

(1)开展新型农村合作医疗的地区，资助医疗救助对象缴纳个人应负担的全部或部分资金，参加当地合作医疗，享受合作医疗待遇。因患大病经合作医疗补助后个人负担医疗费用过高，影响家庭基本生活的，再给予适当的医疗救助。

(2)尚未开展新型农村合作医疗的地区，对因患大病个人负担费用难以承担，影响家庭基本生活的，给予适当医疗救助。

(3)国家规定的特种传染病救治费用，按有关规定给予补助。医疗救助对象全年个人累计享受医疗救助金额原则上不超过当地规定的医疗救助标准。对于特殊困难人员，可适当提高医疗救助水平。

(四)医疗救助的程序

1. 城市医疗救助的程序

(1)申请。救助对象本人向社区居民委员会提出申请城市医疗救助的书面材料并提供有关证明材料。

(2)核查。街道办事处或乡镇人民政府医疗救助部门收到申请后，应当对申请人提出的申请及对申请人提供的有关证明材料进行审核;审核结束后，在〈医疗救助申请审批表〉签署审核意见。

(3)审批。区(县)级政府民政部门核实街道办事或(乡镇人民政府医疗救助部门上报的申请书及相关有关材料，对符合城市医疗救助待遇的，在〈医疗救助申请审批表〉签署审批意见，核实救助金额。

(4)发放。救助金由街道办事处(乡镇人民政府)发放，也可以由县级政府民政部门直接发放，有条件的地方要实行社会化发放。

2. 农村医疗救助的申请与审批程序

(1)申请。医疗救助实行属地化管理原则，申请人(户主)向村民委员会提出书面申请，填写申请表，如实提供医疗诊断书、医疗费用收据、必要的病史材料、已参加合作医疗按规定领取的合作医疗补助凭证、社会互助帮困情况证明等，经村民代表会议评议同意后报乡镇人民政府审核。

(2)审核。乡镇人民政府对上报的申请表和有关材料进行逐项审核，对符合医疗救助条件的上报县(市、区)民政局审批。乡镇人民政府根据需要，可以采取入户调查、邻里访问以及信函索证等方式对申请人的医疗支出和家庭经济状况等有关材料进行调查核实。

(3)审批。县级人民政府民政部门对乡镇上报的有关材料进行复审核实，并及时签署审批意见。对符合医疗救助条件的家庭核准其享受医疗救助金额，对不符合享受医疗救助条件的，应当书面通知申请人，并说明理由。

(4)发放。医疗救助金由乡镇人民政府发放，也可以采取社会化发放或其他发放办法。

(五)医疗救助基金的筹集和管理

1. 城市医疗救助基金的筹集和管理

城市医疗救助基金通过财政预算拨款、专项彩票公益金、社会捐助等渠道建立。地方财政每年安排城市医疗救助资金并列入同级财政预算，中央和省级财政对困难地区给予适当补助。

城市医疗救助基金纳入社会保障基金财政专户，专项管理、专款专用，不得提取管理费或列支其他任何费用。民政、财政、监察、审计等部门要加强对基金使用情况的监督检查，发现问题及时纠正，并及时向当地政府和有关部门报告。要定期向社会公布医疗救助基金的筹集和使用情况，接受有关部门和社会监督。对虚报冒领、挤占挪用、贪污浪费等违法违纪行为，按照有关法律法规严肃处理。

2. 农村医疗救助基金的筹集和管理

各地要建立医疗救助基金，基金主要通过各级财政拨款和社会各界自愿捐助等多渠道筹集。具体包括:第一，地方各级财政每年年初根据实际需要和财力情况安排医疗救助资金，列入当年财政预算;第二，中央财政通过专项转移支付对中西部贫困地区农民贫困家庭医疗救助给予适当支持，中央具体补助金额由财政部、民政部根据各地医疗救助人数和财政状况以及工作成效等因素确定;第三，社会捐赠及其他资金。医疗救助资金纳入社会保障基金财政专户。各级财政、民政部门对医疗救助资金实行专项管理，专款专用。

二、住房救助制度

住房救助是我国专项救助的又一内容。它是指由政府直接投资建造或以一定的优惠措施鼓励投资方建造住房，并以较低价格向低收入家庭出售或出租住的社会救助制度。为解决低收入人口的住房问题，我国也实施了相应的住房救助制度。1998 年国务院《关于进一步深化城镇住房制度改革加快住房建设的通知》中提出，对不同收入家庭实行不同的住房供应政策，即最低收入家庭租赁由政府或单位提供的廉租住房、中低收入家庭购买经济适用房，建立居民分支付能力、分层次的住房救助体系。2003 年，建设部颁布了《城镇最低收入家庭廉租住房管理办法》，2005 年又发布实施了《城镇最低收入家庭廉租住房申请、审核及退出管理办法》，对住房救助工作中的若干问题作出了规定。

(一)城镇廉租房的概念与立法状况

1. 城镇廉租房的概念

城镇廉租住房是指政府和单位在住房领域实施社会保障职能，向具有城镇常住居民户口的最低收入家庭提供的租金相对低廉的普通住房。

对个人和家庭而言，安居是安身立命之基、敬岗乐业之本。对于社会而言，安居是社会保持稳定与发展的基本前提。城镇廉租房制度是向城镇社会弱势群体提供的社会救助之一，目的是应对社会化大生产和市场经济的冲击之下，人们在住房方面所面临的困难，使得居者有其屋。

2. 城镇廉租房制度的立法状况

1994 年，国务院《关于深化城镇住房制度改革的决定》指出要积极推进租金改革，在租金调整后，对离退休职工、政府民政部门确定的社会救助对象和非在职的优抚对象等，各省、自治区、直辖市人民政府可根据具体情况制定减、免、补的具体办法。1998 年 7 月 3 日，国务院《关于进一步深化城镇住房制度改革加快住房建设的通知》指出要对不同收入家庭实行不同的住房供应政策:最低收入家庭租赁由政府或单位提供的廉租住房，中低收入家庭购买经济适用住房，其他收入高的家庭购买、租赁市场价商品住房，住房供应政策具体办法，由市(县)人民政府制定。为建立和完善多层次的住房供应体系，解决城镇最低收入家庭的住房问题，根据该通知，建设部于 1999 年 4 月 22 日发布了《城镇廉租住房管理办法》。该办法对城镇廉租房的性质、来源、定价、申请、审批等作出了规定。2004 年 3 月 1 日起施行建设部的《城镇最低收入家庭廉租住房管理办法》。2005 年，又颁布了《城镇最低收入家庭廉租住房申请、审核及退出管理办法》。2007 年 8 月国务院出台《国务院关于解决城市低收入家庭住房困难的若干意见》，首次明确提出把解决低收入家庭住房困难工作纳入政府公共服务职能。2007

年底，建设部、发改委等九部门联合发布《廉租房保障办法》，首次将廉租房的覆盖范围由租房困难的城市“最低收入家庭”扩大到了范围更广的“低收入家庭”。除此之外，各地方也就廉租房制度制订了相关规定。

（二）城镇廉租房制度的主要内容

1. 城镇最低收入家庭廉租住房保障面积与保障形式

城镇最低收入家庭廉租住房保障水平应当以满足基本住房需要为原则，根据当地财政承受能力和居民住房状况合理确定。城镇最低收入家庭人均廉租住房保障面积标准原则上不超过当地人均住房面积的60%。

城镇最低收入家庭廉租住房可以采取三种保障方式，即租赁住房补贴、实物配租和租金核减，并且应当以发放租赁住房补贴为主，实物配租、租金核减为辅。租赁住房补贴，是指市、县人民政府向符合条件的申请对象发放补贴，由其到市场上租赁住房。实物配租，是指市、县人民政府向符合条件的申请对象直接提供住房，并按照廉租住房租金标准收取租金。租金核减是指产权单位按照当地市、县人民政府的规定，在一定时期内对现已承租公有住房的城镇最低收入家庭给予租金减免。

2. 城镇最低收入家庭廉租住房的申请与审核程序

（1）城镇最低收入家庭申请廉租住房的条件

《城镇最低收入家庭廉租住房管理办法》规定，符合市、县人民政府规定的住房困难的最低收入家庭,可以申请城镇最低收入家庭廉租住房。《城镇最低收入家庭廉租住房申请、审核及退出管理办法》进一步明确规定，城镇最低收入家庭申请廉租住房须具备以下条件：第一，申请家庭人均收入符合当地廉租住房政策确定的收入标准；第二，申请家庭人均现住房面积符合当地廉租住房政策确定的面积标准；第三，申请家庭成员中至少有1人为当地非农业常住户口；第四，申请家庭成员之间有法定的赡养、扶养或者抚养关系。第五，符合当地廉租住房政策规定的其他标准。

（2）城镇最低收入家庭廉租住房的申请与审核程序

第一，提出申请。申请廉租住房，应当由申请家庭的户主作为申请人；户主不具有完全民事行为能力的，申请家庭推举具有完全民事行为能力的家庭成员作为申请人。申请人为非户主的，还应当出具其他具有完全行为能力的家庭成员共同签名的书面委托书。申请人应当向户口所在地街道办事处或乡镇人民政府（以下简称受理机关）提出书面申请，并提供下列申请材料：民政部门出具的最低生活保障、救助证明或政府认定有关部门或单位出具的收入证明；申请家庭成员所在单位或居住地街道办事处出具的现住房证明；申请家庭成员身份证和户口簿；地方政府或房地产行政主管部门规定需要提交的其他证明材料。

第二，受理机关决定是否受理。受理机关收到廉租住房申请材料后，应当及时作出是否受理的决定，并向申请人出具书面凭证。申请资料不齐全或者不符合法定形式的，应当在5日内书面告知申请人需要补正的全部内容，受理时间从申请人补齐资料的次日起计算；逾期不告知的，自收到申请材料之日起即为受理。材料齐备后，受理机关应当及时签署意见并将全部申请资料移交房地产行政主管部门。

第三，审核小组进行审核并公示及登记。接到受理机关移交的申请资料后，房地产行政主管部门应当会同民政等部门组成审核小组予以审核。并可以通过查档取证、入户调查、邻里访问以及信函索证等方式对申请家庭收入、家庭人口和住房状况进行调查。申请家庭及有关单位、组织或者个人应当如实提供有关情况。经审核不符合条件的，房地产行政主管部门应当书面通知申请人，说明理由。经审核符合条件的，房地产行政主管部门应当在申请人的户口所在地、居住地或工作单位将审核决定予以公示，公示期限为15日。经公示无异议或者异议不成立的，由房地产行政主管部门予以登记，并书面通知申请人。经公示有异议的，房地产行政主管部门应在10日内完成核实。经核实异议成立的，不予登记。对不予登记的，应当书面通知申请人，说明不予登记的理由。

3. 城镇最低收入家庭廉租住房待遇的享受

《城镇最低收入家庭廉租住房管理办法》规定，经登记公示无异议或者异议不成立的，对于申请租金核减的家庭，由产权单位按照规定予以租金减免；对于申请租赁住房补贴和实物配租的家庭，由市、县人民政府房地产行政主管部门按照规定条件排队轮候。

（1）申请租赁住房补贴和实物配租的家庭的轮候

《城镇最低收入家庭廉租住房申请、审核及退出管理办法》规定，对于已登记的、申请租赁住房补贴或者实物配租的家庭，由房地产行政主管部门按照规定条件排队轮候。经民政等部门认定的由于无劳动能力、无生活来源、无法定赡养人、扶养人或抚养人、优抚对象、重度残疾等原因造成困难的家庭可优先予以解决。轮候期间，申请家庭收入、人口、住房等情况发生变化，申请人应当及时告知房地产行政主管部门，经审核后，房地产行政主管部门应对变更情况进行变更登记，不再符合廉租住房条件的，由房地产行政主管部门取消资格。

（2）城镇最低收入家庭廉租住房待遇的享受

《廉租住房申请、审核及退出管理办法》分三种不同情况，对城镇最低收入家庭享受廉租住房待遇作出了规定：第一，已准予租赁住房补贴的家庭，应当与房地产行政主管部门签订《廉租住房租赁补贴协议》。协议应当明确租赁住房补贴标准、停止廉租住房补贴的规定及违约责任。租赁补贴家庭根据协议约定，可以根据居住需要，选择适当的住房，在与出租人达成租赁意向后，报房地产行政主管部门审查。经审查同意后，方可与出租人签订房屋租赁合同，并报房地产行政主管部门备案。房地产行政主管部门按规定标准向该家庭发放租赁补贴，用于冲减房屋租金。第二，已准予实物配租的家庭，应当与廉租住房产权人签订廉租住房租赁合同。合同应当明确廉租住房情况、租金标准、腾退住房方式及违约责任等内容。承租人应当按照合同约定的标准缴纳租金，并按约定的期限腾退原有住房。确定实物配租的最低收入家庭不接受配租方案的，原则上不再享有实物配租资格，房地产行政主管部门可视情况采取发放租赁住房补贴或其它保障方式对其实施住房保障。第三，已准予租金核减的家庭，由房地产行政主管部门出具租金核减认定证明，到房屋产权单位办理租金核减手续。

4. 城镇最低收入家庭廉租住房的退出机制

享受廉租住房保障的最低收入家庭应当按年度向房地产行政主管部门如实申报家庭收入、人口及住房变动情况。房地产行政主管部门应当每年会同民政等相关部门对享受廉租住房保障家庭的收入、人口及住房等状况进行复核，并根据复核结果对享受廉租住房保障的资格、方式、额度等进行及时调整并书面告知当事人。

享受廉租住房保障的家庭有下列情况之一的，由房地产行政主管部门作出取消保障资格的决定，收回承租的廉租住房，或者停止发放租赁补贴，或者停止租金核减：

（1）未如实申报家庭收入、家庭人口及住房状况的；

（2）家庭人均收入连续一年以上超出当地廉租住房政策确定的收入标准的；

(3)因家庭人数减少或住房面积增加，人均住房面积超出当地廉租住房政策确定的住房标准的；

(4)擅自改变房屋用途的；

(5)将承租的廉租住房转借、转租的；

(6)连续六个月以上未在廉租住房居住的。

房地产行政主管部门作出取消保障资格的决定后，应当在5日内书面通知当事人，说明理由。享受实物配租的家庭应当将承租的廉租住房在规定的期限内退回。逾期不退回的，房地产行政主管部门可以依法申请人民法院强制执行。

三、教育救助

(一)教育救助的概念

教育救助是指国家、社会团体和个人为保障适龄人口接受教育的机会，从物质和资金上对贫困地区和贫困学生在不同阶段所提供的救助。教育救助是实现公民教育权利，促进社会公平的重要保障，保障贫困家庭子女接受义务教育和中高等教育是法律赋予政府和教育行政部门的义务。教育救助的目的是保障贫困家庭子女的受教育权。

(二) 教育救助的对象

教育救助是对贫困家庭子女的救助，其对象为“贫困生”，具体是指：(1)持有农村五保供养证的未成年人；(2)属于无劳动能力、无生活来源、无法定抚养人或 虽有法定抚养人但抚养人无抚养能力的学生；(3)持有城乡最低生活保障证家庭的子女；(4)当地政府规定的其他需要教育救助的对象。

(三)教育救助的形式

1. 减免收费

我国义务教育福利化以后，减免收费这种教育救助形式在义务教育阶段的学杂费减免已不存在。义务教育阶段教育救助主要是补助寄宿生生活费。教育救助的重心转向非义务教育(中等、高等教育)阶段。国家规定，对家庭困难的大学生减免学费。

2. 现金救助

现金救助包括补助金和国家奖学金、国家助学金与助学贷款。

(1)补助金

补助金是对救助对象直接发放现金，主要是针对大专及以上阶段贫困生实施的救助形式，也有个别地区对小学、初中、高中及大专以上都采取补助金的救助形式。补助金的申领程序，首先是本人或者其监护人提出申请，村委会(社区居委会)调查核实，乡镇政府、城市街道办事处审核、县级民政部门复核、审批。

(2)国家奖学金、国家助学金与国家助学贷款

国家奖学金是自2002年9月1日起施行的中央政府对家庭经济困难、品学兼优的全国普通高等学校全日制在校本专科学生提供的无偿资助。其目的在于帮助家庭经济困难的普通高等学校学生顺利完成学业，激励家庭经济困难的普通高等学校学生勤奋学习、努力进取。国家奖学金由各高校统一发放给获奖学生本人。

国家助学金是以资助家庭经济特别困难学生的生活费为目的，资助对象为高校中家庭经济特别困难的全日制本专科学生。从2007年开始，中央与地方共同设立国家助学金，用于资助普通本科高校、高职校全日制本专科在校生中家庭经济困难学生和中等职业学校所有全日制在校农村学生及城市家庭经济困难学生。

国家助学贷款是政府主导、财政贴息、财政和高校共同给予银行一定风险补偿金，银行、教育行政部门与高校共同操作的专门帮助高校贫困家庭学生的银行贷款。借款学生不需要办理贷款担保或抵押，但需要承诺按期还款，并承担相关法律责任。借款学生通过学校向银行申请贷款，用于弥补在校学习期间学费、住宿费和生活费的不足，毕业后分期偿还。

四、就业救助

就业救助，主要是对城镇贫困家庭中有劳动能力的成员进行就业援助。《社会救助暂行办法》第42－46条是对就业救助的具体规定，如下：

第四十二条　国家对最低生活保障家庭中有劳动能力并处于失业状态的成员，通过贷款贴息、社会保险补贴、岗位补贴、培训补贴、费用减免、公益性岗位安置等办法，给予就业救助。

第四十三条　最低生活保障家庭有劳动能力的成员均处于失业状态的，县级以上地方人民政府应当采取有针对性的措施，确保该家庭至少有一人就业。

第四十四条　申请就业救助的，应当向住所地街道、社区公共就业服务机构提出，公共就业服务机构核实后予以登记，并免费提供就业岗位信息、职业介绍、职业指导等就业服务。

第四十五条　最低生活保障家庭中有劳动能力但未就业的成员，应当接受人力资源社会保障等有关部门介绍的工作；无正当理由，连续3次拒绝接受介绍的与其健康状况、劳动能力等相适应的工作的，县级人民政府民政部门应当决定减发或者停发其本人的最低生活保障金。

第四十六条　吸纳就业救助对象的用人单位，按照国家有关规定享受社会保险补贴、税收优惠、小额担保贷款等就业扶持政策。

五、临时救助制度

临时救助旨在解决低收入家庭遇到的临时性、突发性困难。2007年6月，民政部下发《关于进一步建立健全临时救助制度的通知》(民发〔2007〕92号)，对临时救助的对象、标准、程序等进行了规范。目前，北京、天津、内蒙古、黑龙江、浙江、江苏、江西、湖南、湖北、重庆、陕西等省(区、市)已建立这项制度，临时救助正发展为新型社会救助体系的重要内容。

六、特困人员供养

主要是对孤苦无依的老年人、残疾人和儿童进行救助，通过机构供养和家庭供养的方式实施。《社会救助暂行办法》第14－19条是对特困人员供养的具体规定，如下：

第十四条　国家对无劳动能力、无生活来源且无法定赡养、抚养、扶养义务人，或者其法定赡养、抚养、扶养义务人无赡养、抚养、扶养能力的老年人、残疾人以及未满16周岁的未成年人，给予特困人员供养。

第十五条　特困人员供养的内容包括：

(一)提供基本生活条件；

（二）对生活不能自理的给予照料；

（三）提供疾病治疗；

（四）办理丧葬事宜。

特困人员供养标准，由省、自治区、直辖市或者设区的市级人民政府确定、公布。

特困人员供养应当与城乡居民基本养老保险、基本医疗保障、最低生活保障、孤儿基本生活保障等制度相衔接。

第十六条　申请特困人员供养，由本人向户籍所在地的乡镇人民政府、街道办事处提出书面申请；本人申请有困难的，可以委托村民委员会、居民委员会代为提出申请。

特困人员供养的审批程序适用本办法第十一条规定。

第十七条　乡镇人民政府、街道办事处应当及时了解掌握居民的生活情况，发现符合特困供养条件的人员，应当主动为其依法办理供养。

第十八条　特困供养人员不再符合供养条件的，村民委员会、居民委员会或者供养服务机构应当告知乡镇人民政府、街道办事处，由乡镇人民政府、街道办事处审核并报县级人民政府民政部门核准后，终止供养并予以公示。

第十九条　特困供养人员可以在当地的供养服务机构集中供养，也可以在家分散供养。特困供养人员可以自行选择供养形式。

第六节　流浪乞讨人员救助制度

一、流浪乞讨人员救助制度的由来

流浪乞讨人员是“在城市生活无着的流浪乞讨人员”的简称，对它们的救助是我国社会救助的又一项重要内容。流浪乞讨人员救助制度是针对城市非常住的流浪乞讨人员的救助制度，这项制度始于新中国成立初期，初定于20世纪80年代，并在2003年进行了重大变革，突出强调了其社会救助的功能，从而标志着针对流浪乞讨人员救助制度的正式确立。

1982年5月12日，国务院发布了《城市流浪乞讨人员收容遣送办法》。该办法第一条规定：“为了救济、教育和安置城市流浪乞讨人员，以维护城市社会秩序和安定团结，特制定本办法”；第二条规定了收容遣送的对象，即家住农村流入城市乞讨的、城市居民中流浪街头乞讨的和其他露宿街头生活无着的人员。第三条规定了收容遣送工作由民政、公安部门负责，其他条款规定了收容遣送的设施、程序、内容以及被收容人员的义务等。这些明确的规定标志着收容遣送制度的正式确立。

收容遣送办法规定各收容遣送站要安排好收容对象的生活、并要求流出地人民政府妥善安置，认真解决他们的生产、生活困难，在保护流浪乞讨人员基本生活权益方面曾经发挥了积极的作用。但是，随着社会经济的发展，收容遣送制度逐步异化，其运行机制和管理方式已不适应实际的需要，再加上一些地方违规操作，将适用对象从城市流浪乞讨人员，扩大到“三无”（无合法证件、无固定住所、无稳定收入）人员，在收容遣送的过程中，侵害被收容者的自由、尊严和基本权利，收容遣送制度面临的问题日益突出。在这样的社会背景下，2003年6月22日，国务院颁布了《城市生活无着落流浪乞讨人员救助管理办法》，同时废止了《《城市流浪乞讨人员收容遣送办法》。2003年7月21日，民政部还公布了《城市生活无着落流浪乞讨人员救助管理办法实施细则》。从“收容遣送”到“救助管理”，不仅是法律名称上的改变，更是法律理念和法律内容的重大变化。主要体现在：第一，收容遣送制度，是一种救济、教育及安置制度，多年来的演变，使它更具社会管制、治安秩序管制制度的性质和特点。新的救助制度则完全不同，它并不是社会管制制度，而是社会救助制度，是对在城市中生活无着落的流浪乞讨人员的生活救助制度。第二，收容遣送制度的目的是为了维护城市社会秩序和安定团结。而新的救助制度则不同，其目的是为了对流浪乞讨人员实行救助，保障其基本生活权益。第三，收容遣送制度的手段是强制，被收容的对象必须“服从收容”、“认真回答工作人员的询问”和“服从工作人员的管理”。新的救助制度则不然，它是一种“临时性社会救助措施”，它明确规定了自愿受助原则，救助制度在发现被救助人员、进入救助机构、离开救助机构等所有环节上，都没有了强制性限制。第四，在收容遣送制度规定中，义务主要是针对收容遣送对象的。而新的救助制度在义务与责任上则更多地规定了救助机构的义务与责任，如救助站对属于救助对象的求助人员，应当及时提供救助，不得拒绝，不准调戏妇女，等等。也就是说，过去主要是限制规定收容遣送对象，现在则主要是规定限制救助机构。这些变化体现了法治时代对人的尊严和权利的尊重与保护，体现了政府自身正在由管制型的权力型政府向服务型的责任政府的转变，表征着社会主义国家福利救助理念的张扬。

二、流浪乞讨人员救助制度的主要内容

根据《城市生活无着的流浪乞讨人员救助管理办法》和《城市生活无着的流浪乞讨人员救助管理办法实施细则》，城市生活无着落流浪乞讨人员救助制度的主要内容是：

(一)救助对象

救助对象指有资格享受国家流浪乞讨人员救助待遇人员。根据《城市生活无着的流浪乞讨人员救助管理办法实施细则》的规定，有资格享受国家流浪乞讨人员救助待遇的城市生活无着的流浪乞讨人员是指因自身无力解决食宿，无亲友投靠，又不享受城市最低生活保障或者农村五保供给，正在城市流浪乞讨度日的人员。那些虽有流浪乞讨行为，但不具备上述规定情形的人员，不属于救助对象。

(二)救助站的设立

救助站是对流浪乞讨人员进行救助的一项临时性社会措施。县级以上城市人民政府应当根据需要设立流浪乞讨人员救助站。

救助站必须配备具有救助专业知识的救助人员。这些人员应当进行政策、法律和业务知识、救助技术的培训，增强他们的责任心，确保救助的顺利实施。

(三)救助站的管理

救助站在实施救助的过程中应当遵守以下规定：(1)救助站为受救助人提供的住处，应当按性别分室住宿，女性受助人员应当由女性工作人员管理；(2)救助站应当保障受助人员在站内的人身安全和随身携带物品的安全，维护站内秩序；(3)救助站不得向受助人员、其亲属或者所在单位收取费用，不得以任何借口组织受助人员从事生产劳动；(4)救助站应当劝导受助人员返回其住所或者所在单位，不得限制受助人员离开救助站。救助站对受助的残疾人、未成年人、老年人应当给予照顾；对查明住址的，及时通知其亲属或者所在单位领回；对无家可归的，由其户籍所在地人民政府妥善安置；(5)受助人员住所地的县级人民政府应当采取措

施，帮助受阻人员解决生产、生活困难，教育遗弃残疾人、未成年人、老年人的近亲属或者监护人履行扶养、赡养义务；(6)救助站应当建立、健全站内管理的各项制度，实行规范化管理；(7)县级以上人民政府民政部门应当加强对救助站工作人员的教育、培训和监督。

县级以上人民政府民政部门负责流浪乞讨人员的救助工作，并对救助站进行指导、监督。公安、卫生、交通、铁道、城管等部门应当在各自的职责范围内做好相应工作。

(四)救助措施

县级以上城市人民政府应当根据需要设立流浪乞讨人员救助站。救助站对流浪乞讨人员的救助是一项临时性社会救助措施。公安机关和其他有关行政机关的工作人员在执行职务时发现流浪乞讨人员的，应当告知其向救助站求助；对其中的残疾人、未成年人、老年人和行动不便的其他人员，还应当引导、护送到救助站。

救助站对属于救助对象的救助人员，应当及时提供救助，不得拒绝；对不属于救助对象的救助人员，应当说明不予救助的理由。救助站应当根据受助人员的需要提供下列救助：(1)提供符合食品卫生条件要求的食物；(2)提供符合基本条件的住处；(3)对在站内突发急病的，及时送医院救治；(4)帮助与其亲属或者所在单位联系；(5)对没有交通费返回其住所地或者所在单位的，提供乘车凭证。

救助站应当根据受助人员的情况确定救助期限，一般不超过10天；因特殊情况需要延长的，报上级民政主管部门备案。

救助站已经实施救助或者救助期满，受助人员应当离开救助站。对无正当理由不愿离站的受助人员，救助站应当终止救助。此外，出现下列三种情况的，救助站也应终止救助：第一，流浪乞讨人员擅自离开救助站的，视同放弃救助，救助站应当终止救助。第二，流浪乞讨人员自愿放弃救助离开救助站的，救助站不得限制；第三，救助站发现流浪乞讨人员故意提供虚假个人情况的，应当终止救助。

第七节　灾害救助

一、灾害与灾害救助

灾害是对人类社会造成物质财富损失和人身伤亡的各种自然现象的总称，它作为人类社会发展的破坏性因素，一直伴随着人类社会的发展而发展，并迫使人类社会不得不考虑建立灾害救助机制来应付其后果。因此，各种灾害构成了灾害救助的风险基础。

所谓灾害救助，是指国家和社会对在遭遇各种自然灾害及其他特定灾害事件等袭击，并因此而陷入生活困难的社会成员给予一定的现金或实物援助，以帮助其度过特殊困难时期的一种社会救助，它是社会救助体系不可缺少的重要组成部分，也是整个社会保障体系中最具紧迫性的特殊保障制度安排。其目的是通过对遭遇灾害袭击的社会成员的救助，使其尽快恢复正常的生活秩序，同时减少遭灾地区的破坏后果并使灾区社会发展尽快恢复正常化、秩序化。

在人类社会发展进程中，自然灾害种类繁多；其中威胁人类生存与发展的最大自然灾害有水灾、旱灾、地震等，这些灾害所造成的主要社会后果是人员伤亡、社会财富损毁，成为制约社会经济持续发展的重要因素，工业社会的灾害问题较农业社会的灾害问题更加具有普遍性、全面性和严重性。中华人民共和国成立后，各种自然灾害不仅没有减少，反而因环境破坏、气候变化而更加严重。据统计，一般年份，全国遭受各种自然灾害袭击的人口达2亿多人次，每年因自然灾害造成的死亡人数数千人不等，需要转移安置的人口以百万乃至千万计，农作物受灾面积4 000－4 700 万公顷，大的自然灾害还容易引发传染病疫情，后果十分严重。例如，1976 年的唐山大地震，就造成了 24 万人死亡、16 万人重伤、50 万人轻伤，一座百万人的工业城市变成一片废墟的惨烈后果；1998 年的江淮大水灾，造成近千万人流离失所，各种经济损失达 2 000 多亿元。其他如虫灾、风灾、雹灾；霜灾和雪灾等也对人类生存产生了不同程度的威胁。

进入 21 世纪后，灾害问题更趋严重。阒、首先是，灾害的种类在增长，如 2001 年发生在美国的恐怖分子利用民用飞机袭击世界贸易大厦，造成数千人死亡，直接经济损失 100 多亿美元，成为人类史上的重大灾难事件；2003 年发生在中国的非典型性肺炎也是引起全国乃至世界震惊的传染病，是当年中国发生的最重大的灾难性事件。而2004 年12 月26 日上午8 时左右，发生在印尼苏门答腊岛附近海域的强烈地震引发的海啸，更是人类史上的一场重大灾难，它波及印尼、斯里兰卡、泰国、印度、马来西亚、孟加拉国、缅甸、马尔代夫等国，造成 30 多万人失踪和死亡，其中印尼在这场地震和海啸灾害中死亡和失踪的人数达到 20 多万多人。因此，灾害问题还在恶化。

灾害的严重后果，不仅在于造成社会财富的灭失，更在于造成众多灾民的伤亡、并直接影响到遭遇灾害的社会成员的生存条件，如果国家和社会缺乏有效的救助灾民保障措施，灾民便可能难以自救，灾区社会就会失去控制，中国历史上历次农民起义与朝代更替均以大灾害的爆发为背景，表明了灾害问题的破坏作用会产生连带效应。因此，在中国历史上，统治者就实施了相应的救灾措施，如仓储后备和以工代赈，在某些年代这些救灾措施确实发挥过很好的作用。进入现代社会后，各国政府更是积极建立灾害救助制度，利用公共资源和社会力量，通过为灾民提供衣、食、住、行、医疗等基本生活资料，帮助其脱离灾难和危险。在发达国家，政府负责的灾害救助主要是灾时紧急救助，灾后也帮助灾民实施灾后重建，但商业保险发挥着非常重要的作用；在发展中国家，各国亦建立有自己的灾害救助制度或措施。

二、灾害救助的基本特征

与其他社会保障项目相比，灾害救助因其面对的风险是各种突发性的灾难，其中实践中也具有自己明显的特征；它主要体现在以下几个方面①：

1. 灾害救助的急切性。由于各种灾害的发生大都具有突发性（除旱灾外）和严重的危害性，遭遇灾害的社会成员可能迅即陷入生活困境之中，甚至倾家荡产、流离失所、人身伤亡，大面积的自然灾害或其他重大灾难（如美国“9·1 1”恐怖袭击事件）等又往往极易造成疫病流行，如果国家和社会不紧急实施救助，遭遇灾害袭击的会成员就可能非正常死亡、外出流浪等，灾区社会会因此陷入危机并进而连带其他地区的安定。因此，灾害救助必须对灾民及时进行各种生活和医疗服务等救助，各种救灾实物或服务资源必须迅速到位，以及时解决遭灾社会成员的生存危机并将灾害造成的后果减少到最轻程度。

① 郑功成著:《中国社会保障论》，第 192－194 页，湖北人民出版社，1994。

2.灾害救助内容与方式的多样性。由于各种灾害造成的后果是多方面的，包括人身伤亡、财产损失、基础设施损毁以及疫病流行等，灾害救助的内容与手段也必须是多种多样的。在救助内容方面，既包括对人的救护，也包括对物资财产的转移和保护；既包括衣食等基本生活用品的救援，又包括医疗服务等特殊救助。在救助方式方面，既采用现金救灾、实物救灾、服务救灾等救助方式，在特定条件下也可以采取以工代赈等特殊方式。因此，在整个社会保障体系中，灾害救助的内容与方式是最多样化的，这主要是灾害及其损害后果的广泛性及特殊性所决定的。

3.灾害救助的非经常性。尽管灾害救助作为一种制度是需要常备不懈的，但由于灾害的发生具有偶发性与不平衡性，即灾害的发生是不以人的主观意志为转移时间与地区分布上又是不平衡的，遭遇灾害袭击的社会成员的生活困境也是暂时的。因此，与其他社会保障制度相比，灾害救助虽然在总体上也是一项经常性的社会救助制度安排，但具体实施时却是非经常性的，因为只有发生需要国家与社会救助的灾害时才需要灾害救助，如果风调雨顺、平安无事，则灾害救助就不需要。

4.灾害救助的不确定性。由于灾害无法事先确定，灾害救助也就不同于其他社会保障制度安排，可以事先计划并按照确定的方案开展。灾害救助的不确定性，主要表现在于：一是灾害发生的不确定性，即灾害发生的时间、地点是不确定的，灾害救助也无法事先准确确定救助的时间与地区；二是灾害的损害后果是事先无法确定的，所需要救助的财力也是不确定的，虽然政府每年均有救灾的财政预算，但具体需要多少却要由具体的灾害事件来决定，这一特点决定了政府的救灾预算总是与实际需要的救灾支出不相符合的；三是救助的形式具有不确定性，它需要在灾害发生时根据不同灾民的受灾程度及需要，选择不同形式的救助。因此，灾害救助在形式上是一种预防性的社会保障制度安排，但实践中却需要临灾应变，灾害救助在实践中愈是有针对性，救灾的效果就愈好；反之，即使投入大量人力、财力，救灾的效果也可能不好。

灾害救助的上述特征，表明国家既需要将这一项目制度化并有常备不懈的应急机制，也强调要积累经验有临灾应变之策，既要有财政专款作为经济后盾，也要有救灾物资储备作物质基础等等。

三、灾害救助的方针及内容

灾害救助并不总是被动的，面对各种灾害的威胁，中国政府强调防灾、抗灾、救灾三结合，同时发动人民群众开展生产自救。其中：防灾是指对易发生灾害的地区在灾害发生前积极地采取预防措施，尽可能避免或减少灾害的发生，如建筑防洪坝和农田水利设施以防止洪水灾害，种植防沙林以防流沙袭击，加强病虫害预测预报以防治病虫害，提高建筑物的抗震标准以防止地震灾害等等，均可以减轻灾害及其危害。抗灾是指为抵御、控制和消除灾害的影响在灾情出现时，采取各种措施将损害后果降低到最低程度，包括紧急抢险、转移疏散灾区人口、抢种抢收农作物等。当灾害已经形成后，政府就应当迅速开展灾害救助，组织力量抢救人们的生命财产，安排灾民生活，尽快恢复灾后社会成员的正常生活。因此，人类社会在对付灾害袭击时，防灾、抗灾和救灾三者相辅相成。中国政府奉行的灾害救助方针是“依靠群众、依靠集体、生产自救、互助互济，辅之以国家必要的救济和扶持”。

同时，由于灾害是人类社会的共同敌人，灾害发生后往往容易引起同情，也能够得到广泛的援助。因此，各国的灾害救助往往还奉行官民结合的方针，即在灾害发生、时迅速发动社会各界参与到灾害救助中来，包括捐献款物、参与义工等。大的灾难发生时，还会得到国际社会的援助。如 2004 年 12 月发生的印度洋海啸，遭灾国家获得国际社会的援助就达数十亿美元，其中中国政府官方的援助近亿美元，民间的捐献也超过了 5 亿元人民币。

根据灾害救助的实践，其内容主要包括如下几个方面：

(1)救助灾民生命。灾害尤其是突发性重大自然灾害的发生是以造成人员伤亡和财产损失为特征的，因此，尽最大努力最大限度地减少灾区人员伤亡是灾害救助的最直接目的和基本内容。

(2)为灾民提供基本生活保障。灾害的发生往往使灾民的衣、食、住、医等生存条件丧失，这就要求灾害救助在抢救灾民生命的同时，还必须迅速解决好灾民基本生活问题，为灾民提供基本的生活资料，包括发放食物、水、搭建帐篷，以及提供必要的药品等救灾物品。

(3)安抚灾民情绪，实施精神救灾。大灾的发生不仅严重破坏灾民的生存条件，还冲击着灾民的精神和心理，从而产生不利于恢复的消极情绪和心态。实施精神救灾，安抚灾民情绪，重构被灾害破坏了的精神世界，日益成为各国灾害救助的重要内容。

(4)帮助灾民确立自行生存的能力。灾民自行生存能力，是指灾民在大规模救灾活动停止后，依靠自己的力量，进行正常的物质和精神生活的能力。当然，这并不意味着政府在灾后不再帮助灾民，许多国家在灾后也会出面帮助重建灾区社会，但主要依靠灾民自己来恢复受创的生活与生产条件。因此，恢复或帮助灾民确立自行生存的能力，既是灾害救助的重要内容，也是灾害救助的根本目的。

思考题

1. 社会救助有哪些特征？

2. 社会救助包括哪些内容？

3. 为什么说社会救助是第一道防线？

4. 最低生活保障制度有哪些基本内容？

5. 简述最低生活保障工作的程序。

6. 简述农村五保制度的基本内容及其特点。

7. 灾害救助有哪些特征？

第十一章 社会保障基金

第一节 社会保障基金概述

一、社会保障基金的概念及特点

从整个社会保障体系来看，社会保险基金是社会保障基金中最庞大、也是最重要的一种基金。从社会保险制度本身来看，社会保险基金是社会保险制度的物质基础，也是维系社会保险制度运行和健康发展的保障。社会保险基金是指为了保障保险对象的社会保险待遇，按照我国相关法律法规及相关规定，由缴费单位和缴费个人分别按缴费基数的一定比例缴纳以及通过其他合法方式筹集的专项资金。社会保险基金的本质是劳动者新创造价值的一部分，是从企业收入、劳动者收入和国家财政收入中分解出来的，用于发展社会保险事业的一种消费性的社会后备基金，是进行国民收入再分配的一种手段。一国社会保险制度的确立实际上是围绕社会保险基金的筹集、管理和使用而展开的。因此，社会保险基金是社会保险制度建立的核心，没有社会保险基金，社会保险制度就无从建立。社会保险基金由社会保险专门机构根据大数法则和实际支出需求，以法律强制集中起来的专用基金，专门用于补偿遭遇社会风险的劳动者的经济损失，是防范社会风险、确保劳动者基本生活需要和社会安全的最基本制度安排。

社会保险基金具有以下特点：

1. 强制性。社会保险基金是依据国家法律法规强制筹集的。依法具有缴费义务的参保人和参保人所在的用人单位必须按时、按法定标准缴纳社会保险费，任何单位或个人都不得违反法律，逃避缴纳社会保险费的义务。社会保险基金直接关系到参保人的切身利益，基金的管理和运营需要严格按照法律的规定进行。

2. 互济性。社会保险基金是通过国民收入的再分配形成的，统筹使用，使社会成员共同承担风险。社会保险基金按一定的标准筹集，但每个参加者社会风险发生的概率不同，社会成员所遭遇的风险和需求也并不完全相同，因此社会成员享受的社会保险待遇不一定等于其对社会保险基金的贡献，社会保险基金具有较强的互济性。社会保险的互济调节使用，保证了该制度的运行。

3. 储备性。社会保险基金是劳动者收入的延期支付，是预防未来不测风险的储备。社会保险的主要功能是防范和化解各种风险，风险的出现对每个人来说都是未来的或未知的，因此，必须未雨绸缪，预先作好足够的资金储备。

4. 专用性。社会保险基金是用来保障劳动者因社会风险（年老、疾病、伤残、失业、生育等风险）出现而造成暂时或永久性失去收入时，保障其基本生活需要的特定用途的基金，是劳动者和公民的“保命钱”，因此是一种专项资金，专款专用，任何机构或个人都不能挤占、挪用基金。专用性也决定了社会保险基金的管理需要分别建账，专款专用。

二、社会保障基金的类别、管理和统筹层次

（一）社会保障基金的分类

社会保障基金作为社会保障制度的现实基金基础，实际上是一个宏观的概念，它是由若干的社会保障制度、计划和项目的基金构成的。总体的社会保障基金反映着社会保障制度总量的水平，而分类的社会保障基金才是各种具体的社会保障制度运行的实质内容，是评价社会保障体系与功能结构的客观标志①。因此，了解社会保障基金的不同分类及其各自特点，是对社会保障基金运行有效管理和监控的前提。

社会保障基金可以按照不同的标准进行分类，常见的分类方法有以下几种：

1. 以基金的来源为依据进行分类，可以把社会保障基金划分为：财政性社会保障基金、缴费性社会保障基金、捐助性社会保障基金和运营盈利性社会保障基金。

2. 以基金储存和支付期限为依据进行分类，可以把社会保障基金划分为积累性（中、长期支付）社会保障基金和非积累性（及时支付）社会保障基金两种。

3. 以基金的功能和用途为依据进行划分，可以把社会保障基金划分为社会保险基金、社会福利基金和社会救济基金等。其中社会保险基金又可以细分为养老保险基金、医疗保险基金、失业保险基金、生育保险基金、工伤保险基金等。社会福利基金也可以细分为公共卫生基金、教育福利基金、住房公积金、优抚安置基金、残疾人福利基金等。社会救济基金也可以细分为农村扶贫基金、城乡低保基金、灾害救济基金等。

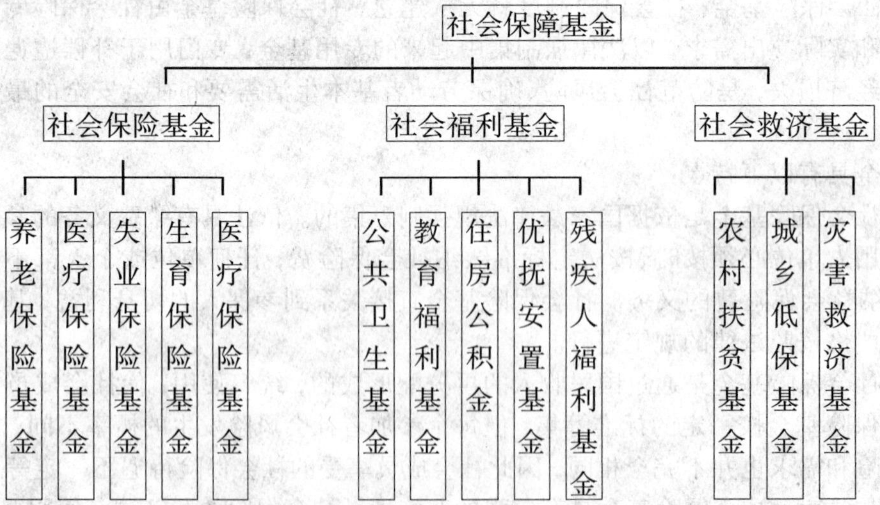

（二）社会保险基金的统筹层次

社会保险基金采取统筹方式即在全社会范围内对社会保险基金的来源和用途作出统一的

① 郑功成：《社会保障学》，商务印书馆 2000 年版。

规定、计划和安排，以发挥社会保险的功能，促进社会保险基金的保值和增值。

1. 基本养老保险逐步实行全国统筹

社会保险基金的统筹层次关系到在多大范围内调剂使用社会保险基金，统筹层次越高，参加社会保险的人数越多、保障效率越高、分散基金风险的能力越强。统筹层次的提高有利于发挥社会保险的互济和调剂功能，有利于促进劳动力市场的统一和劳动力的合理流动，有利于提高公民社会保险权利的公平性。

我国的养老保险经历了企业管理、低层次的社会化管理和较高层次的社会化管理的发展历程。在改革开放之前，我国长期实行企业养老制度，职工的退休金由企业在营业外列支，后来，逐步实行了行业统筹、地方统筹。在建立企业职工基本养老保险制度的时候，一些地区的养老保险实行的是县级、地市级统筹，过低的统筹层次，导致各地养老保险费率负担轻重不一，存在损害市场经济公平环境、影响劳动力自由流动等一系列问题。为解决这些问题，国家始终把加快基本养老保险的统筹层次作为一项重要工作来抓。

20 世纪 90 年代，我国开始提出省级统筹的概念。1997 年，国务院《关于建立统一的企业职工基本养老保险制度的决定》，进一步提出要加快我国基本养老保险基金省级统筹，“为有利于提高基本养老保险基金统筹层次和加强宏观管理，要逐步由县级统筹向省或省授权的地区统筹过渡”。2003 年，中共十六届三中全会通过的《关于完善社会主义市场经济体制若干问题的决定》明确指出:“建立健全省级养老保险调剂基金，在完善市级统筹的基础上，初步实行省级统筹，条件具备时实行基本养老金的基础部分全国统筹”。2005 年，国务院发布《完善关于企业职工基本养老保险制度的决定》，提出要尽快提高统筹层次，实现省级统筹，为建立全国统一的劳动力市场和促进劳动力合理流动创造条件。2007 年，财政部会同原劳动保障部下发了《关于推进企业职工基本养老保险省级统筹有关问题的通知》，制定了省级统筹标准。

《社会保险法》规定“基本养老保险基金逐步实行全国统筹”。这一规定明确了实现全国范围内的基本养老保险基金社会统筹即全国统筹才是基本养老保险制度发展的目标和方向。因为即使实现了省级统筹，不同省区之间的基金仍然无法调剂使用，仍然无法解决社会保险制度地方分割、劳动者权益不平等问题，更不可能从根本上理顺中央和地方政府在养老保险制度中的权责关系。实现全国统筹，才能体现社会保险是国家统一的法律制度的必然要求，才能充分发挥社会保险的互助共济和分散风险的作用，实现劳动力在全国范围内的自由流动;只有实现基本养老保险全国统筹，才能统一不同地区的企业缴费率，实现企业之间的公平竞争;只有实现全国统筹，才能确保劳动者的养老保险权益不在流动中受到损失;只有实现全国统筹，才能充分发挥基本养老保险制度的公平性和有效性，实现不同地区、不同收入群体之间责任的公平分担，从根本上保证养老保险基金的完整与安全，发挥基金的最大调剂功能，最终促使基本养老保险制度的自我平衡和自我发展。

基本养老保险基金全国统筹的基本含义是:在统一制度、统一管理机构、统一缴费比例、统一养老金计发办法的基础上，实现基本养老金的统收统支。[①] 全国统筹并不意味着所有地区都按照相同的工资标准缴费和计发。在全国统筹的条件下，职工仍然按照实际工作水平缴费，基础养老金仍然是以当地平均工资和个人指数化缴费工资为基础，按照一定比例发放。

① 郑功成:《实现全国统筹是基本养老保险制度刻不容缓的既定目标》,《理论前言》2008 年第 18 期。

养老保险全国统筹的规定体现了社会保险制度发展的规律，也是我国基本养老保险制度发展的方向。《社会保险法》作了积极的、具有前瞻性的规定。

《“十二五”规划纲要》要求“全面落实城镇职工基本养老保险省级统筹，实现基础养老金全国统筹”。吴晓灵在《社会保险法》审议时表示，基本养老保险全国统筹速度越慢差别就会越大，最后统筹起来的缺口就越大、负担就越重，耗时越长全国统筹就越加困难。因此，主政者应当下定决心，为《社会保险法》制定的配套法规文件也应当设定全国统筹的时间表，确保全国统筹的实现。

2. 其他社会保险基金统筹层次

除了基本养老保险基金以外，我国其他社会保险的统筹层次总体上比较低且不统一。

关于基本医疗保险的统筹层次，根据国务院《关于建立城镇职工基本医疗保险制度的决定》，基本医疗保险原则上以地级以上行政区（包括地、市、州、盟）为统筹单位，也可以以县（市）为统筹单位，北京、天津、上海三个直辖市原则上在全市范围内实行统筹。

关于工伤保险的统筹层次，原《工伤保险条例》第 11 条规定：“工伤保险基金在直辖市和设区的市实行全市统筹，其他地区的统筹层次由省、自治区人民政府确定。”目前，我国工伤保险以中心城市或者地级市为主实行工伤保险费用统筹，有的地方实行县级统筹。新《工伤保险条例》规定，工伤保险基金逐步实行省级统筹，这就明确了工伤保险的法定统筹层次是省级统筹，为工伤保险统筹层次的提高提供了依据。

关于失业保险基金的统筹层次，《失业保险条例》规定，失业保险基金在直辖市和设区的市实行全市统筹；其他地区的统筹层次由省、自治区人民政府规定。

关于生育保险的统筹层次，一般是按照行政区域划分的市、县（区）为单位组织实施。1997 年劳动部颁布的《生育保险覆盖计划》规定，生育保险的统筹要求由县级统筹向地区统筹过渡，在某一行政区域内所辖的各类企业，不分企业的隶属关系，一律实行所在地的生育保险制度改革，执行当地统一的缴费标准及有关政策规定。

根据社会保险的“大数法则”，社会保险的统筹范围越大，社会保险的互助互济和抗风险能力越强，所以，从理论上讲，其他社会保险基金的统筹层次也应尽可能提高。然而，社会保险的统筹层次还需考虑不同险种的特征，社会保险的不同险种的大数法则要求不同，基本养老保险实行部分积累制，统筹层次要求较高，而医疗、工伤、失业和生育保险实行现收现付制，相对于基本养老保险，统筹层次要求可以低一些。此外，社会保险统筹层次也应当和社会经济发展水平相适应，恰当处理公平与效率的关系。因此，《社会保险法》规定：“其他社会保险基金逐步实行省级统筹，具体时间、步骤由国务院规定。”也就是说，其他社会保险基金以省级统筹为目标，由国务院确定实施的时间和步骤。

三、社会保障基金的功能

社会保障基金具有政治的、经济的和社会的多重功能，主要表现在以下方面：

（一）提供收入补偿

社会保障基金的收入补偿性功能，就是保障劳动者在遭遇社会经济风险事故，暂时或失去经济收入时，能从社会保障计划、项目中得到保险金以补偿收入损失。社会保障基金的这项功能，是为了保障劳动者在遭遇风险事故时，例如年老退休、失业、工伤、疾病或生育等情况下，仍能得到适当补助以维持自己及家人的基本生活水平。

（二）均衡社会消费

社会保障基金的均衡消费功能，就是通过居民收入的转移支付或延期支付，使用于消费的居民收入在每一时期保持大体的均衡，从而维持社会消费品供求关系的平衡。收入的转移支付是指通过社会保障基金的收缴和给付，使国民财富在富裕者和贫穷者之间、在职者和失业者之间、健康者和患病者之间、健全者和残疾者之间、工作者和退休者之间、非生育者和生育者之间、非受灾者和受灾者之间进行比较均衡的分配，使得暂时或永久失去经济收入的人们仍能得到可用于购买消费品的收入补偿。收入的延期支付在积累式社会养老保险计划中体现得较为明显，它是指通过社会养老保险基金的收缴和给付，使收入在在职工作时和退休离职时保持比较均衡的分配，从而保证退休离职后的人们仍有一定的经济收入以保持与在职时大致相当的消费水平。即使在现收现付式的养老保险计划中，收入延期支付的功能仍然存在，因为在现收现付式养老保险计划中，退休者的收入补偿，看似是从后代在职者的缴费中得到，实际上，每一代劳动者在工作时已经创造了可用作退休养老的那部分价值，只是这部分价值没有以个人账户的形式积累起来，而是当期支付给了已经退休的人，所以从后代在职劳动的缴费中得到的养老金，也可看作是退休者自己创造的价值的延期消费。

（三）激活资金市场

为满足未来的、长期的支付需求而积累起来的庞大的社会保障基金（如养老保险基金），有可能形成国家的建设资金而对金融市场的繁荣起积极作用。在金市场中，不同的金融工具如银行存款、公司债券、公司股票、国家建设债券、抵押贷款、不动产投资等，其利润率、安全性、回收期、变现能力等各不相同，可以根据各社会保障制度、计划和项目的基金的特点进行多方面的投资，在基金保值增值的同时，也使金融市场获得长期的、稳定的资金来源。

（四）规避社会风险

规避社会风险社会保障基金的一个重要功能，就是通过基金的积累和调剂余缺，达到规避社会经济风险的目的。在众多的社会经济风险中，有些风险是可以预测的，如年老退休等；有些风险是不可预测的，如疾病、伤残等；有些风险是当事人可以控制的，如生育等；有些风险是人类无法控制的，如灾害等；有些风险是既可预测又无法预测的，如退休及退休以后的余寿；有些风险是既无法控制又可控制的，如失业及失业以后的再就业；有些风险是可以通过社会保障制度的实施而趋于减小的，如贫困等；有些风险即便有社会保障制度也会越来越大的，如人口老龄化等。正因为有如此之多的社会经济风险，而且风险情况又各不相同，所以人类必须在风险发生之前未雨绸缪，预先准备好足够的资金，以满足风险发生时的支付需求。

（五）体现社会公平

社会保障基金的收缴和支付，实质上是国民收入的再分配。之所以要进行再分配，是因为市场机制造成了社会的不公平现象。在市场经济体制中，通行的是效率原则和竞争原则，一些人因社会的或个人的原因，无法适应市场经济环境，所以被边缘化为社会的弱势者。但是，人类社会是一个相互联系相互依存的整体，不同于动植物界通行的适者生存、优胜劣汰的原则，人类社会要讲平等、公正，要扶助弱者，要和睦相处。社会保障基金的设立，就是要起到在经济上扶助弱者从而体现社会公平的作用。

第二节　社会保障基金筹集管理

社会保险费征缴是由专门机构向用人单位和劳动者筹集社会保险基金的制度。社会保险费征缴是社会保险筹资的重要途径，因而构成社会保险制度的重要组成部分。我国社会保险费实行统一征缴的原则。社会保险费征缴由社会保险登记制度、社会保险费征收制度（含用人单位及职工的申报缴纳社会保险费制度，社会保险费征收机构的社会保险费征收制度，社会保险费征收的执行制度等）等一系列具体制度规则组成。

一、社会保险费征收的统一征收原则及其实施

社会保险费的征收是社会保险制度的重要组成部分，体现了社会保险制度体系“权利与义务相结合的原则”。为落实社会保险费的征缴工作，国务院于 1999 年专门制定出台《社会保险费征缴暂行条例》。该条例确定社会保险费集中、统一征收的基本原则。

《社会保险法》的出台，明确了“统一征收社会保险费”的原则，但究竟由哪一机构征收社会保险费？《社会保险法》对此并未作出明确定论，将决定权授予给国务院行使。对此内容，可以从如下三方面理解：

1. 县级以上各级政府对社会保险费征收制度的领导职责。征收社会保险费并不仅仅是社会保险费征收机构的职责，县级以上各级政负有加强征收工作的领导职责。

2. 社会保险费的统一征收制度。在立法过程中，一些常委会委员和有关部门、地方提出，现在有些地方不同险种的社会保险费征收机构不统一，这既影响了征收效率，又增加了征收成本。同时也不方便用人单位和个人缴费。因此建议立法对于社会保险费征收机构作出更为明确、统一的规定。考虑到这些因素，全国人大法律委员会会同国务院法制办、人力资源和社会保障部等进行研究，最终作出“社会保险费实行统一征收”的规定。

3. 国务院的细则设定权限。统一征求社会保险费势必要求统一社会保险费征收机构。《社会保险法》将统一的机构、实施步骤和具体方法交由国务院来规定。

二、社会保险费的申报缴纳制度

我国社会保险费的征缴实行用人单位申报与社会保险费征收机构审核相结合的模式。社会保险费的申报缴纳制度，包括一般情况下用人单位申报、缴纳社会保险费的规则，以及特殊情形下个人直接缴纳社会保险费。

社会保险的强制性决定了社会保险费采取征缴的方式，必然要求参加社会保险的主体应当在法定时间、按照法定标准缴纳社会保险费，或者由专门机构直接收取。因此就用人单位而言，在申报、缴纳社会保险费方面，用人单位应当自行申报、按时足额缴纳社会保险费，但存在特定例外。为规范申报缴纳工作，1999 年国务院出台《社会保险费征缴暂行条例》，同年原劳动和社会保障部还曾印发《社会保险费申报管理暂行办法》（1999 年劳动和社会保障部令第 2 号）。《工伤保险条例》《失业保险条例》《企业职工生育保险试行办法》等行政法规，国务院部门规章中也有关于申报、征缴的原则性规定。就劳动者而言，一般情况下由用人单位代扣代缴社会保险费。无雇工的个体工商户、未在用人单位参加社会保险的非全日制从业人员以及其他灵活就业人员，这些劳动者群体自己直接向社会保险费征收机构缴纳社会保险费。

《社会保险法》确定了关于社会保险费申报缴纳的一系列规则，可以从用人单位的义务及其例外展开：

（一）用人单位自行申报社会保险费的义务

用人单位应当每月在规定的时间内，自行向社会保险费征收机构申报本单位当月应当缴纳的社会保险费。根据职工人数、缴费工资基数变化情况，在每月规定期间，向社会保险费征收机构报送社会保险费缴费申报表、代扣代缴明细表、社会保险费变动申报表等资料。用人单位不按时申报或申报不符事实或不符法律规定的，社会保险费征收机构可以根据《社会保险法》第62条等相关条款依法推定社会保险费应缴纳数额。

（二）用人单位按时足额缴纳社会保险费的义务

用人单位自行申报后，应按申报的数额按时足额缴纳社会保险费。从世界各国看，社会保险税费的缴纳期间一般都有明确规定，大致有按周缴纳、按月缴纳和按季缴纳三种。我国社会保险费的征收实行按月缴纳。如果未依法履行按时足额缴纳的职责，社会保险费征收机构应当向其发出《社会保险费催缴通知书》。用人单位须依法承担相应法律责任，包括滞纳金以及可能的行政处罚。

（三）用人单位按时足额缴纳社会保险费的例外情形

《社会保险法》从现实出发，切合规定按时足额缴纳社会保险费为原则，缓缴、减免为例外的规则。可以缓缴、减免的情形包括：不可抗力及其他法定事由。

所谓“不可抗力”是指：不能预见、不能避免且不能克服的客观情况。比如，发生台风、地震等自然灾害导致用人单位无法按时足额缴纳的，应当允许缓缴。除不可抗力之外，发生其他法定事由也可能构成缓缴、减免的条件。其他法定事由的项目、内容和要件，其具体规则还有待国务院、社会保险行政主管部门、最高人民法院的解释来加以明确化。

人力资源和社会保障部2011年6月29日公布的《实施〈中华人民共和国社会保险法〉若干规定》对社会保险费的暂缓缴纳的实体条件、申请批准程序和效果予以具体化。包括：暂缓缴纳的实体条件是因不可抗力造成生产经营出现严重困难；程序条件是经过省级政府社会保险行政部门的批准；其批准暂缓缴纳之后，可以暂缓缴纳一定期限（一般不超过一年）的社会保险费，暂缓缴费期间免受滞纳金。在设定的暂缓期届满之后，用人单位应当缴纳相应的社会保险费。在暂缓缴纳社会保险费期间，不影响其职工依法享受社会保险待遇。

（四）用人单位代扣代缴职工应缴纳的社会保险费的规则

职工应当缴纳的社会保险费由其所在的用人单位予以代扣代缴。代扣代缴是用人单位的法定义务，用人单位不得拒绝代扣代缴，也不得要求职工自行申报缴纳其社会保险费。用人单位代扣代缴之后，应当按月告知职工缴纳社会保险费情况的职责。即职工对社会保险费缴纳享有知情权。

（五）非属于特定用人单位的劳动者自行缴纳社会保险费的规则

适用群体包括无雇工的个体工商户、未在用人单位参加社会保险的非全日制从业人员，其他各种灵活就业人员。这些群体的自行进行社会保险登记，在社会保险费缴纳方面，也是自行缴纳社会保险费。即，社会保险费的缴纳方式是自己直接向社会保险费征收机构缴纳。

三、社会保障基金的筹集模式及其比较

为达到收支平衡的理想目标，社会保障基金的筹集可以分为三种模式①：

1. 现收现付式

这种筹资模式（也称现收现付制）适用于大部分社会保障计划。要求以近期内横向收支平衡原则为指导筹集基金。具体做法是：先做出一年内某项社会保障计划，如养老保险计划、失业保险计划、医疗保险计划等所需支出的费用预算，然后按照一定比例分摊到参加该项计划的所有单位和个人，当年收缴、当年支付。该筹资模式的特点是国民收入在不同群体间进行转移支付，如健康者向患病者转移支付，在职者向失业者转移支付，在职者向退休者转移支付。

2. 完全积累式

这种筹资模式（也称完全积累制）比较适用于养老保险计划、住房公积金计划、教育投资计划等。要求以远期纵向收支平衡原则为指导筹集基金。具体做法是：在预测未来养老、购房、教育支出需求的基础上，确定一个可以保证在相当长的时期内收支平衡的总平均收费率，然后将其分摊到保险对象的整个投保期。这种筹资模式的特点是储蓄积累，即现时筹资为将来之用，资金沉淀形成基金，所以这种筹资模式也称完全基金模式。

3. 部分积累式

这是一种把近期横向收支平衡原则与远期纵向收支平衡原则结合起来的筹资模式（也称部分积累制），也比较适用于养老保险等社会保障计划。具体做法是：在测算出当年（或近几年）养老保险支出需求的基础上，按一个高于满足现时支付需求的收费率向法定缴费对象收缴资金，筹得资金在满足现时支付需要的前提下，留出一定的储备以满足未来的支付需要。这种筹资模式的特点是不同主体间的转移支付与自身收入延期支付并存，这种筹资模式也称部分基金模式。

现收现付式的优点是：计算方便、操作简单；费率调整及时、灵活，利于保持收支平衡；有利于体现社会保障的互助互利的功能；没有或较少基金沉淀，可以避免通货膨胀造成的基金贬值风险。其缺点是：不同群体间的转移支付会使不同时期加入保障计划的人员的供款和收益失衡；由于当期收入当期支出没有资金积累，不利于促进储蓄和资金市场的发育；在社会经济风险事故（如人口老龄化）严重情况下，保障金支付压力的增大会使收支平衡难以实现，从而动摇整个制度的维持和发展。

完全积累式的优点是：在科学预测基础上通过适当的收费率实现的基金积累，能化解社会经济风险事故（如人口老龄化）加剧时所带来的不断上涨的社会保险金的支付压力；因不存在不同群体间的转移支付，所以避免了由此引起的许多矛盾冲突；积累的资金通过合理的投资可以促进资本市场的发展；采用个人账户实行基金积累增强了投保主体的社会保险意识，避免了漏逃缴费现象的发生。其缺点是：数额巨大的积累基金投资增值的压力大；受工资、物价变动等通货膨胀因素的影响，积累基金贬值的风险大；采用个人账户式的自助方式，缺乏社会互助性，再分配功能弱化；由现收现付制向基金积累制转化的难度大，初期的缴费负担过重；对金融市场的发育程度和规范程度要求高，很多发展中国家难以做到。

---

① 史柏年：《中国社会养老保险制度研究》，经济管理出版社，1999。

部分积累式实际上是介于现收现付制和完全积累制两者之间的一种筹资形式。其好处是所筹措资金既为原制度中的受益人提供保障，又为新制度中的投保人积累了将来的保障基金;相对于现收现付制的无基金积累而言，部分积累制有了资金的沉淀积累，有利于促进资本市场的发育和经济的发展;相对于完全积累制庞大积累基金而言，部分积累制基金增幅较慢，数额较少，基金的投资风险和贬值压力相对也小了许多。其缺点是:由于处于新老制度的交替转轨中，在职职工要承担为原制度受益人的现时保障待遇供款和为自己将来保障待遇筹款的双重负担，企业和职工个人的缴费压力较大。

四、社会保障基金的给付标准和形式

社会保障基金的给付是社会保障的专门机构按照社会保障规定的项目、条件和标准，支付给被保障人或受益人应享受的保障待遇的过程①。

(一)社会保障基金的给付标准

社会保障给付标准，也称社会保障待遇水平，是指社会保障各个项目按照规定向受益人支付金额、实物和服务的数额②。

尽管不同国家在各项社会保障项目上的给付标准有所区别，但遵从的原则大致相同，即不同层次的社会保障项目保障受益人不同层次的生活水平。

一般说来，各国社会保障制度体系中的社会救济项目，如儿童救助、残疾人救助、老人救助、灾民救助、贫困家庭救助等项目的给付标准，是保障受助家庭和个人享有当时当地的最低生活。所谓最低生活，就是为维持生存所必需的最低限度的饮食、衣着和居住条件。享有最低生活保障，是现代社会每一个公民的基本权利，也是政府应该尽到的责任和义务。

各国社会保障制度体系中的社会保险项目，如养老保险、失业保险、工伤保险、医疗保险和生育保险等项目的给付标准，是必须保证受益人能够享有基本生活。所谓基本生活，就是维持受益人与在职有工资收入时相差不大的生活水平。因此，社会保险项目的给付标准，往往按照受益人在职时的工资水平来核定。一般说来，社会保险项目的给付标准都相当于并低于受益人在职时的工资水平。之所以要相当于在职时的工资水平，是因为暂时或永久失去收入的曾经的劳动者们，在职期间已经为社会创造了财富，有的还直接为社会保险项目缴纳了税费，所以他们理应享有较合理体面的生活。之所以要低于在职时的工资水平，是因为他们现在不再继续创造社会财富，为了激励仍然在职人员的工作积极性，有必要保持两部分人的生活的适当差距。

社会保障制度体系中的社会福利，是指国家和社会为改善和提高全体社会成员的物质和精神生活所举办的社会保障项目，如社区福利服务、妇女儿童福利、企业职工福利、住房福利、公共卫生福利、教育福利等。社会福利项目的给付标准，要根据国民的发展需要以及国家的财政实力来确定。对于广大国民而言，社会福利待遇并不像社会救济和社会保险项目那样，是关系最起码生存条件或基本生活水平的保障，社会福利是国民在工资之外从国家或集体获得的一份额外收入，因此有“社会工资”之称。既然是额外，又不关系国民的最起码或基本生活条件，就要从国民的发展需要出发，根据国家的财力状况量力而行，而不应该把标准定得

① 苏振芳:《社会保障概论》，中国审计出版社、中国社会出版社，2001。

② 刘燕生:《社会保障事典》，当代中国出版社，1998。

太高。这样做的目的，是为将有限的国家财力用到更大的范围，更多人能够享受社会保障，从而更好地促进社会的进步和国民的发展。

（二）社会保障基金的给付形式

社会保障基金的给付形式，可以按照不同的标准加以区分：

1. 以给付的次数作为标准，社会保障基金给付可以分为一次性给付和多次性给付两种形式。一般说来，对于那些突发性的且持续时间不长的社会经济风险事故，如水灾、旱灾或家人重病住院等，社会救济活动往往是一次性的给付，如救灾物资的一次性发放，家庭生活费的一次性补贴等，等到风险事故过去，如灾情消除，或家人病愈出院，救济活动就没有必要继续。而有的社会经济风险事故持续的时间较长，给当事人造成的影响较大，所以需要多次给付才能帮助当事人摆脱困境，如因工致伤致残、长期失业等。另外，有的社会保障项目，对于相同的保障内容，却对保障对象区别采用不同的待遇给付方式，有的一次性给付，而有的多次性给付。例如，1997 年国务院颁发的《关于建立统一的企业职工基本养老保险制度的决定》规定：本决定实施后参加工作的职工，个人缴费年限累计满 15 年的，退休后按月发给基本养老金；个人缴费年限累计不满 15 年的，退休后其个人账户储存额一次支付给个人。

2. 以给付的时间作为标准，社会保障基金给付可以分为长期性给付和阶段性给付两种形式。有些社会保障对象，因为种种原因永久性地失去了劳动能力和工资收入，因而是社会保障待遇的长期享用者，可以长期获得社会保障待遇，如加入养老保险计划的退休职工，可以从退休之日起直至死亡前，始终从有关机构领取养老金。因工致伤致残而永久失去劳动能力的职工也是如此，只要他已经加入有关的保险计划，就能长期享受保障待遇。而有的保障对象，只是暂时性地失去劳动机会或能力，如失业者、生育期的女职工等，只能阶段性地享受有关保险待遇，等到相关的条件不具备时便不能再享受相关待遇。

3. 以社会保障项目作为标准，社会保障基金给付可以分为社会救济待遇给付、社会保险待遇给付、社会福利待遇给付等，而每一类社会保障项目中，又有众多的分项目的待遇给付。如社会救济中，又可分为农村扶贫项目钱物发放、农村“五保”人员生活安置、城镇最低生活保障金发放、灾区救灾钱物发放等。社会保险中，又可分为养老金发放、医疗费报销、失业金发放、工伤保险金发放、女职工产假工资给付和生育医疗补助等。社会福利中，又可分为公共卫生设施投入、教育补助金发放、学费减免、住房公积金补贴、自建住房职工低息贷款、经济适用房优惠销售等。

4. 以社会保障待遇的给付内容作为标准，可以把社会保障基金给付分为现金援助、实物供应和服务提供三种形式。最初的社会保障待遇往往是提供食物和衣物，现金援助和服务提供的形式比较少见。进入现代社会以后，随着社会经济的发展，以及人们生活需求的多样化，现金援助、实物供应和服务提供同时形成了社会保障基金给付的主体①。其中：现金援助随着社会保险制度的确立以及众多现金津贴型社会救济项目的开展而成为社会保障待遇给付最主要的组成部分，它包括养老金、失业保险金、工伤保险金等社会保险待遇，以及救济金、各种现金津贴及补助等，一些国家还采取以工代赈的方式对保障对象给予现金援助。实物供应的形式虽然有减少的趋势，但依然在社会保障基金给付中占据重要地位。它又包括直接发

① 郑功成著：《社会保障学》，商务印书馆，2000。

放实物和发放食物券两种方式。服务提供是随着社会福利的不断发展而呈增长势头的一种社会保障待遇给付形式，它虽然不以物化劳动价值的形式出现，但其中也包含了社会劳动价值，即人的劳力和智力的付出，是满足现代社会人们多样化需求的必要的服务保障，包括医疗保健服务、老年人家务助理、残疾人康复服务、婚姻家庭咨询、青少年发展服务、犯罪人员社区矫正等。

五、社会保险费征缴的制度保障

用人单位欠缴社会保险费是长期干扰我国社会保险制度健康运行的严重问题。关于对用人单位欠缴社会保险费的治理，《社会保险法》在以往法规、规章和政策文件的基础上，予以高度关注并在多处予以规范；为保证社会保险的按时足额缴纳，特别规定了逐步递进的制度保障措施，依次采取以下措施：

1. 社会保险费征收机构责令限期缴纳或补足

如果用人单位未按时足额缴纳社会保险费，社会保险费征收机构应当责令该用人单位限期缴纳或补足。其具体方式是向用人单 位发出《社会保险费催缴通知书》，要求用人单位按照通知书的要求及时缴纳或补足欠缴的社会保险费。

2. 查询存款账户，申请县级以上有关行政部门从账户中划拨社会保险费

社会保险费征收机构责令限期缴纳或补足后，待到所设定期限届满，如用人单位仍不缴纳或补足社会保险费，则社会保险费征收机构可以向银行和其他金融机构查询其存款账户。

根据《商业银行法》第30条的规定，对单位存款，商业银行有权拒绝任何单位或者个人查询，但法律、行政法规另有规定的除外；商业银行有权拒绝任何单位或者个人冻结、扣划，但法律另有规定的除外。因此，根据《社会保险法》的规定，在符合《社会保险法》所设定的条件下，有权机关可以查询单位存款账户，可以作出冻结、扣划决定。

社会保险费征收机构虽然可以查询用人单位的存款账户，但无权划拨账户。如社会保险费征收机构认为需要划拨用人单位的账户的，应当申请县级以上有关行政部门作出划拨社会保险费的决定。根据该划拨决定，社会保险费征收机构书面通知用人单位的开户银行或者其他金融机构划拨社会保险费。

划拨属于行政强制执行的方式，针对用人单位的财产，即存款账户采取直接、具有强制效力的手段。由于我国《行政强制法》尚未出台，划拨等行政强制执行措施尚无严格、系统的法律规范。从行政强制执行的一般原理而言，划拨的采取应当具有主体、程序和方式的法定性，遵循行政法上的“比例原则”等。

3. 要求提供担保，签订延期缴费协议

这一步骤的前提是，社会保险费征收机构已经划拨用人单位的账户，但账户余额少于应当缴纳的社会保险费。这时，社会保险费征收机构可以要求该用人单位提供担保并签订延期缴费协议。根据《实施〈中华人民共和国社会保险法〉若干规定》，用人单位提供担保并签订延期缴费协议的，在协商确定的缓交期限内，免收滞纳金，也不影响该用人单位职工依法享受社会保险待遇。

4. 申请法院强制执行

如果用人单位既不足额缴纳社会保险费，又拒绝提供担保，社会保险费征收机构的最后选择是，向法院申请强制执行。

根据《行政诉讼法》第66条的规定，公民、法人或者其他组织对具体行政行为在法定期限内不提起诉讼又不执行的，行政机关可以申请法院强制执行，或者依法强制执行。根据《最高人民法院关于执行〈行政诉讼法〉若干问题的解释》第87条的规定，法律、法规没有赋予行政机关强制执行权，行政机关申请人民法院强制执行的，人民法院应当依法受理。法律、法规规定既可以由行政机关依法强制执行，也可以申请人民法院强制执行，行政机关申请人民法院强制执行的，人民法院可以依法受理。据此，用人单位未足额缴纳社会会保险费且拒绝提供担保的，社会保险费征收机构可以申请法院强制执行，即“非诉执行”。

第三节　社会保障基金的运营

一、社会保障基金的形态和运营的原则

(一)社会保障基金的形态

社会保障基金是为实施各项社会保障计划、项目而筹集和积累起来的，用以保障社会成员在遭遇社会经济风险事故时所需的、专款专用的资金。为了应付将来社会保障计划、项目日益增加的支付压力，就需要通过不断的筹集和积累以形成庞大的基金，因此，基金储存是现代社会保障制度的一种经常性的现象。此外，即便是采取现收现付制的一些社会保障计划、项目，由于筹集资金和待遇给付之间存在着长短不等的时间差，所以也会有规模不小的资金处于储存待付的状态。

社会保障基金一般由三种形态的基金组成:(1)以个人消费基金形态表现的，返还或分配给保障对象的社会保障金;(2)以社会消费基金形态表现的社会服务设施保障基金;(3)以后备基金形态表现的，被储存积累起来以应付将来支付所需的社会保障基金。

(二)社会保障基金运营的基本原则

社会保障基金的运营包括社会保障基金的日常给付，以及为实现保值增值而将基金向各种方向的投放①。有关基金的日常给付问题，我们已在前面论及，这里所谈到的基金运营，主要是指为实现保值增值而将基金向各种方向的投放。

积累起来的庞大的社会保障基金，尤其是以后备基金形态表现的社会保障基金，需要以适当的方式和途径投入资本市场，通过资金运营以实现基金的保值增值。社会保障基金运营应遵循以下基本原则:

1. 安全性原则

所谓安全性原则，就是运营时必须保证投放出去的社会保障基金能按期如数收回。这是各项社会保障基金运营必须遵从的基本原则，也是国家对各级社会保障经办机构进行基金运营的最起码要求。进行社会保障基金投资方向的选择时，首先要考虑的是安全性原则，只有切实保障基金安全，才能保证保障对象按时足额领取保障金。如果投资风险过大，不仅得不到预期的投资收益，还可能无法回收投资本金而造成亏空，使整个社会保障计划、项目面临

① 刘燕生:《社会保障事典》，当代中国出版社,1998。

支付困境。为了保证基金运营的安全，有些国家规定，必须将一定比例的基金用来购买国家发行的各种债券。例如，在美国，政府规定社会保险基金应主要用于购买长期国库券和短期公债;英国规定主要用于购买国家发行的公债。还有，把基金放入国家银行生息，或经过国家金融机构帮助，把基金用于贷款收益，也都是安全性比较大的投资方向，因为这些金融工具的背后都有国家做后盾，有国家财政作最后的保障。

2. 盈利性原则

在社会工资水平和物价水平不断提升的情况下，社会保障金的给付水平也在不断走高，基金如果静态存放着，实际上就会出现贬值，就不能达到原定的保障目标。所以，需要通过运营使得基金数额不断增加，从而消除因通货膨胀原因而造成的基金贬值风险，还要尽可能实现基金增值，这就是基金运营的盈利性原则。尽可能争取投资盈利，是社会保障基金运营的目的，因为它是社会保障计划、项目可持续发展的重要保证。要在符合安全性原则的前提下，保证投资能够获得尽可能大的收益，就要在购买国家债券和存入银行生息之外，寻找更多的投资方向，例如购买有价证券、投资不动产、提供抵押贷款等。

3. 流动性原则

为了满足社会保障资金不同时期的给付需求，在基金的投资中，必须注意适当保持基金的流动性，即保证有足够的资金在需要支付时可以随时变现。社会保障计划、项目中，有些给付支出因为是定期定额的，所以是可以预先测算的。如养老金的支付等。而有些给付支出因为有各种变数影响着，所以是较难预先准确测算的。如医疗保险费的支出、工伤保险费的支出等。因此，在社会保障基金运营中，要有足够规模的基金处于随时可以流动的状态，不能因为短期投资的利润率低，而将所有或大部分基金投向长期经营项目，如房地产建设投资、基础交通建设投资等。

4. 多样性原则

在现实社会中，任何投资方式和方向都是利弊共存的。有的投资方向安全性强，但盈利性小;有的投资方向盈利可能性大，但风险也大;有的投资方向回报率高，但资金积压时间长;有的投资方向流动性强，但利润率低。要达到社会保障基金既安全又盈利的目的，要满足社会保障基金短期支付和长期储存的要求，基金的运营方向就不能太单一，而要注意多样性地选择，要将安全性大的和安全性小的、回报率高的和回报率低的、基金积压时间长的和积压时间短的各种投资方向组合起来，这样才能达到既安全、又盈利、又有适当流动性的基金运营目标。

二、社会保障基金运营的多种方式

(一)社会保障基金有效投资运营的条件

社会保障基金的有效投资运营需要有发育成熟的、完善的资本市场，而资本市场的成熟与完善，取决于以下三方面的条件：

1. 投资的多样性

即资本的投向不存在或很少存在主观客观方面的限制，有多种渠道和多样化的金融工具可供选择和组合，如银行储存、购买国债、基础工程投资、购买股票、持有公司债券、参与信贷等等。资本的投资是有风险的，但正因为其有风险才可能有较高的回报，而风险是可以通过分散组合的投资加以规避的，其前提就是有多样化的投资渠道可供选择。我国在相当长时间里规定，企业职工基本养老保险基金除了留足两个月的支付额外，必须全部存入银行账户或购买政府债券，不得作任何其他方面的投资，相对于社会保障基金要求保值增值的多样性投资需求而言，这种资本运作方式是不完善的。

2. 资本的流动性

要求投资的多样性实际上涵盖了资本流动性的要求，之所以再单独提出来，是想说明积累基金除了在国内资本市场自由流动外，还应该在国际资本市场上流动。因为各国的经济发展状况是不一样的，资本的投资利率也千差万别，如果允许资本在国际间分散投资，既可以提高基金的安全性，又可以使增长缓慢的国家和社会保障制度受益者能够从高增长国家的较高产出中获利。

3. 管理的规范性

所谓规范，就是按资本金融市场的固有规则运作，排除长官意志等人为因素干扰。现收现付制筹资模式由于没有庞大的积累基金，其计算简单、运行方便的特点使其适用于较广泛的社会环境；而积累式筹资模式由于积累了越来越多的基金，所以对资本运营的环境要求较高。如果社会中存在过多的违背经济规律的干扰因素，资本的投向不按安全性、盈利性、流动性、多样性的原则，而是按某些人的主观意志运行，那么基金就会风险性大增而效益性大减，积累制的优势和长处就会被大打折扣。在一些工业化国家中，由于资本市场的运作比较规范，资金投资可以按固有的增值规律进行运营，所以庞大的积累基金对它而言是一个丰沛的资源；而在一些资本金融市场运作不规范的发展中国家，资金投资往往由某些长官个人主观决策，投资利率难以达到预期目标，有些资金甚至被挤占、挪用，不但无利率可言，甚至会连本钱都亏掉。对于这些国家而言，巨大的积累基金非但不是促进经济发展的有利资源，反而会成为一个风险巨大的沉重包袱。这样的国家不宜采用积累制的社会保障制度。

（二）可供投资运营选择的诸种金融工具

一般而言，社会保障基金投资运营有以下金融工具可供选择：

1. 银行存款

从广义上理解，银行存款也是一种投资，而且一般认为这种投资是无风险或风险最小的投资。不过也正因如此，这种投资的收益率也最低。而且受银行利率调整的影响较大，使基金投资的预期收益无法确定。由于银行存款的利率较低，往往跟不上物价上涨的水平，所以在通货膨胀时期，基金的名义价值增值而实际价值贬值。因此，世界上以银行存款形式保存社会保障基金的国家并不是很多，即便以银行存款的形式进行投资，其比例也不宜很大。

2. 购买政府发行的有价证券

政府发行的有价证券包括国库券、国家建设债券、金融债券、财政债券、基本建设债券等等。这种投资的特点，一是安全性较强，有国家或地方金融机构作担保，债券投资的还本付息是有保障的；二是利率较之银行存款高，且利率事先确定，收益可以精确地预期；三是流动性较强，有上市交易变现的能力，也可作为抵押品获得贷款。正因为购买债券符合社会保障基金运营的安全、获利、流动三大原则，所以这种投资形式为许多国家所采用。

3. 购买公司股票

这是一种收益高、变现性强、投机性及风险性大的投资。从收益角度看，因为用基金购买了股票表示对股票发行单位的资产拥有了所有权，随着企业的经营壮大，股票所代表的实际价值也在增长，而且这种增长速度一般要高于银行借贷利率和政府债券利率，所以，投资股票具有最强的抵制通货膨胀对资产贬值影响的能力。当然，也正因为这种投资的获利与股票发行企业的经营状况以及整体经济形势密切相关，所以其风险性也最大。

4. 委托投资

它是将社会保障基金转化为商业借贷资本，委托一定的金融机构如中央银行、国家信托投资公司进行投资，社会保障基金管理机构通过收取一定的贷款利率为社会保障基金保值增值，这种投资方式的特点是投资风险小、利息收入高且相对稳定、投资回收期弹性强、社会保障基金商业化程度高。近年来，这种投资形式逐渐演变成一种新的投资手段——投资基金，即基金所有者委托信托人将基金交由各类投资专家组成的基金管理公司负责基金的投资运作。由于由投资专家组成的管理公司进行专门化的管理，一般来说，基金的收益率较高，而且因为利用各种金融工具和经营手段进行组合式投资，所以具有分散风险的安全效能。

5. 抵押贷款

用借方财产抵押的方式向借方发放贷款，是风险小收益高的投资形式，这是因为所放贷款有借方抵押的财产作担保，没有无法回收之忧；而且因为向企业或个人直接发放贷款，减少了银行等中间环节，所获利率肯定比银行存款高。目前，随着经济体制改革的深入，企业融资渠道趋向多样化，公民个人买房、购车等贷款消费需求也有所增长，所以社会保障基金进行抵押贷款投资也有广阔发展前景。

6. 不动产投资

把社会保障基金用于购买地产、房产等不动资产，通过出租或出售转让方式来获取收益的投资形式。其特点是投资回收期长、资金需求量大，因而投资风险也较大。因为受整体经济形势和国家经济政策的影响大，受通货膨胀因素影响的可能性也大。但是正因如此，这种投资获取高额利润的可能性也大。在一个经济保持稳定发展、房地产开发有较好获利前景的时期，这也是一种可供选择的投资方式。

三、中国社会保障基金的管理与运营

（一）收支两条线——中国社会保障基金的管理模式

社会保障基金中的基本保险基金主要由基本养老保险基金、基本医疗保险基金、失业保险基金、工伤保险基金、生育保险基金等组成，包括单位缴纳的统筹基金和个人缴纳的个人账户基金。

对于这些基本保险基金，国家采用收支两条线的方式进行管理。通过明确部门职能和确立收支分离的财务会计制度，使社会保险基金的缴费、待遇发放分开，各司其职，相互制约，形成规范的管理制度。

在部门职能方面，人力资源和社会保障部门制定社会保障制度和相关办法；受其委托的社会保险经办机构具体负责基金的管理业务。财政部门负责监督财务会计制度的制定和贯彻落实。

财务会计制度方面，由社会保险经办机构和财政部门在协商的基础上选择国有商业银行开设“基金收入户”、“基金财政专户”和“基金支出户”三个专用账户。“基金收入户”的功能是暂存征缴的社会保险费及其利息收入、财政补贴收入等。收入户只收不支，要按期将收入全部划转社会保险“基金财政专户”。“基金财政专户”接受“基金收入户”划入的基金及其利息收入，划拨购买国家债券的资金，根据社会保险经办机构的用款计划向“基金支出户”拨付资金,"基金支出户"接受"基金财政专户"拨入的基金,拨付各项社会保险待遇,该账户原则上只支不收。

(二)中国社会保障基金的投资方向

中国对于各类社会保险基金的投资运营一向有严格的规定①。例如,1994 年 11 月 22 日财政部、劳动部发布的《关于加强职工社会保险基金投资管理的暂行规定》,对社会保险基金的投资方向及其结构比例作了具体规定:"为保证养老保险基金的安全和完整,并妥善处理该基金的保值问题,国家发行社会保险基金特种定向债券,职工养老保险基金收支相抵后的结余额留足两个月的支付费用外,80% 左右应用于购买特种定向债券,在国务院没有作出新的规定前,不得在内外进行其他投资和各种形式的委托投资。""职工失业保险、医疗保险、工伤保险等其他社会保险基金,在保证必要支出后,其结余额的一部分以及养老保险基金购买特种定向债券后的结余额,应根据国家下达的年度国债发行计划,积极认购其他种类的国家债券。其中,失业保险等其他社会保险基金的结余额,也可视国债发行计划需要,认购一部分特种定向债券。"

1997 年《国务院关于建立统一的企业职工基本养老保险制度的决定》进一步明确:基本养老保险基金实行收支两条线管理,要保证专款专用,全部用于职工养老保险,严禁挤占挪用和挥霍浪费。基金的结余额,除预留相当于两个月的支付费用外,应全部购买国家债券和存入专户,严格禁止投入其他金融和经营性事业。

2000 年《国务院关于完善社会保障体系的试点方案》进一步强调:个人账户基金由省级社会保险经办机构统一管理,按国家规定存入银行,全部用于购买国债,以实现保值增值,运营收益率要高于银行同期存款利率。

在 2001 年以前,我国社会保险基金绝大部分投资于银行存款和国债。自 2001 年以后,中国社会保障基金的投资方向在继续保持严格管控的前提下,开始有所调整。例如:2001 年出台的《全国社会保险基金投资管理暂行办法》规定:社保基金投资的范围限于银行存款、购买国债和其他具有良好流动性的金融工具,包括上市流通的证券投资基金、股票、信用等级在投资级以上的企业债、金融债等有价证券,划入社保基金的货币资产的投资,按成本计算,应符合下列规定:(1)银行存款和国债投资的比例不得低于 50%。其中,银行存款的比例不得低于 10%。(2)企业债、金融债投资的比例不得高于 10%。(3)证券投资基金、股票投资的比例不得高于 40%。

2004 年初,我国社会保险基金的海外投资业务得到国务院的批准。

2004 年 10 月,中国保监会和证监会出台了《保险机构投资者股票投资管理暂行办法》,允许保险机构投资者、企业年金直接进入股市。②

(三)中国社会保障基金管理机构

1951 年颁布的《中华人民共和国劳动保险条例》规定,中华全国总工会为全国企业劳动保险事业的最高领导机关,劳动部为全国企业劳动保险事业的最高监督机关。劳动保险金一部分由企业直接支付,一部分由总工会组织收缴实行全国统筹。

① 齐海鹏:《社会保障教程》,东北财经大学出版社,2010。

② 章晓懿:《社会保障概论》,上海交通大学出版社 2010 年版。

1966－1976年“文化大革命”期间，工会组织停止活动，取消社会统筹，各项保险费开支改在营业外列支，劳动保险基本无结余基金可言。

20世纪80年代中期以后开始的社会保障制度改革，使得社会保障基金的结余额越来越大，需要建立全国统一的社会保障基金管理机构。2000年9月，国务院决定建立全国社会保障基金并设立全国社会保障基金理事会。全国社会保障基金理事会的主要职责，一是管理通过减持国有股所获资金、中央财政拨入资金及其他方式筹集的资金；二是根据财政部、劳动和社会保障部共同下达的指令和确定的方式拨出资金；三是选择并委托专业性资产管理公司对基金资产进行运作；四是向社会公布基金资产、收益、现金流量等财务状况；五是承办国务院交办的其他事项。

第四节　社会保障基金监督

我国一直高度重视社会保险监督工作，原劳动和社会保障部曾专门发布《关于进一步加强社会保险基金管理监督工作的通知》(2006年9月1日 劳社部发[2006]34号)的规范性文件，以加强社会保险基金管理监督工作。《社会保险法》的出台，在已有社会保险监督制度的基础上，建立起框架较为齐备、内容基本完整的多主体、多层次的社会保险法律监督体系。

社会保险监督制度由社会保险监督的主体、社会保险监督的对象以及社会保险监督的手段共三种基本要素组成。

从监督主体及其关系上看，建立多层次的监督体系包括：

1. 各级人民代表大会常委会的权力机关监督。

2. 县级以上各级政府社会保险行政部门的综合行政监督。

3. 财政部门、审计部门的专门行政监督。

4. 社会保险监督委员会的社会监督。

5. 社会公众的举报投诉的非正式监督。

6. 行政复议、诉讼等既是纠纷解决机制，也同时构成一种正式的监督救济制度。

从监督对象和监督机制上看，《社会保险法》实现了对社会保险各方主体的全面监督。包括：

1. 各级政府社会保险工作受到本级人大常委会的监督。

2. 用人单位和个人在遵守社会保险法律、法规方面受到县级以上政府社会保险行政部门的监督。

3. 社会保险基金的收支、管理和投资运营情况受到社会保险行政部门、财政部门和审计部门以及社会保险监督委员会的监督。

4. 各种违反社会保险法律、法规的行为受到社会公众(包括公民、法人和其他组织)的监督。

从监督手段上看，通过各种调查检查执法手段以及采取处理措施权限的保障，在制度上确保实现有效监督。

1. 权力机关听取审议专项工作、执法检查等宪法法律规定的方式。

2. 社会保险行政部门的监督检查权及相应检查措施。包括要求查阅、记录、复制相关材料并采取封存措施的权力，询问与调查相关单位、个人的权力，制止违法行为并责令改正的权力等。相应的，被检查人负有如实提供相关材料和其他予以配合的义务。

3. 财政部门、审计部门根据特别性、专门性法律法规采取相应的监督检查措施的权力。

4. 社会保险监督委员会的咨询意见和建议权力，听取汇报的权力，进行年度审计和专项审计的权力。对于通过这些方式发现的问题，有提出改正建议的权力，以及向有关部门提出处理建议的权力。

5. 社会保险行政部门、卫生行政部门、社会保险费征收机构、社会保险经办机构、财政部门、审计部门等行政机关、机构、组织对举报投诉的调查处理权力。

通过以上各个相关监督主体对各种社会保险活动主体的监督检查措施和后续的行政处罚、强制措施甚至是刑罚措施，有利于确保社会保险行政活动得到依法贯彻落实，规范社会保险关系，维护好社会保险参加人的合法权益。

一、多层次全面监督体系的构建

(一)权力机关对社会保险基金的监督职权及其实施

完善社会保险监督制度首先需要深刻把握社会保险基金的特殊性。原劳动和社会保障部在《关于进一步加强社会保险基金管理监督工作的通知》(2006 年 9 月 1 日劳社部发[2006]34 号)中指出“基金是社会保险的生命线，是制度运行的物质基础。”2000 年 2 月 18 日，最高法院颁布《关于在审理和执行民事、经济纠纷案件时不得查封、冻结和扣划社会保险基金的通知》，也明确指出:社会保险基金是由社会保险机构代参保人员管理，并最终由参保人员享用的公共基金，不属于社会保险机构所有。因此，各级法院在审理和执行民事、经济纠纷案件时，不得查封、冻结和扣划社会保险基金;不得用社会保险基金偿还社会保险机构的债务。由此可见，应当明确社会保险基金并不是财政资金，而是所有参保人缴纳的资金，构成一种特殊、专门的公共基金。相应的，社会保险基金应当有一个专项的预算，这个专项预算应当接受立法机关的监督。

在我国，社会保险基金往往被当作政府资金被政府机关任意支配使用，这种现象屡禁不止，甚至有不断加重的趋势。这跟社会保险基金的监督管理机制存在漏洞不够完善有着密切关系。同时，也不容忽视的一个重要原因是:各级政府机关及其领导成员对于社会保险基金的性质认识存在含混性甚至误区，将社会保险基金视为财政资金，认为政府有权支配和使用。在银根紧缩、预算内外资金不足的情况下，将社会保险基金用于地方建设和其他事务。殊不知，社会保险基金是参加社会保险的劳动者所共有的一项社会公共基金，所有权属于参加社会保险的劳动者全体。因此必须强调:“凡独立运行的社会保险基金，则保持着与财政性社会保障的区别，并以追求自身平衡为基本目标，从而与财政性社会保障基金构成各负其责、平行运行的格局。”①在本质上，独立运行的社会保险基金构成一种独立的、专项的公共基金。

社会保险基金的监督的主要内容是对基金征缴、基金支出和基金结余情况的监督检查，也即对基金收入户、基金支出户和基金节余户(财政专户)的监督检查。

---

①　郑功成著:《社会保障学》,第 333 页，商务印书馆,2000 。

对社会保险基金的监督，首先是权力机关的职责，接下来才是各种行政机关、部门、专门委员会的职责。这是因为，权力机关监督具有其他监督机制所无法比拟的优势。特别体现在：

1. 权力机关监督的全面性。各级人民代表大会常委会根据宪法、《各级人民代表大会常务委员会监督法》以及有关法律的规定，行使监督职权。权力机关对社会保险活动的监督，并不局限于社会保险基金领域，而可以覆盖到社会保险的各个方面，进行全方位的监督。

2. 权力机关监督的中立性。与行政机关等其他国家机关相比，权力机关没有利益连结，有意愿、有能力进行相对客观的监督。

在这种背景下，通过立法设置并强调权力机关监督则是水到渠成。因此，《社会保险法》第十章“社会保险监督”部分，排在首位的即权力机关监督。根据《宪法》、《社会保险法》第76条、《各级人民代表大会常务委员会监督法》、《地方各级人民代表大会和地方各级人民政府组织法》、《全国人民代表大会和地方各级人民代表大会代表法》等法律的规定，各级人大及其常委会对包括社会保险基金在内的各种社会保险活动的监督方式，主要表现为以下的监督方式：

1. 听取并审议有关社会保险基金的专项工作报告。听取并审议专项工作报告是各级人民代表大会常务委员会有权运用的具有宪法地位的重要监督方式。

权力机关监督社会保险活动为现代法治国家的通行做法。在美国，美国社会保障管理局（SSA）有义务向国会提交综合性的责任履行报告。该报告的内容包括财政管理情况，以及检察长办公室对其财政管理、业务运行情况的审计报告等。在社会保险监督领域，则表现为，专门性的执法检查，听取并审议专项报告等。《各级人民代表大会常务委员会监督法》第二章专门规定了各级人民代表大会常务委员会听取和审议各种专项工作报告的程序、方式等。一些地方立法规定了权力机关的社会保险监督职责。比如，《广东省社会保险基金监督条例》第6条规定了县级以上人民政府应当每年向同级人民代表大会常务委员会报告本级社会保险基金预算执行情况和决算。全国人大常委会已有听取社会保险专项报告的案例，一些地方人大常委会也举行了一些听取社会保险工作情况报告的活动。《社会保险法》实施之后，各级人大常委会听取和审议社会保险基金的收支、管理、投资运行和监督检查情况的专项工作报告，应当常态化和制度化。

这种各级人大常委会对社会保险基金的监督制度，监督内容包括：社会保险基金的收支情况，社会保险基金的管理情况，社会保险基金的投资运营情况，以及社会保险管理、运营的其他各个方面。在此应当明确的是，除对社会保险基金的收支、管理、投资运营以及监督检查情况进行专项工作报告监督之外，各级人大常委会及其委员还可以依据《宪法》、《各级人民代表大会常务委员会监督法》、《全国人民代表大会和地方各级人民代表大会代表法》等相关法律的规定，通过包括专项工作报告在内的各种方式，对社会保险各项方面的活动展开权力机关的监督。

2. 组织执法检查。根据《各级人民代表大会常务委员会监督法》第4章的规定，各级人民代表大会常务委员会每年选择若干关系改革发展稳定大局和群众切身利益、社会普遍关注的重大问题，组织执法组，有计划地对有关法律、法规实施情况组织执法检查。执法检查结束后，执法检查组应及时提出执法检查报告，由委员长会议或主任会议决定提请常务委员会审议。执法检查报告及其审议意见，交给本级人民政府研究处理。

3. 权力机关享有的其他监督检查手段措施。除听取专项报告以外，各级人大常委会、各级人大代表还可以依据《宪法》、《全国人民代表大会和地方各级人民代表大会代表法》、《地方各级人大和地方各级政府组织法》、《监督法》等法律的规定，对社会保险各项工作、活动展开监督，其手段包括对相关行政法规、地方性法规和规范性文件的备案审查，询问和质询，组织关于特定问题的调查委员会等等。

（二）社会保险行政部门对用人单位和个人的监督检查职责

社会保险行政部门对用人单位和个人的监督检查的制度在性质上是一种典型的行政监督。县级以上各级政府的社会保险行政部门的监督检查职责。社会保险行政部门有权对用人单位和个人遵守社会保险法律、法规的情况进行监督检查。其要素包括以下三方面：

一是执法主体。为县级以上政府的社会保险行政部门。在中央层面，执法主体为人力资源和社会保障部。在地方层面，执法主体为县级以上地方各级政府人力资源和社会保障部门，或地方政府设置的其他社会保险行政部门。

二是执法对象。是被检查的用人单位和个人。执法对象的义务包括：对社会保险行政部门检查的配合义务。包括如实提供相关材料的义务，配合监督检查的义务，禁止谎报和瞒报等。《行政处罚法》第 37 条第 1 款已规定行政机关在调查或者进行检查时，当事人或者有关人员应当如实回答询问，并协助调查或者检查，不得阻挠。执法对象在监督检查过程中除负有配合监督检查、如实提供相关材料等义务外，还享有有一些权利。执法对象的权利主要表现为有权要求社会保险行政部门为其保密。

三是监督检查的依据和方式。依据包括社会保险相关法律、法规。监督检查的方式多种。根据监督形态的不同，可分为现场监督与非现场监督。现场监督，是指有权监督的行政机关对包括用人单位和个人有关社会保险法律法规遵守方面的实地检查。为规范现场监督检查行为，原劳动和和社会保障部制定了《社会保障基金现场监督规则》。根据我国社会保险行政监督的实践，现场监督又可分为定期监督、不定期监督和按《社会保险基金举报工作管理办法》受理的举报案件查处。非现场监督，是指有权监督的行政机关对用人单位和个人有关数据资料进行的检查分析。非现场监督分为常规监督和专项监督。如果监督机关在非现场监督过程中发现用人单位和个人在遵守社会保险法律法规方面存在严重的违法违纪问题的，应当实施现场监督。

根据《社会保险基金行政监督办法》第 6 条之规定，县级以上各级社会保险行政部门及其工作人员在进行监督检查时，有权采取以下手段：要求用人单位提供或报送社会保险基金预算或财务收支计划、预算执行情况、决算、财务报告，以及其他与社会保险基金管理有关的资料；查阅用人单位与社会保险基金有关的会计凭证、会计账簿、会计报表，以及其他与社会保险基金管理有关的资料；就监督事项向有关单位和个人进行调查，并取得有关证明材料；对用人单位或个人隐匿、伪造、变造会计凭证、会计账簿、会计报表以及其他与社会保险基金管理有关的资料的行为予以纠正或制止；对被监督单位转移、隐匿社会保险基金资产的行为予以纠正或制止，等。

根据监督检查的结果，县级上各级社会保险行政部门有权依据相关法律法规和规章，依法采取相应的处理措施。根据《社会保险法》第 79 条和相关法律法规，社会保险行政部门有权采取的处理措施包括：

1. 根据监督结果出具监督报告。

2. 对监督中发现问题的，提出监督处理意见。县级以上各级政府的社会保险行政部门对用人单位和个人执行监督处理意见的情况，有权进行检查。

(三)财政部门、审计机关对社会保险基金的监督

根据《社会保险法》第一章“总则”部分第7条的规定，社会保险行政部门负责社会保险管理工作，其他有关部门在各自的职责范围内负责有关的社会保险工作。其他有关部门的社会保险监督工作，主要包括财政部门的监督和审计机关的监督两方面。

1. 财政部门对社会保险基金收支、管理和投资运行情况的监督

社会保险基金的财政监督，是指财政部门根据国家有关法律法规的授权，通过审核、稽核、检查等监督手段措施，预防和纠正社会保险基金的收支、管理和投资运营情况中的违法违纪问题，发现其中的薄弱环节，提高社会保险基金收支、管理、投资运营和使用的安全性、规范性和有效性。社会保险基金财政监督的主体是各级财政部门。

1995年国务院颁发《关于深化城镇企业职工养老保险制度改革的通知》，财政部配合下发了《关于财政部门积极参与职工养老保险制度改革、加强财务管理工作有关问题的通知》。1995年8月，财政部下发《关于开展企业职工养老保险资金、失业保险资金专项财务检查的通知》，进行社会保险基金管理的监督检查并提出整改意见，有效控制了浪费和挪用等违法违纪行为。1999年财政部和原劳动和社会保障部发布了《社会保险基金财务制度》，对社会保险基金的财务行为进行规范。

在监督的内容上，财政监督可分为以下主要类型：①

对社会保险基金征缴和筹集的监督。包括通过各级财政部门的监督检查确保用人单位、个人缴纳的社会保险费及时足额到位，不少缴、不漏缴；确保社会保险费征收机构依法按时足额征收社会保险费，等等。

对社会保险基金预算的监督。包括对社会保险基金预算和决算的监督；对社会保险补贴的监督。根据《社会保险法》第65条第2款的规定，社会保险基金出现支付不足时，县级以上人民政府给予补贴。财政部门对此也应予以监督，核实社会保险补贴数额的真实性，防止随意扩大补贴规模增加财政负担。

对社会保险基金财务的监督。包括对社会保险费征缴的监管，对社会保险资金指出的监管，对社会保险基金结余的监管(包括结余资金的使用方向是否安全、是否保值增值，防止结余资金的非正常损失)，对社会保险基金政府补贴的财务监管；确保社会保险费征收机构、社会保险经办机构等机关、组织、个人不存在隐匿、转移侵占、挪用社会保险基金的行为，如有发生则依法予以追回；确保社会保险基金存入财政专户等。

对社会保险基金投资运营的监督。确保社会保险基金的投资运营合法合规，保证安全，风险最小、投资稳健、收益最大，达到社会保险基金的保值增值的目标。

2. 审计机关对社会保险基金收支和管理的监督

审计部门有权依法对社会保险基金的收支、管理和投资运营情况实施监督，即审计监督。《审计法》第23条规定了审计机关对政府部门管理和其他单位受政府委托管理的社会保障基金，进行审计监督。《审计法实施条例》(1997年10月公布2010年2月修订)第21条进一步

① 关于社会保险基金的财政监督，参见《社会保障资金财政监督》编委会:《社会保障资金财政监督》，第74－78页，中国财政经济出版社,2005。

明确社会保障基金包括社会保险、社会救助、社会福利基金以及发展社会保障事业的其他专项基金。

早在1995年，当时的劳动部和国家审计署就联合发布了《社会保险审计暂行规定》（劳部发[1995]329号），以加强社会保险基金审计监督，保证社会保险事业的健康发展。1996年印发了社会保险审计文书格式的规定。2007年审计署发布《审计署关于加强地方审计机关社会保险基金审计监督工作的意见》（审社发[2007]30号），进一步强化对社会保险基金的审计监督，规范社会保险基金审计工作。这些年来，许多地方政府及其部门也都加强了社会保险审计工作的制度建设。比如，2001年江苏省政府颁布《江苏省社会保险基金审计监督办法》（江苏省人民政府令2010年第180号）。

社会保险经办机构不是严格意义的政府下属事业单位，而是社会性组织，只是目前编制纳入事业单位的范畴。① 通过社会保险基金经常性审计制度、社会保险基金审计逐级负责和责任追究制度、社会保险基金审计重大问题报告制度、社会保险基金审计公告制度等一系列制度机制确保社会保险基金审计工作的顺利开展。

二、社会保险监督委员会的设置及其职责

我国目前社会保险基金累积结存数额巨大，同时比较分散。为了保障基金安全，应当严格规范并加强监督。对于社会保险基金的监管体制，不仅要加强内部监督，更要加强包括权力机关监督、社会监督在内的各种外部监督。其中，社会保险监督委员会，作为一种相对独立的代表三方利益的组织机构，对于完善社会保险基金监督制度具有举足轻重的意义。域外也多有设立这种第三方组织的经验，典型如瑞典的社会保障委员会等。我国也已有一些相关制度建设。一些地方已经先后成立社会保险监督委员会或类似机构。

社会保险监督委员会机制作为一种相对独立的综合性监督机制，具有综合性、相对独立性以及专业性等优势。

专业性，体现在社会保险监督委员会集合各种领域的专家，具有较强的专业能力和科学色彩。综合性，体现在社会保险监督委员会的人员组成反映了各方的立场和诉求，囊括了用人单位代表、参保人员代表、工会代表、专家等，这使得社会保险监督委员会具有了较强的代表性。社会保险监督委员会的地位较为超脱，能够在科学化和民主化方面，发挥较强功能。

社会保险监督委员会制度包括以下三方面：

一是社会保险监督委员会的属性和功能定位。之前一些地方立法也进行类似努力。比如，《石家庄市城镇企业职工社会保险基金监督管理条例》规定市县设立的社会保险监督委员会对全体享受社会保险权利的劳动者负责。《社会保险法》则将社会保险监督委员会的监督被定位为社会监督之一种。

二是社会保险监督委员会的组成。该委员会由统筹地区政府成立，其成员包括用人单位代表、参保人员代表，以及工会代表、专家等。

三是社会保险监督委员会的主要职责、功能及其行使方式。社会保险监督委员会委员的权力职责。一些地方立法文件对于社会保险监督委员会成员的权力、职责和义务进行了规定。根据本条规定，社会保险监督委员会的主要职责是进行社会保险的社会监督，对社会保险工

① 参见郑尚元著:《工伤保险法律制度研究》，第234页，北京大学出版社,2004。

作提出咨询意见和建议等。社会保险监督委员会行使职权的方式有二:第一,以委员会的组织形态来行使职权;第二,以委员会的一个或数个委员个人来行使职权。

《社会保险法》对于委员会的组织形态行使职权手段措施的规定，包括以下方面：

1. 听取社会保险经办机构的汇报。特别是定期听取关于社会保险基金的收支、管理和投资运营情况的汇报。《社会保险法》特别规定社会保险经办机构负有向社会保险监督委员会汇报相关情况的职责。

2. 通过审计监督社会保险基金的收支、管理和投资运营。社会保险监督委员会可以聘请会计师事务所对社会保险基金的这些运行、活动进行审计，包括年度审计和专项审计。为起到有效的监督、震慑效果，审计结果应当向社会公开。

3. 发现违法、问题建议改正权和建议处理。包括对存在问题的改正建议，以及对违法行为的处理建议。

三、公众的监督投诉权利及其制度保障

根据我国《宪法》第 41 条的规定，中华人民共和国公民对于任何国家机关和国家工作人员，有提出批评和建议的权利;对于任何国家机关和国家工作人员的违法失职行为，有向有关国家机关提出申诉、控告或者检举的权利。对于公民的申诉、控告或者检举，有关国家机关必须查清事实，负责处理。任何人不得压制和打击报复。

在《社会保险法》出台之前，我国已有社会保险及相关立法中有举报、投诉相关机制的初步建设和规范。《社会保险费征缴暂行条例》第 21 条规定了对有关社会保险费征缴的违法行为，任何组织和个人有权举报，劳动保障行政部门或者税务机关应当及时调查、处理，并为举报人保密;《劳动保障监察条例》第 9 条也规定，对于违反劳动保障法律、法规或规章的行为，任何组织或个人有权举报，并规定了主管部门的保密义务，以及举报属实的奖励机制。而此处“违反劳动保障法律、法规或规章的行为”，已将一些社会保险违法行为包括在内，比如该条例第 11 条第 7 项所规定的用人单位参加各项社会保险和缴纳社会保险费的情况，第 27 条规定的用人单位在申报应缴纳社会保险费数额时瞒报工资总额或职工人数的，骗取社会保险待遇或骗取社会保险基金支出的，等等。

《社会保险法》第 6 条第 3 款规定，县级以上人民政府采取措施，鼓励和支持社会各方面参与社会保险基金的监督。

为落实公民的这一权利，并健全社会保险监督制度，《社会保险法》第 82 条第 1 款规定了社会保险领域违法行为发生时，任何组织和个人对社会保险违法行为均有举报、投诉的权利。为确保该权利的落实和监督目标的实现，本条第 2 款规定了相关机关、机构、组织的处理职责。

当组织、个人向特定部门、机构提出举报、投诉时，如果属于该部门、机构职责范围的，该部门、机构应当依法予以处理。如果接收举报、投诉的部门、机构发现不属于该部门、机构的职责范围，则应当书面通知举报人或投诉人，并及时移交转送给有权处理的部门、机构。

思考题

1. 社会保障基金有哪些主要功能？
2. 社会保障基金的筹集原则是什么？
3. 比较各种社会保障基金筹集模式的优劣长短。
4. 简述不同层次社会保障制度的给付标准。
5. 社会保障基金运营的基本原则是什么？

第十二章　补充保障

第一节　概述

现代意义上的社会保障除了政府主导的基本社会保障制度外，通常还包括多种补充社会保障形式，如企业年金、互助保障与慈善事业等。虽然这些补充保障是基于不同的出发点和目标建立起来的，形式各异并自成体系，但它们共同从属于国民生活保障系统，对社会发展和增进国民福利起着不可低估的作用。因此，在学习社会保障理论与政策实践时，有必要学习基本社会保障制度之外的各种补充保障。本章阐述补充保障的一般理论及员工福利、企业年金、互助保障、慈善事业。

一、补充保障的涵义

补充保障是基本社会保障制度安排之外的，以非政府主导性、非强制性为特征的各种社会化保障机制的统称。这一概念可以从如下方面理解：

第一，补充社会保障是现代社会保障体系的一个组成部分。正如本书对社会保障的定义，社会保障是各种具有经济福利性的、社会化的国民生活保障系统的统称。社会保障体系可以划分为基本社会保障（正式制度安排）和补充社会保障（非正式制度）两个部分。基本社会保障是由政府（或官方机构）主导或承担组织实施任务，而补充社会保障则是由社会团体、雇主等举办，个人自愿参加，采取社会化运作和管理的保障项目。然而，补充保障的举办形式不同并不妨碍其发挥社会保障的作用，如企业年金能够弥补基本养老保险制度的不足，互助保障能够弥补基本社会保障制度的缺漏，慈善事业可以构成对社会救助制度的重要补充，它们都是社会化的生活保障机制，均不同程度地体现了社会保障的特色并发挥着社会保障的客观功能。因此，各国社会保障体系通常将补充社会保障机制纳入其中并给其以适当定位。

第二，社会保障是相对于基本社会保障制度而言的，它是一个相对的概念。由于各国社会保障制度的建制理念、制度模式以及法定社会保障项目均有所不同，所以补充保障的内涵和外延也不尽相同。同时，在同一国家的不同时期，补充保障和基本社会保障也并非是一成不变的，在一定条件下（如因各种原因使得政府对社会保障政策的转变），它们还可以相互转换。因此，补充保障有别于基本社会保障制度，定位不同，运行方式亦异，但客观功能却可以起补充作用。

第三，补充保障具有非强制性特征。相对于政府主导的、国家法律规定（具有强制性）的基本社会保障制度而言，政府在补充保障中并非当事人和责任主体，这就表明补充保障中并无公权的直接介入，从而也就没有其他社会保障制度那样的强制性，从而体现了补充保障的自愿、可选择性特征。正是这种自愿性与选择性，才使补充保障有了存在的必要性并能够满足不同人群的需求。当然，这并不意味着政府对补充保障听之任之，或者说补充保障排斥政府，实践中，政府仍然负有疏导补充保障并给以相应的支持的责任。

从世界各国尤其是发达国家的实践来看，补充保障多种多样。

(1)按照补偿方式划分，补充保障同样有经济保障(通过现金给付或实物援助的方式)、服务保障(以各种生活服务为内容)以及精神保障(文化、伦理、心理慰藉方面的保障)。

(2)从实施主体划分，补充保障有社会补充保障(各种社会团体主导实施，如互助保险、慈善事业等)、企业补充保障(由雇主主导实施，如企业年金、补充商业保险等)、个人自我保障(家庭保障以及纯粹个人行为保障，如个人参加的商业保险、个人储蓄等)。

(3)从与基本社会保障的相关性划分，可以分为基本保障附加型补充保障和独立补充保障。前者如建立在基本社会保险之上并以其为前提的各种补充保险，后者如互助保障与慈善事业。

(4)从保障水平划分，有社会救助型、查缺补漏型(主要指未被覆盖人口参加的商业保险、互助保险等)和增进福利性。

(5)从保障内容看，可以划分为补充医疗保障、补充养老保障、补充住房福利保障等。

二、补充保障的社会功能

补充保障在实践中具有多方面的功能。

第一，补充保障具有为基本社会保障制度“查缺补漏”的功能。一方面，补充保障为尚未被基本社会保障制度覆盖的人群提供了化解风险的途径。除了经济发达国家之外，大部分国家或地区的基本社会保障制度，往往只覆盖法定范围的有限人群，那些未被基本社会保障制度覆盖或者漏在社会安全网之外的人群，并不能从中获得基本的社会保护。按照马斯洛的需求理论，生理和安全需求是人类的最低层次需求。为了规避社会化大生产以及工业化给个人带来种种风险，他们只能通过各种形式补充保障来满足这种最基本的需求。在中国现阶段，基本社会保障制度的覆盖率较低，在城镇生活的灵活就业人员、农民工以及广大农民都是缺少基本保障的社会群体。一些补充保障形式恰恰可以满足这些群体的保障需求;另外，因为享受有些基本社会保障待遇的条件比较严格，以至于某些具有特殊困难的人在制度内得不到全面的保障，也不得不寻求民间慈善救助、互助团体等补充保障渠道。另一方面，补充保障可以对基本社会保障制度之外的保障项目进行补充保障。在一些国家，补充保障事实上具有了越来越大的社会功能，许多补充保障甚至可以满足国民多数社会服务需求，从客观上对由政府主导的制度化的基本社会保障起到了一定的替代作用。比如，美国联邦政府的基本社会保障内容仅限于老年、残疾、遗属的生活保障以及对贫困者的家庭津贴，所以在职人员和其家属的社会保障问题，或由企业提供的补充保障解决，或由非营利的社会团体来帮助解决，或由个人购买商业保险，这些非政府主导的、非强制性的补充保障形式发挥了非常重要的作用。

第二，补充保障提高了保障标准，增进了特定人群的福利。补充保障可以适应不同人群对保障项目和水平的不同层次需求，提高他们的保障待遇标准和福利水平。由于政府负责的社会保障水平一般偏低，往往需要社会机构举办相应的补充保险、商业保险、互助保险等，通过补充保障的弥补，原有基本社会保障制度保障的社会成员会增加一层次的保障，原无基本社会保障制度保障的社会成员也会因补充保障而增加了一种福利保障，因此，补充保障的存在与发展，具有增进社会成员福利水平的明显功效。

第三，一些补充保障可以作为组织人力资源管理的手段之一，为实现组织目标服务。这里主要指以员工福利（或职业福利或机构福利）为表现形式的企业补充保障。员工福利在客观上属于企业或社会团体人力资源管理范畴，员工福利的评价指标则是成本核算和工作效率，并确保其为组织机构最大利益服务。

第四，补充保障还能够满足人们施与仁爱之心的需求。无论是西方宗教还是东方文化，无论是耶稣的"爱人如己"还是中国传统道德中的"推己及人"都有"善心"、"善行"、"博爱"的意思体现。人类具有向社会脆弱成员及其他公益事业奉献爱心的内在需求，也需要有相应的外在条件，而慈善事业作为一种补充保障形式，作为一种建立在捐献基础上的民营社会化保障事业，源于慈心，终于善行，在客观上不仅为他人提供了物质帮助，而且还可以满足人类奉献爱心的精神需求。

除此之外，由于补充保障也是社会保障体系的一个组成部分，它在社会、政治、经济等广泛领域中同样发挥着稳定功能、调节功能、促进功能和互助功能等其他功能。

三、政府在社会保障中的功能

尽管补充社会保障在某种意义上排斥政府的行政干预，但它的发展同样需要有政府的政策扶持甚至财政援助。事实上，发达国家的补充保障体系之所以并能够发挥出重要的保障作用，是与政府在这一领域适度地发挥影响力分不开的。因此，在许多发达国家，要发展多层次的、多支柱的社会保障体系，在政府所提供的基本保障之外建立起补充体系，也一样需要政府的适度介入。

自20世纪80年代以来，一些发达国家因面临着社会保障的财政压力，他们纷纷采取不同的措施来应付人口老龄化等带来的对基本社会保障制度的挑战，其中一个共同的做法就是提倡和鼓励各种补充保障的发展。由于各种补充保障并非政府主导，政府亦不承担直接责任，从而是可以利用民间或社会力量或市场机制来增进国民福利的，因此，政府作为宏观调控者，也就有责任根据社会保障发展的现状和目标，对补充保障进行倾向性的政策鼓励或约束；同时，政府作为维护公平的代言人，亦有责任针对体现为合同或契约关系的补充保障实施相应的监管和管理。归纳起来，政府的责任主要包括：推动立法，实施监督，宏观调控，政策引导。

推进立法的目的在于为补充保障的发展创建良好的宏观环境，保护信息资源劣势一方的合理权益，规范补充保障行为。在补充保障的当事人中间，信息资源优势方的行为总是基于自身利益出发，可能会损害劣势方的某些权益。为了确保补充保障义务方应尽义务的履行以及权力方合法权利的获得，无论是政府主导型社会保障，还是市场主导型的补充保障，政府都有责任推动有关立法工作。立法的内容通常包括机会均等、即得受益权、信息公开、基金运作等。这些法律的完善将大大降低补充保障运行的成本，保证补充保障运作的效率并促使其规范化发展。当然，由于补充保障的形式具有多样性，有关补充保障的形式具有多样性，有关补充保障的法律也不可能使用同一部法律进行规范。各国都是结合本国的实际情况，针对不同的补充保障项目或者补充项目运作的不同环节进行立法规范。比如，既有关于企业年金、补充医疗保险、慈善事业等不同项目的立法，也需要有关于捐赠、基金运作、相关税收等环节的立法。同时，还需要有政府的适度监管，以确保补充保障能够规范运行、健康发展。

政府对补充保障的另一重要职能就是宏观调控，政策引导。对于补充保障，应充分注重运用市场“无形的手”和政府经济调控政策“有形的手”两种手段。政府可以从国民经济发展的大局出发，统一规划基本社会保障制度与补充保障，综合考虑相关政策的协调性与相互配合，使其相得益彰，共同为社会发展和增进国民福利的目标服务。政府最重要的调控手段，就是财政和货币政策，它可以起到引导(扶持或抑制)补充保障发展的作用。常见的政府引导方式有税收政策(减少税收或增加附加税)、利率(贴息贷款)、财政支持(如拨款)以及允许投资运营等手段。

中国现阶段的社会保障制度建设的重点是社会保险制度与最低生活保障制度，但多层次的社会保障体系主要体现在补充保障项目上。因此，国家应该积极促进各种补充保障事业的发展，如鼓励企业承担社会责任，引导有条件的企业建立企业年金，积极发展商业性养老、医疗保险，大力发展慈善公益事业，真正引导社会资源投向社会福利事业，这既是完善中国社会保障体系的内在要求，也是社会发展进步的要求。

第二节 员工福利

一、员工福利及其分类

员工福利(亦称职业福利、机构福利)，是以企业或社会团体为责任主体，专门面向内部员工的一种福利待遇。广义的员工福利通常由以下部分组成:国家规定实施的各类基本的社会保障、企业年金(补充养老金计划)及其他商业团体保险计划、股权、期权计划、其他自主建立的福利计划等，它本质上属于职工激励机制范畴，是职工薪酬制度的重要组成部分。通常，企业常选用的几种福利类型及形式有:第一，法定的员工福利(或称公共福利)，如国家依法强制参与的医疗保险、失业保险、养老保险、工伤保险、生育保险等;第二，个人福利，如补充养老金(企业年金)、住房津贴、交通费补贴、工作午餐、人寿保险等;第三，有偿假期，如脱产培训、病假、事假、公休、节日假、工作间休息、旅游等;第四，生活福利，如法律顾问、心理咨询、贷款担保、托儿所、托老所、内部优惠商品、搬迁津贴、子女教育费等。而本节的“员工福利”指的是狭义的员工福利，即为满足职工的生活和工作需要，企业自主建立的、非法定的、在工资收入之外向员工本人及其家属提供的一系列福利项目，包括货币津贴、实物和服务等形式。

作为补充保障的重要表现形式之一，狭义的员工福利确切地说就是非法定的员工福利。与法定员工福利计划相比，非法定员工福利计划更具个性化，更有激励功能，种类也更多并更加灵活。这类福利通常分为收入保障计划、健康保障计划和员工服务计划。

(1)收入保障计划。它是企业为提高员工的现期收入或未来收入水平的一种福利计划，如利润分享、员工持股计划、企业年金、团体人寿险以及住房援助计划等。其中:住房援助计划通常包括住房贷款利息给付计划和住房补贴，前者是针对购房员工而言的，指企业根据其内部薪酬级别及职务级别来确定每个人的贷款额度，在向银行贷款的规定额度和规定年限内，贷款部分的利息由企业逐月支付，员工的服务时间越长，所获利息支付越多;后者则指无论员工购房与否，企业每月均按一定标准向员工支付一定额度的现金，作为员工住房费用的补贴。

(2)健康保健计划。它是企业为员工提供的弥补社会医疗保险不足的一种补充医疗保障。在发达国家，健康保健计划已成为企业的常见的福利措施之一，它通常通过商业保险途径来提供，其主要方式有三：一是选择参加商业保险；二是选择参加健康保险组织的健康保险；三是选择参加某个专项保险，如牙科保险和视力保险。

(3)员工服务计划。它是企业为员工及其家属提供相关服务的一种福利计划，目的在于帮助员工克服生活困难和支持员工事业的发展。常见的员工服务计划如雇员援助计划、雇员咨询计划、教育援助计划、家庭援助计划、家庭生活安排计划和其他福利计划(如为员工提供交通服务、健康服务、旅游服务和餐饮服务等福利项目)等。

上述员工福利计划均属于覆盖举办单位所有员工的全员性福利计划，即所有员工都可以平等享有的福利。此外，企业通常还有特种福利计划和特困福利计划，其中：特种福利计划通常针对企业高级人才设计并面向高层经营管理人员或具有专门技能的高级专业人员等，其依据是享受对象对企业的贡献率，从而可以视为对这类高级人才特殊贡献的一种回报，常见的特种福利有高档轿车服务、出差时飞机及星级宾馆待遇以及股票优惠购买权、高级住宅津贴等；特困福利计划则是为特别困难的员工及其家庭提供的一种福利，如工伤残疾补助、重病员工生活补助等。

作为企业薪酬管理的重要内容，员工福利计划可以传递企业文化价值理念，帮助企业吸引优秀员工、降低员工流动率，起到激励员工、凝聚员工、提高劳动生产效率的作用。据统计，美国企业为员工提供的福利与员工所获得的直接薪酬(工资、奖金以及其他一些直接的货币报酬)之间的比例大约为30%～40%左右。日本的员工福利更为广泛，从终身雇员到各种福利待遇，构成了日本企业激励员工积极性的重要机制。在中国，计划经济时代的员工福利基本上是全面社会保障的代名词，改革开放以来虽然在削减，但为员工提供相应的福利作为企业人性化管理与承担社会责任的一个重要方面，仍然在员工薪酬体系占有不可替代的重要地位。

二、员工福利的发展

(一)员工福利发展中的问题[①]

员工福利的大规模发展，是在20世纪60年代以后的事情，历史并不长，人们对员工福利的认识也还并不十分清晰。从各国员工福利的发展实践来看，员工福利发展过程中的问题主要表现在如下几个方面：

(1)对员工福利的认识问题。一方面，对企业而言，现有员工福利项目是否合理？实施效果如何？哪些项目需要企业来满足，哪些应当由员工自己解决？什么样的福利计划能够真正支持企业经营目标的效率最大化？这些问题显然是需要事先搞清楚的，否则，员工福利就可能背离其初衷，但事实上许多企业对其并不清楚，而只是被动地、简单地仿效别的企业或者忽略员工对福利的需求。在中国，计划经济时代是企业包办劳动者的所有福利事务，改革

① 参见刘昕：《薪酬管理》，中国人民大学出版社，2002。

开放以来又出现了将员工福利作为社会包袱的片面看法，中国的现代企业对员工福利还缺乏正确的认识。另一方面，对员工来说，他们通常不清楚也无需关心企业为员工提供的福利到底需要付出多大成本，尤其是在职业变迁与就业流动日益频繁的当代社会，他们关心的只是越多越好，而很少考虑福利计划的可持续性和企业的长远发展，许多员工甚至对企业提供的福利并不在意，只有遇到生病、残疾、被解雇或者是退休的时候才引起他们的兴趣。

(2)员工福利的成本问题。员工福利是企业用经济手段来提高员工福利待遇进而激励员工提高劳动生产效率的一种手段，从而必然需要相应的经费支出，它作为现代企业薪酬体系的一个有机组成部分，同样具有薪酬制度刚性发展的某些特征，因此，员工福利成本问题就构成了企业发展中的一个必须正视的问题，但许多企业在实施员工福利之初时，通常很难预见因环境变化等因素所导致的费用增长过快问题。

(3)员工福利激励功能异化的问题。根据美国行为科学家弗雷里克·赫茨伯格于1966年提出的激励因素——保健因素理论(又称双因素理论)，能够带来积极态度、满意和激励作用的因素被称为“激励因素”，而那些消除了不满意仍然不会导致积极态度的因素称为保健因素。员工福利被认为是传统的“激励因素”，它在建立之初无疑属于激励因素之一，但随着员工对它的逐步接受，员工也会逐渐将享受福利看成是自己的一种既定权利或正当利益，这时，员工福利就会由激励因素转变成为保健因素，员工福利计划也不会再给公司带来预期的理想效益。如何解决员工福利激励功能异化的问题，其实是企业必须周密考虑的。

(4)缺乏灵活性和针对性。社会发展到今天，工作方式、家庭模式以及人们的观念等各个领域都发生了重大变化。人们对福利的需求再也不能被传统福利项目所满足。同时，即便是同一个时代，不同文化层次、不同收入阶层、不同价值取向的员工对于福利的需求也有巨大差别，而传统福利制度并不能适应这种多样化和个性化的发展要求，使得员工福利制度或计划虽然可能令企业投入了巨大成本，但效果却被大打折扣。员工福利与各种管理制度一样，需要适应形势发展，进行调查研究、制度评估和创新。

(二)员工福利的发展趋势

如上所述，一方面，社会尤其是企业、员工需要员工福利，也就是说员工福利具有供给和需求;另一方面，这种供给和需求又常常出现结构性矛盾，影响举办机构的目标实现。因此，进入21世纪以后，企业员工福利出现了以下两个重要的发展趋势:

一是弹性福利计划兴起并日趋完善。20世纪70年代诞生的弹性福利计划又称“自助餐式的福利计划”，它允许员工在规定的时间和一定范围内，根据自己的需要和意愿选择相应的福利项目，从而体现了可选择性、个性化和人性化的特征。按照可选择的范围，这种福利计划一般分为全部自选、部分自选以及小范围自选三种类型。如员工可以放弃企业所提供的某项保险，而用这部分福利来抵消自己参加自我增值培训的支出。弹性福利计划的出现，从本质上改变了传统的员工福利制度，既增加了员工选择的空间，又由于固定的福利方案转变为固定的资金投入方案而使得企业不再陷入潜在的风险之中，因此，这种福利计划在发挥传统员工福利计划的所有功能的基础上，强化了组织和员工之间的沟通与信任关系，也必然提高员工对福利的满意度。当然，弹性福利计划也并非十全十美，因为福利组合的多样性要求标准要高得多，它要求的是专业化管理甚至需要聘请专业顾问公司提供服务或进行咨询，从而需要投入比传统福利更高的管理成本;同时，这种福利计划还容易导致员工“逆向选择”，即理性的员工常常会根据自己最容易出问题的方面来选择最有利于自己的福利组合，而当有的员工选择不当时，亦可能造成福利资源利用效率降低以及损害员工利益的现象。不过，无论如何，弹性福利计划作为对传统福利计划的改进，已经得到了越来越多的企业和员工的认可，从而在某种意义上代表着员工福利机制的一种新的发展趋势。

二是举办机构日益注重福利计划与其战略目标、组织文化和员工类型的匹配性。在现实中，没有一个福利计划是可以“放之四海而皆准”的。事实上，一个企业或组织的福利计划，对于另一个来讲可能就是目标、价值观、经营战略相悖的。甚至还有这种情况，企业或组织的福利计划与其自身的目标、文化、价值观乃至经营战略是相违背的。因此，随着企业管理水平的提高，逐步从员工福利的模糊管理中走出来，在制定员工福利计划时，有必要进行相应的市场调查和分析，尽可能地注重结合本企业的文化，考虑到本企业的员工结构以及未来变数等因素，根据企业的组织目标科学合理地进行设计和实施。换言之，员工福利虽然属于企业管理中的微观管理，但也需要统筹考虑，与其他相关因素协调发展。

（三）员工福利与基本社会保障制度的关系

员工福利可以划入现代社会保障体系并事实上发挥着应有的功能，但它与国家法定的基本社会保障制度毕竟不同，因此，有必要对员工福利与国家法定的基本社会保障制度的关系给予明确。

员工福利与基本社会保障制度是既相互区别又相互联系的一对范畴，两者的区别主要体现在如下几个方面：

第一，性质不同。员工福利属于企业或社会团体人力资源管理范畴，是纯粹内部事务；而基本社会保障则属于社会政策范畴，是政府主导的并由公共机构或社会团体举办的公共事务。

第二，受益范围不同。员工福利只面向举办机构的员工；而基本社会保障则是一个开放的、稳定的系统，面向所有有需要的社会成员。

第三，内容不同。基本社会保障制度的保障内容都是由相应的法律明确规范的，在实践中并不具有灵活性，设置的项目毕竟是有限的，大众化的；而员工福利却可以根据企业的发展战略及员工的需求，选择个性化的福利项目，从而可以在更大范围内进行制度安排，从而使福利的内容更加广泛。

第四，目标不同。企业或社会团体举办员工福利，将其视为成本投入，其最终目标无疑是确保举办者利润的最大化；而国家法定的基本社会保障的目标是出于社会公平与正义，旨在使社会成员的基本生活获得保障并不断改善、提高其生活质量。也正是基于这一点，评价两者的指标体系截然不同。评价员工福利的优劣是成本核算和工作效率；而要评估基本社会保障的好坏则主要是公众的安全感、满意度及对未来的信心。

第五，调节机制不同。员工福利的基础与实质是举办者对内部资源的调配，必须遵守市场规则，服从于市场竞争规律；而基本社会保障的实质则是国民收入再分配，涉及公共资源的分配和政府的干预，服从社会需要。

此外，无论在资金来源、实施规模、实施方式还是福利水平、功能作用等方面，员工福利与基本社会保障制度均存在很大差异，所以许多学者将员工福利和社会保障视为两个完全分割的范畴。

然而，它们在存在诸多差别的同时，却又体现着某些共性和联系。一方面，越来越多的国际性协议开始强调企业的社会责任并得到了广泛认同，这些协议要求企业不仅是一个达到最低要求的合法企业，而且还提出了更高的要求，即企业要在保证员工的生产条件、休息场所、健康安全等方面负责，企业或社会团体承担的福利责任进一步引起重视，进而使员工福利事实上具有了越来越大的社会功能，在一个国家或地区的社会保障体系中占据更加显著的位置；另一方面，在社会保障领域，政府直接承担的责任会适度化，强调责任分担对于福利国家模式和社会主义模式的国家来说，就意味着政府责任会减轻，从而需要寻求替代者，需要企业和社会团体共同努力。在一些国家中，许多机构提供的福利甚至可以满足其员工的多数社会服务需求，从而客观上起到了替代基本社会保障的作用。同时，员工福利对政府主导的基本社会保障制度来说，起着重要的补充作用，是补充保障的重要内容。因此，员工福利应当是现代社会保障体系中的必要内容。

第三节 企业年金

在发达国家大多数企业的员工福利方案中，企业年金是较具普遍意义的一种员工福利计划，它作为员工现期工资收入的延期支付，对保障和提高员工年老退休后的收入有重要的影响作用。

一、企业年金及其特点

企业年金（又称职业年金、企业补充养老金、超级年金、私人养老金计划、雇主承办的年金计划等），是企业根据自身经济实力和发展战略需要建立的，旨在为本企业职工提供一定水平的退休收入保障的员工福利制度。

从宏观角度讲，企业年金既不同于基本养老保险，也不完全等同于商业性的人寿保险，它作为多支柱养老保障体系中的支柱之一，实质上是对法定的基本养老保险制度的一种补充，其直接目的虽然是为了激励员工的劳动积极性，但客观上会提高劳动者的退休养老金水平。从微观角度讲，企业年金一般被企业视为人力资源管理战略的有机组成部分，它作为人力资源管理系统中的薪酬管理或员工福利管理项目，是雇主为了吸引和留住雇员长期为企业服务和提高劳动生产率，向雇员提供的一笔退休金。对于企业年金的所有者——员工个人来说，企业年金属于私人经济范畴，是一种私人性质的产品。年金基金在经营中一般独立于公司本身的资金和业务，即使公司破产，员工仍然可以领到企业年金。因此，企业年金还是以民间储蓄为基础的私人养老金。

与基本养老保险相比，企业年金具有以下特点①：

第一，社会养老保险制度通常是强制实施的、统一的养老金计划，管理机构的经费纳入财政预算由政府安排，由政府机构进行管理。企业年金计划却在绝大多数国家由企业自愿决定是否建立，并利用市场机制来选择合适的管理和运作方式，弹性较大，灵活性较强。

第二，社会养老保险的养老金是公共产品，而企业年金属于私人产品。因此，政府对企业年金一般不直接承担责任，政府的作用主要表现在推动立法、税收政策和适度监管等三个方面。

① 参加郑功成主编：《社会保障制度》，第365页，中央广播电视大学出版社，2004。

第三，基本养老保险一般有三种筹资模式，即现收现付制、完全积累制和部分积累制，而企业年金几乎均采用完全积累制（法国是唯一的例外，它实行全国统筹、现收现付的强制性企业年金计划），以个人账户方式记载每个职工企业年金的企业缴费、个人缴费以及投资收益、利息等全部资产。企业年金个人账户全部资产归职工个人所有，不能调剂使用。

第四，基本养老保险基金一般由政府机构管理和运营，或者即使是交由私营机构管理运营，政府也对其有比较严格的规定，保值增值的手段通常是银行储蓄和购买国债，同时也可以投向证券市场，但确保安全性为第一原则；而企业年金主要是通过资本市场，如各种金融机构来运作的，投资手段更多样化，更加注重基金的投资收益率。

第五，基本养老保险强调的是社会公平原则，而企业年金更注重效率原则，在企业内部人力资源战略中是具有激励机制的福利手段。

二、企业年金的功能和外部条件

企业年金已经经历了三个历史阶段，即雇主自我管理阶段、政府介入管理阶段和社会保障协调发展阶段。如今，企业年金在不同层面都发挥着特有的作用。归纳起来，主要发挥如下功能作用：

1. 补充基本养老保险或公共养老金保险，提高劳动者的退休待遇。对于国家来讲，企业年金有利于分散养老保障责任，适应人口老龄化的需要，因为企业年金计划的建立使降低国家基本养老金替代率具有了可能，对于个人则分散了老年收入的风险，也提高了退休保障的水平。在工业化国家，企业年金的目标替代率一般为20% ~30%，与公共养老金合计可达到60% ~70%的总替代率水平。在中国，按照社会保障体系建设的总体方案设计，劳动者退休后的收入保障将主要来自三个方面，一是法定的基本养老保险，二是企业年金，三是个人储蓄性保险（如商业性人寿保险或储蓄等）。因此，企业年金也是中国养老保险制度的重要补充。

2. 促进资本市场和劳动力市场的完善，有利于改善劳资关系。企业年金属于完全积累型福利机制，并采取个人账户制，每个企业的年金账户存续期均长达数十年，所以它在抑制消费基金的膨胀、提高国民储蓄率的同时，又能够形成可以用于长期投资的资本，这笔资本一旦进入资本市场必然会衍生长期投资和高收益的金融工具。另外，企业年金的本质是劳动者工资收入的延期支付，工资和企业年金的相互作用可以促进“按劳分配”和减少其不辞而别或故意违反劳动合同的现象，企业年金的实施又能在一定程度上促进工会等雇员组织的发展，从而对劳动力市场的良性发展和改善劳资关系具有促进作用。

3. 企业年金为雇主提供了一种新的可供采用的收益分配形式。在企业员工的收益分配中，工资、奖金、津贴、股权和期权均属于现期或即期分配范畴，而企业年金属于延期分配范畴。还会关心自己未来的长远利益，年龄越大越看重退休后的收入保障，因此，企业或雇主还需要有为员工长远利益着想的收益分配机制，企业年金恰好为其提供了这样一种有效工具。

4. 企业年金是提高劳动生产率和增强企业凝聚力的重要手段。一般而言，福利越好的企业对劳动者就越具有吸引力和凝聚力。企业年金按照效率、激励原则建立，工资收入高、工作年限长的员工可以积累更多的养老金，这样就有利于树立员工长期服务的意识。同时，企业年金是企业自主创立的，通过企业年金的实施，可以将企业和员工的利益紧密联系在一起，使员工真正产生归属感，其工作热情和工作效率也会不断提高。

5. 企业年金的运营还会给雇员带来丰厚的经济回报。企业年金基金在个人账户的积累和储蓄过程中，均要进行投资经营，以获得较高的收益。与雇员相比，雇主在金融方面更具有管理运营优势，尤其是当这种投资由专业化的投资机构进行的话，其安全性与收益性都会较高，这显然是普通员工个人很难做到的。因此，由雇主通过市场运作的方式对企业年金进行投资运营，可以使员工获得更为丰厚的收益回报。

虽然建立企业年金制度具有普遍性原则，但并不意味着所有企业都能建立这种制度。企业建立企业年金是需要有一定条件的，企业只有具备了一定的条件，才有资格和能力建立。如具有一百多年社会保险史的英国，实行企业年金的企业也只占企业总数的一半左右，德国稍高些，为60%左右。所以在实践中，企业年金计划的很好发展至少需要几个要素的支持或者外部条件：一是良好的宏观经济环境，包括经济繁荣、税收优惠政策、完善的资本市场；二是明确规范的运行规则；三是较好的民主管理基础；四是专业的经办机构；五是风险预防和担保机制。

三、企业年金的基本内容

（一）企业年金的类型

企业年金不是国家法定的制度安排，而是在国家政策引导下，由各组织单位自主建立并实施的，因此，它也就不可能有统一的模式。在各国企业年金的实践中，按照不同的划分标准，可以有不同的分类。

1. 根据创立主体的不同，可以分为由单个企业创立的企业年金和由多个企业（行业）创立的企业年金。前者在英、美等国较为盛行；后者通常由同一行业的多家企业联合建立，目的在于减少单个企业经济效益对企业年金保险待遇水平的影响，它在欧洲大陆国家中较为流行，如法国、荷兰等国家的许多企业年金就属于此类。

2. 根据供款来源不同，可以分为个人缴费的企业年金和个人不缴费的企业年金。其共性是雇主都需要缴纳费，而个人却不一定缴费。个人缴费的企业年金通常能够让员工更加关注这一福利计划，个人不缴费则可以降低管理成本。

3. 根据决定因素不同，有强制性企业年金、自愿性企业年金和集体谈判决定的企业年金三种。强制性企业年金是指由国家立法规范要求企业必须举办，员工个人也不能退出，虽然强制性企业年金不是主流，但仍然有不少国家采取，如法国、瑞士、荷兰、澳大利亚等国家就属于这一类型；自愿性的企业年金是大多数国家均采用的企业年金方式；而通过集体谈判确立企业年金的方式采用较少，只有瑞典等少数国家采用。

4. 根据筹资方式不同，企业年金计划又有积累制和现收现付制企业年金。但从世界各国的实践来看，绝大多数国家选择积累制企业年金，只有少数甚至个别国家（如法国）选择现收现付制企业年金。

5. 根据缴费和受益关系不同，企业年金又有待遇确定型（DB）、缴费确定型（DC）和混合型等诸多种类。从各国的实践来看，绝大多数企业年金都是缴费确定型（DC），少数情形下选择待遇确定型（DB）或混合型。在部分发达国家，国家公务员及军队军官的企业年金采取待遇确定型（DB），私营部门则采取缴费确定型（DC）。

需要说明的是，企业年金的上述分类，并不是以国别而论的，而是对所有企业年金类型的概括和归类。事实上，在一个国家或同一个地区，不同的企业或组织选择的企业年金模式可能不一样。

(二)企业年金的覆盖范围

企业年金的覆盖范围是指企业年金的参与人员和受益对象。它通常与以下几个因素有直接或间接的关系：

1. 政府主导的基本养老保险覆盖率和待遇水平。企业年金和基本养老保险在某种程度上存在着相互替代的关系，如果基本养老保险工资替代率偏高，企业年金的需求就会受到抑制，反之亦然。企业年金之所以能够在许多工业化国家发展起来并占有重要地位，其根本原因在于这些国家的公共养老金工资替代率往往较低。在中国，基本养老保险的工资替代率(退休金占工资的百分比)虽然制度设计为60%内，但在现实中几乎都高达80%以上，基本养老保险工资替代率偏高，必然导致对企业年金的需求不旺。

2. 政府是否立法强制实施。在政府通过立法手段强制企业实行企业年金计划的国家，覆盖率就比较高，如法国、瑞士、丹麦等国的覆盖率都是近100%；非强制实施企业年金计划国家的覆盖率则很难达到这个程度，如英国的这一数字为50%～60%，美国为5%左右。

3. 政府税收政策。税收政策是政府对企业年金使用的财政杠杆，通过这一杠杆传递政府是否鼓励以及支持力度的信息，优惠的税收政策是企业年金计划发展的必要条件。

4. 企业的经济实力。一些国家，通常是大、中型企业集团有能力建立和维持企业年金计划，小型企业及萎缩中的行业则较少实施企业年金计划。如在美国，大中型私有企业中70%以上建立了企业年金，小型企业只有40%左右建立了企业年金计划①。在中国，建立企业年金的企业亦通常是大企业、垄断企业或集团或行业，小企业一般未考虑建立企业年金。

(三)企业年金的缴费和给付

如上所述，企业年金可以分为待遇确定型(DB)和缴费确定型(DC)。

待遇确定型(DB)的企业年金计划一般由雇主单方缴费。但有时雇员也需向企业年金计划缴纳其工资的一定百分比，由雇主弥补剩余部分。通常是雇主向雇员允诺当雇员退休后的待遇，由精算师依据这一待遇水平计算出每年应储存(缴费)金额。企业年金的计发办法大致有三种形式：一是统一福利计划，即向每一个参加年金计划的退休雇员提供一个固定数额的退休金(如每月100美元)，而与工资收入和工龄没有直接联系；二是根据雇员工作年限及退休前几年的工资水平确定，根据工作年限长短，按不同比例计发退休金；三是将参加者的工龄与年工资收入相乘，再乘以一个百分比(退休金系数，如1%)来确定退休金。实行待遇确定型企业年金的优点是收益额明确，退休后收益有保障；缺点是由于企业年金很少与物价挂钩，存在着通货膨胀及待遇刚性增长等风险。

缴费确定(DC)是先确定缴费比例，由雇主和雇员分担或只由雇主缴费，记入雇员的个人账户。到雇员退休时，根据个人账户中的缴费累积额(包括本金、利息和投资利润等)一次性或定期支取企业年金。这种计划是完全积累式的，基金通常由寿险公司或其他投资机构运营。雇员退休时，可从以下三种办法中选择一种领取企业年金：一是一次性全部领取，但需纳税，税率较高；二是按月领取，按月纳税，税率较低；三是转存入银行，不需纳税，但也存在

① 王东岩:《劳动科学研究论文选编》，第180页，地震出版社，1997。

着利息税等问题。

（四）企业年金基金投资运转

与公共养老保险的管理方式有所不同的是，企业年金更加需要通过投资运营来获取收益，以实现基金的保值增值。

1. 投资原则。在企业年金的投资中，通常要遵守三个基本原则，即安全性原则、流动性原则和收益性原则。安全性保证投资资本金能够全部收回，并能够得到预期收益。流动性原则强调的是投资的变现能力目的在于保证养老金到期能够支付，同时方便投资组合，以便分散和规避投资风险。收益性原则是投资的根本目的，只有获得收益才能确保基金的保值增值，使基金能够应付利率变动、工资增长和通货膨胀等因素的负面影响。

2. 资产管理。对于企业年金资产的管理，可以分为自我管理和委托外部专业机构管理两种形式。大多数企业年金项目的资产委托银行、保险公司或其他金融机构（如基金公司、信托公司等）进行投资。也有一些大公司自己雇用投资经理进行企业年金计划的自我管理。

3. 投资工具和资产分布。从世界范围来看，企业年金投资几乎涉及了所有的投资工具。比较常见的有：银行存款、债券、股票、房地产、风险投资和金融衍生产品等。不同的投资工具所承担的风险和回报差异很大，而且风险的大小和回报率的高低一般呈正相关关系，所以选择投资工具实际上就是寻找合适的均衡点，并进行投资组合。比如，股票的投资收益与公司经营业绩、资本市场成熟度，特别是股票市场运作规范程度等多个因素关系密切，投资风险高，收益机会也多。在诸多投资工具中，债券以其较高的收益率和较低的风险备受青睐。需要强调的是，理性的企业年金投资是能够合理组合投资品种的投资。

（五）政府对企业年金的监管

尽管企业年金计划多属自愿性的、由私人公司经营的项目，但政府并非完全放任自流，而是在其中发挥相应的作用。政府的介入主要体现在推动立法、监督和税收政策上。

1. 推动立法并完善法制。立法的目的在于对雇员权利的保护。由于在企业年金体系中，雇主和雇员的信息不对称，即雇主掌握着基金积累的程度和解雇雇员的权利，而雇员却不能完全了解这一计划的有关情况。为了确保雇主的平等权利和企业年金在规范的轨道上运行，政府通常推动相关立法，以求通过法律的规范来为企业年金的建立与运行提供依据，同时，在国家立法的指导下完善具体的企业年金政策，以此来确保企业年金的健康发展和维护雇员的合法权利。企业年金立法的内容，通常包括机会均等（无论收入或职位高低，每个雇员都有权享有企业年金）、享有权期限（超过这一规定时期雇员才有权享有企业年金待遇）、信息公开、公共担保和投资方面的限定。

2. 依法监督。对企业年金项目的监督，有的由政府部门进行，有的由雇主和工会组成的机构进行。政府监督的目的是保证有关立法的执行和基金投资的安全性。监督的内容包括，法律法规方面的监督、财务运行机制方面的监督和税收监督。以美国为例，联邦政府劳工部是私人退休金计划的监督机构，它监督的主要内容包括：基金投资是否得当、有效、安全，如发现投资有危险就令其纠正；雇主对年金基金是否有舞弊行为，如挪用基金；雇主执行企业年金法规的情况。

3. 税收政策。税收政策是企业年金发展的重要条件，它体现了国家对企业年金的支持与引导。工业化国家对企业年金计划往往给予税收优惠政策，如对企业年金的缴费减免税收，即雇主在扣除企业年金费后再计征所得税或企业税，雇员的缴费也可免缴所得税，也叫“税前列支”；对缴费形成的基金、利息和投资收入也可免税或延迟纳税。以美国为例，对参加公司退休金计划的人给予自动享受长期延期赋税的优惠：退休前本金不用纳税，仅增值部分纳税；退休时可以选择不同的退休金给付方式，若不是一次提取而是选择终生按月支付时，可享受减税的优惠。对企业年金的税收政策是否优厚，与企业年金在国家养老保障体系中的地位有很大关系，如果国家鼓励发展企业年金，政府通常会对企业年金的税收优惠较多，反之亦然，因此，税收政策其实代表着政府鲜明的政策取向。如在英国、爱尔兰，企业年金的缴费和投资收入都是免税的，只在支付待遇时征税。相反，比利时和丹麦等国的公共养老金待遇已经比较慷慨，企业年金计划显得不太重要，故对企业年金和投资收入不予免税①。

四、中国的企业年金

中国企业年金的出现，始于20世纪90年代初期。当时，一些行业为更好地保障退休人员的生活，率先探索和建立起企业补充养老保险制度，此为企业年金的源头。

2000年12月，国务院颁发《完善城镇社会保障体系的试点方案》，首次将企业补充养老保险更名为“企业年金”，并明确企业年金缴费在税前列支的税收优惠政策，即企业缴费在工资总额4%以内的部分可以从成本中列支；同时，该方案还规定，企业年金基金实行市场化管理和运营。

2004年是中国企业年金发展的一个重要年份，这一年国家主管部门发布了多项有关企业年金的规章，对企业年金的建立与运行进行了相应的规范。例如，2004年1月6日，劳动和社会保障部发布《企业年金试行办法》；同年2月23日，劳动和社会保障部、中国银行业监督管理委员会、中国证券监督管理委员会、中国保险管理监督委员会联合发布《企业年金基金管理试行办法》；上述两部规章均于2004年5月1日实施，对企业年金的建立、运行及其管理进行了规范。2004年12月31日，劳动和社会保障部又发布《企业年金基金管理机构资格认定暂行办法》，于2005年3月1日施行，该规章对企业年金基金管理机构资格认定的程序、标准等进行了规范。

由于企业年金的发展不仅需要相应的立法规范和政策支持(特别是税收政策的支持)，还需要有健全的资本市场，以及合格的专业管理人才和投资机构等，而公共养老保险的定型与成熟则是企业年金发展的必要条件。在基本养老保险制度未完全成熟的条件下，以及其他因素的制约下，尽管国家主管部门已经出台了相关政策，但中国的企业年金还处于初期阶段，发展速度比较缓慢，在制度设计和机制运行中亦存在着许多问题。

---

① 王东岩:《劳动科学研究论文选编》，第180页，地震出版社，1997。

第四节　互助保障

一、互助保障的定义

互助保障，是指社会成员之间通过一定的机制相互提供物质帮助（包括经济援助与服务援助等）的一种生活保障系统。它由非营利性的互助组织承办，具有自愿参加、互助共济、非营利、合作制等特点。这一定义至少包括如下内容：

第一，互助保障的本质在于社会成员之间的相互帮助，它在实践中则体现为以互助为条件的自助与他助，即参与互助保障的社会成员能够在互助中实现自助并获得他助。

第二，互助保障是一种社会化的社会保障机制，它不是社会成员之间的个体对应帮助行为（如邻里互帮、亲友互助等），而是需由有特定的非官方机构（独立的组织须经过政府有关部门批准）来承担组织任务，并通过社会化手段来筹集资金，按照社会化的原则与规律运行的一种生活保障机制。

第三，互助保障机制的运行具有封闭性，即它总是在以互助为名义建立的团体内部运行，所覆盖的对象亦限制为参与互助保障的成员，且有明确的身份限制。如企业中的职工互助保障，即以具有本企业员工身份为参与的资格条件；城镇中的社区居民互助保障，覆盖的只能是本社区内的居民，而乡村中的互助保障同样只能以具有本村或本乡居民身份为必要条件。尽管随着互助保障事业的发展，这种机制的社会化程度将得到提高，如某些行业的互助保障、公务员互助保障等就超越了单位的限制，并具有系统性，但系统外部的社会成员依然不可能进入，从而只是一个扩大了范围的封闭保障机制而已。

第四，互助保障是一种综合性的生活保障机制，它保障的内容并非仅仅对社会保险项目进行补充，而是可以根据参与者的群体意愿来设置互助项目并满足多种社会性保障需求，可以补充社会保险、社会救助及公共福利服务等基本保障制度的不足，从而是一种可以包括经济保障、服务保障甚至情感保障等在内的综合性生活保障机制。

第五，互助保障是民营公益事业，不以营利为目的，它在实践中既是对举办主体（如企业、机关、社区等）的支持，同时也是对政策基本社会保障制度的支持，从而能够且应当得到政府的财政与政策支持，同时亦不排除通过互助保障基金的商业运营来壮大基金，以促进互助保障事业的进一步发展。

第六，互助保障不是国家的法定社会保障，从而在实施中具有非强制性，但它作为特定团体或社区内部的制度安排，因有相应的制度引导与政策支持，往往成为群体的自觉行动；身体限制性与封闭运行的特色又决定了互助保障不是可以自由竞争的市场业务，而是以群体或团体行为的面目出现并具有非竞争性的社会性保障事业。

综上可见，互助保障是一种在特定团体或社区内部内生的生活保障机制，它的社会化程度不如基本社会保障制度，但无疑属于现代社会保障体系的自然延伸和有益组成部分。尤其是对发展中国家而言，薄弱的经济实力往往无法支撑起一个全民化的统一社会保障体系，包括互助保障在内的各种补充保障机制便很自然地具有了生存与发展的必要性。

二、互助保障的分类

互助保障虽然层次较低、相互封闭，每个互助组织的互助范围有限，但互助保障同样是对基本社会保障制度的一种有益补充。

依据不同的标准，互助保障可以作如下分类：

1. 按照保障对象和范围，互助保障可以分有家庭互助、社区互助、职业团体互助、特殊群体互助等。其中：家庭互助即家庭保障，是家庭成员内部之间在经济、生活、情感等方面的互助，它以血缘关系和感情为纽带，只对家庭内部成员的物质、精神全方面互助互济行为，是基本社会保障制度建立前人们可以享受的主要保障形式，但这种互助保障互济范围小，随意性强，难以抵抗较大的风险，不能适应工业化、社会化发展的趋势，其功能亦随着家庭规模的缩小而逐步弱化。邻里、社区互助一般为有组织的、自发的在社区成员内部的互助活动，它主要针对那些特殊困难成员以扶贫、帮困或提供必要服务的形式进行。职业团体互助保障，一般是由行业协会、机构或企业内部组织承办的封闭式的（只针对某一职业、行业，或是企业集团内部职工自愿加入）互助活动。特殊群体互助保障，则是以某一特定群体（一般为社会脆弱群体）自发组织设立的互助行为，在需要的时候在群体内部通过保险或救助等形式获得帮助，比如残疾人互助、女性互助、单亲家庭互助等等，在日本社会保障体系中也有公务员互助年金。在德国不来梅有一个互助组织，就是规定所有参加这个组织的成员都必须尽自己的一切可能给其他成员提供帮助，该组织吸引了大批孤独者，如退休老人、单身妇女、孤儿、失业者等。

2. 按照运作形式不同，互助保障可以分为互助保险、互助救济、互助服务等。其中：互助保险是由社会团体承办或委托专业互助保险机构承办，遵循自愿和互助互济原则的会员合作制组织，以保险为运作形式的互助行为。互助保险基金主要来源于会员缴费。互助保险又可以分为互助健康保险、互助年金、互助住房保险等。法国的互助医疗健康体系共有 3 600 万成员，管辖 2 000 多个机构（包括医院、诊所、药房），该保险体系的基本原则为互助，自由加入，还可以自由选择参加那一家公司的互助保险。互助救济则是由慈善组织或非营利机构组织承办，主要针对贫病老幼残等社会弱势群体以救助形式给予基本生活帮助的一种机制。由于组织形式不同，经费来源也不尽相同，主要有私人募捐、财政拨款等，互助救济的形式多样，如扶贫帮困、医疗救助、志愿者（或义工）服务等都属于互助救济。

3. 按照互助内容不同，可以分为经济互助、志愿者服务（义工）。前者是向受助者提供资金、有使用价值的物品保障，而后者则是向受助者提供服务。在许多国家和地区，大量的志愿者（义工）从事着互助保障和公益事业活动。在美国，有 60% 以上的社会成员参与义工；在以色列，20% 以上的人参加志愿活动，平均每个月服务 16 个小时。而在中国，据国家民政部统计，全国目前有志愿者约 1000 万人，占全国总人口的 8%，远远低于以色列和其他发达国家；在中国香港地区，参加志愿活动的市民占香港总人口的 20 %，大约 100 多万人。在一些西方发达国家，志愿者占国民的 30%，有的高达 60%。

4. 按照互助机构服务的范围，可以分为综合性互助保障与单项互助保障。前者是指一个互助组织能够提供多种互助保障或服务，如职工互助保障往往包括补充保险、互助救助以及互助服务等；后者则是专门为了满足参与某种社会化保障需求而设立的，其职责较为单一，如一些国家的火灾互助保障，即是专门为分散火灾风险而设置的。

需要指出的是，与其他补充保障不同，互助保障更加直观地表现了社会保障的互助共济的精神本质，是原始形式以及传统与现代保障手段的结合。不仅如此，互助保障还可以通过适当的政策，引导家庭成员对年老一代的赡养义务、夫妇的相互扶助的义务，提倡邻里、街坊、社区成员间的互助，有助于传统保障特色的更好保持与发挥。尤其是在城市化、工业化、人口流动加速和邻里关系日益淡化的现实情况下，社区互助创造了一种新型的邻里、社区关系，增强了社区成员之间的友爱感和归属感，还开创了某些新的职业(家政服务)或生活方式(志愿服务)。

三、中国的互助保障

一句“远亲不如近邻”揭示了互助是中国的传统美德。虽然在计划经济时代因为人的单位化且由单位包办了一切事务，人们之间的互助有所削弱，但随着市场经济的发展，由工会组织的职工互助保险和社区组织的社区互助服务，却得到了一定程度的发展，它们构成了中国互助保障的基本支柱。

(一)职工互助保障

职工互助保障(险)，是由工会组织举办、职工自愿参加的的具有互助互济性质的会员合作制保障，它是各级工会为满足职工的福利需求而组织职工在不断提高自我保障意识和互助友爱精神的基础上发展起来的一种补充保障措施，也是市场经济条件下各级工会履行维护职工权益职能的新形式。

在实践中，职工互助保障面向职工，以解决职工的困难并提供相应的服务为出发点，不以盈利为目的，它充分发挥工会组织网络健全和职工人数众多的资源优势，可以在低成本下运转，从而具有生命力。在经费来源方面，一般包括工会经费补贴、企业或雇主投入、会员缴费、社会捐献等。在保障内容方面，职工互助保障涉及职工养老、医疗、灾祸救助、生活困难援助等多个方面，从而在一定程度上缓解了职工的特殊困难。

职工互助保障的特性有:第一，民主、平等的社员制，身份比重制。互助合作保障的所有权属于全体参与者，因此，参加互助合作保障的职工既是受益者，又是管理者。第二，自愿参加。凡职工均可以自愿参与，不强制，而享受保障的前提则是必须参与。第三，互助、共济。职工互助保障集工会、企业或雇主、个人的力量，形成互助保障基金，用于保障职工在遭遇特定事件时的生活，从而增强了职工抵御生活风险的能力，是个人与集体相结合，互利与互济相结合的保障行为。第四，面向中低收入职工。它主要为中低收入职工兴办相关服务保障。

职工互助保障在一些地区获得了较好的发展。但总体而论，职工互助保障的规模及所覆盖的人口仍然非常有限，在社会成员的实际生活中尚未发挥出应有的作用。

(二)社区互助

社区互助是由社区非营利组织面向本社区居民举办的各种社会服务的统称。市场经济改革带来的一个重大的变化，就是个人从计划经济时代依附于单位转变为社会人，而社区便成为人们独立生活的场所。与此相适应，过去由单位包办的各种生活服务及相关福利，亦必然要在社区寻找到替代者。因此，在政府的支持下，大量的社区非营利组织得以产生，在解决社区存在的各种问题和满足社区居民的各种需求方面做出贡献。改革开放以来，社区互助以提供各种便民服务为主要形式，逐渐扩展为涵盖社区福利、社区救助，以及教育、医疗保健、卫生体育、环境保护、家政服务、小区管理等在内的全方位社区互助工作，成为补充保障体系中日益重要的组成部分。

从规范的社区互助保障要求来看，社区组织要把单向的帮困变为单向与双向互助帮困结合起来，形成互助的服务机制。换言之，即社区居民每人一次性或定期缴纳一定的互助金，建立综合的或某一项目（如病伤互助、灾害互助等）的互助基金，当参与者发生困难时给以帮助。

从社区互助在中国一些地区的实践来看，它主要体现出如下一些特征：第一是托底性。即社区组织对社区成员在享受了基本保障后，遭遇到新的家庭无法解决的风险，以及实现市场就业困难者给予补充性的托底保障，如面向非正规就业者等社区补充养老保险，面向特殊困难群体的社区救助，以及由社区、单位、个人共同出资举办的给患重病、大病、生活困难者提供医疗费补助的补充医疗保险，社区成员自愿参加的大病、重病互保补充医疗保险等，均具有托底性特点。第二是服务性。社区是社会成员常住生活的地方，社区成员的生活服务需求通常需要由社区提供，尤其是受保对象迫切需要社区提供无偿和低偿的服务保障时，更是其他社会化保障机制所无法满足的，如文体活动室、个人生活照料、康复医疗等公益性的服务设施以及一般的医疗保健等，通过社区互助服务和志愿者队伍提供的服务，能够起到很好的作用。第三是群众性。社区互助保障是群众性的自我保障和互助保障，是群众行为，因此，充分发动社区内的单位和居民的积极性是搞好社区互助保障的基本保证。第四是筹资多渠道。社区互助保障虽然以服务为主要手段，以志愿者参与为重要形式，但仍然有相应的资金要求，并且资金的积累规模决定着社区互助的保障水平与服务水平，因此，社区互助保障同样需要开辟多元化的筹资渠道，如争取政府财政支持、福利彩票收益援助、社会捐献，以及向有条件的接受服务者收取一定的费用。在中国的一些城市，已经出现社区型慈善组织，这些组织实际上是社区互助保障与慈善事业的混合体，它不排斥来自外部募集资源却只为本社区居民提供服务。

第五节　慈善事业

一、慈善与慈善事业

慈善是一种美德、善行和爱心，是人类最应当具备的基础性伦理道德。也有人将慈善分而析之，即慈善分解为慈心与善行，强调慈心是动机，善行是效果。现代慈善已经不能简单地被理解为上对下的恩赐、富对穷的施舍，其本质是人类善爱之心的表现与标志。

慈善事业是建立在社会捐献基础之上的民营社会性救助事业。这一定义可以分解为以下几个层次：

第一，捐献为慈善事业的立身之本，没有捐献便没有慈善事业；没有关爱之心亦不会有无偿捐献的动机与热情。

第二，慈善事业是民营事业。慈善事业必须是民营公益机构举办的。因为在现代社会，政府是国民选举出来的政府，它掌握的是国家通过民主方式赋予的公共权力，控制的也是通过税收等强制手段汇集起来的公共资源，其根本职责就是谋取公众利益，因此，政府主导的基本社会保障是其应当承担的责任与必须履行的义务，早已被各国法律制度所规范，并得以强制推行。正因为此，各国政府举办的社会保障事业也就不可能再以慈善事业的面孔出现，只有非强制性的民营公益事业才构成现代慈善事业。

第三，慈善事业是社会性事业。单个的、个体的慈善活动或行为不能构成慈善事业，而只有社会性的慈善行为才真正构成慈善事业的主体，这就需要专门的慈善公益机构来组织并营运慈善事业，保证慈善资源的有效运用，并保持它的经常性、持续性、规范性和相对稳定性。

第四，慈善事业是救助性事业。尽管发达国家的慈善事业早已超出了早期救灾济贫恤孤的范围，但慈善事业的根本目的仍然是救助现实社会中的贫民、灾民、孤老残幼等脆弱社会成员，他们才是慈善事业的工作对象。

在参与慈善事业方式上，也不仅有捐钱一种方式，还有捐物和劳务等方式。同时，也不能简单地把慈善事业理解为救灾济贫，因为现代慈善事业所涉足的领域已扩展到文化教育、环境保护等许多公益领域。作为一项需要社会成员广泛参与的民营公益事业，慈善事业成为人类社会互助行为在现代社会的基本载体，并具有不可替代性。从经济的意义，它被一些人称为社会的"第三次分配"，可以获得官方、企业或社团、家庭或个人的财政支持；从社会的意义，现代慈善事业具有扶危济困、协调社会发展、润滑社会阶层关系的内在职能，从而具有了补充社会保障的内涵。

二、慈善事业的基本特色

作为一种源远流长的社会化保障机制，慈善事业从早期的宗教慈善活动、官办慈善活动与民间乡绅举办的慈善活动，发展到一种社会化公益事业，经过了一个漫长的过程。现代慈善事业在很大程度上已经消除了早期慈善活动的恩赐、怜悯与不平等色彩，并在实践中表现出下列特色①：

第一，善爱之心是慈善事业的道德基础。慈善属于道德范畴，慈善事业的非强制性和慈善行为的自愿性，决定了社会成员的善爱之心对慈善事业的发展起着道德支配作用。那么善爱之心从哪里来呢？人之初本无所谓性善或性恶的问题，而是在后天环境的客观影响下而逐渐形成的，是在人与人之间的交互作用中产生和发展起来的。一个缺乏爱心的社会必然制约着慈善事业的发展。

第二，贫富差别是慈善事业的社会基础。任何社会都必然会存在不同程度的贫富差别现象。慈善事业的工作对象是那些由于各种原因（包括历史的、现实的、自然的、社会的等等原因）而导致贫困的"脆弱群体"。一个财富占有极其均等的社会，无论是共同贫穷还是共同富裕，都不具备慈善事业发展的有利社会条件。只有存在贫富差距，才能既形成援助活动的供给和需求两方，形成"慈善市场"，进而很好地发展慈善事业。

第三，社会捐助是慈善事业的经济基础。慈善事业的本源财政基础是社会各界尤其是社会成员的自愿捐献。这个经济基础不仅代表以资金为符号的经济价值，更重要的是道德价值

---

① 引自郑功成："论慈善事业的本质规律"，《中国社会报》，1996-09-26；参见郑功成等著：《中华慈善事业》，第8-13页，广东经济出版社，1999。

和经济价值的混合，是传递社会中人与人之间“善性”的纽带。尽管，慈善事业并不排斥政府财政资助，甚至一些国家或地区的慈善事业主要依靠政府的财政支持，但作为慈善事业发展的经济基础，社会捐献是官方财政所不能替代的。

第四，民营机构是慈善事业的组织基础。慈善事业只能由民间公益团体或公益组织承担具体的组织实施工作，这是慈善事业区别于单个施舍行为和强制性社会保障事业或官方社会救助的重要特征。慈善事业需要政府支持，但政府不能将慈善事业变成政府工作，原因就在于政府干预可能改变慈善事业的性质并背离捐献者的意愿，进而妨碍慈善事业的正常发展。国外成熟的慈善事业不仅是民营的，而且组织募捐与实施救助的民营机构还是分离的，如美国的联合劝募者协会、香港公益金等均是专门的募捐机构。它们募集的资金无偿拨付给各慈善团体，这样不仅效率较高，而且更加保障了受益者与普通大众在人格上的平等。

第五，捐献者的意愿是慈善事业的实施基础。慈善事业的经济基础是社会捐献，这就决定了慈善组织需要坚持以捐献者的意愿作为实施基础。捐献者有权指定所捐款物用于指定的慈善项目，而慈善组织有义务按照捐献者的意愿进行组织实施。

第六，社会成员的普遍参与是慈善事业的发展基础。发达国家或地区的发展实践已经证明，只有社会成员的普遍参与，形成大众的自觉行为和良好的社会氛围，才能使慈善事业发展成为一项宏伟的事业。在美国，65.5%的家庭参与社会捐献，70%左右的成年社会成员参与志愿者服务；在中国香港，每年参与捐献的人数达200多万人，占全香港人口总数的40%左右，以义工形式参与慈善事业的人数近200万人，从而形成了社会成员普遍参与的社会氛围，这也是这些国家或地区善事业蓬勃发展的重要原因。而我国内地目前有1000万－1200万志愿者，仅占人口总数的8%。

此外，募捐与救助分离是现代慈善事业区别于早期慈善活动的一个重要特征，这种分离的实质是为慈善事业打上平等的烙印，因为它消除了捐献者与受助者之间的直接关系，捐献者的行为可以理解为对社会尽义务，对同类尽人道，慈善事业为其回报社会提供了管道；而受助者因不知道谁在帮助自己，感谢的不再是具体的个人或组织，而是社会，从而想到的也是以后如何回报社会的问题。因此，这种机制事实上不仅提高了现代慈善事业的效率，而且提高了慈善事业的境界。

2016年3月16日，我国首部《慈善法》获得表决通过，将于2016年9月1日起施行。《慈善法》将成为规范我国慈善事业的第一部基础性和综合性法律，具有里程碑意义，将对我国慈善事业产生重要影响。

三、慈善事业与社会保障

毫无疑问，现代慈善事业是现代社会保障体系的一个有机组成部分，它既与法定的基本社会保障制度有联系，并构成对基本社会保障制度的补充，又与基本社会保障制度有重大区别。

与政府举办的基本社会保障制度相比，慈善属于道德范围，慈善事业既是社会救助机制也是道德工程。两者之间的区别在于：法定的社会保障是以稳定社会为政治基础，以财政拨款或强制性筹款为经济基础，以官营或公营机构为组织基础，以法律制度为实施基础，它与道德并无直接关系，只是法制规范的政府、社会、企业与个人之间的一种强制性利益调节机制，主体各方的权利与义务都是由法律明确规范的。而慈善事业虽然客观上具有社会保障的某些功能，并事实上作为一种特殊的社会保障形式存在，但它在目标上却较法定社会保障制度多了一层弘扬助他与互助美德的宗旨，在资金来源上以捐献为主，在组织机制上是民办或私营性质，它建立在自愿的基础之上。由于慈善事业的道德性、自愿性和民营性，它在现代社会只能构成社会保障体系不可或缺的补充保障机制。一般而言，如果法定的社会保障制度完备、功能健全，慈善事业就相对萎缩；反之，慈善事业就有广阔的发展空间。不过，无论怎样，各国的经验表明，慈善事业的功能是法定社会保障制度及其他补充保障机制所无法替代或者完全替代的，它对基本社会保障制度的补充是不可缺少的。

正是由于慈善事业与社会保障的密切关系，各国政府对慈善事业均采取支持的态度，利用财政税收政策和直接拨款援助是通常采取的扶持慈善事业发展的政策措施。如几乎在所有国家，慈善捐献均能够享受到税收优惠，在中国的香港地区，政府财政拨款甚至构成了慈善团体经费的主要来源。在税收优惠方面，主要有：一是对社会各界的慈善性捐赠给予免税待遇，即税前列支；二是对慈善团体所进行经营活动的利润用于慈善事业的部分免税；三是鼓励遗产继承人将遗产中的一部分捐赠给慈善事业；四是积极促使高收入阶层积极参与慈善事业等。《中华人民共和国公益事业捐赠法》第四章在“优惠措施”，中就规定：“公司和其他企业依照本法的规定捐赠财产用于公益事业，依照法律、行政法规的规定享受企业所得税方面的优惠。”

中国的社会保障制度改革，一个重要的取向就是个人责任的回归和多层次社会保障体系的构建。这不仅意味着社会成员很难从法定社会保障制度中获得所有的保障，而法定的社会保障亦无法全部满足不同阶层的社会成员的社会化保障需求，其所得到的保障很难完全解决其生活保障的后顾之忧。因此，有必要发展中国的慈善事业。

思考题

1. 如何理解补充保障的功能作用？
2. 如何理解补充保障与基本社会保障制度之关系？
3. 为什么说员工福利是企业的激励机制？
4. 企业年金有何特征？
5. 互助保障有哪些内容？
6. 如何理解慈善事业的道德功能？

第十三章　社会服务保障与社会工作

第一节　社会服务保障

一、社会服务保障的涵义与特征

社会服务保障是国家和社会依法为社会成员提供的具有社会保障特性和功能的社会服务，是现代社会保障的一项基本实施方式和手段。

社会服务保障作为一种实现社会保障功能的基本方式和手段，它有着自身的一系列特征：

1. 服务性。服务性是社会服务保障区别于其他社会保障方式和手段的最显著的特征。现代社会中，服务已经发展成为独立的产业部门和覆盖广泛的社会事业。服务就是以活劳动的形式，运用一定的手段和工具，为满足他人或集体的某种需要而进行的活动过程，表现为一种运动形态的客观使用价值。无论服务的提供还是使用都是一个动态的活动过程，而非物质形态的物品；服务的过程不同于物质产品的生产过程，服务的提供过程和使用过程可以具有同期性，服务的提供过程同时也是服务接受者使用服务的过程；服务可以因接受者的不同需求，提供极为个性化的运动形态的使用价值；服务的直接结果一般是服务接受者某种状态的改变，生产性服务也只是生产过程的一个“中介”。服务由于具有这些特性，因此它能满足人们仅靠物品而无法满足的种种需求，如医疗保健、技能培训、生活照料、精神愉悦等需求，特别是具有个性化的特殊需求。社会服务保障就是通过制度性的安排，运用服务的方式和手段，以满足社会成员仅靠物质和资金而无法满足的种种保障需求，与物质和资金保障发挥互补作用，使社会保障的功能得以全面实现。

2. 社会性。社会性是社会服务保障的另一个重要特征。服务因使用对象的不同可以分为公共服务和私人服务。私人服务是供私人使用的服务，它具有排他性。而公共服务是为社会集体提供的服务，是以服务形式存在的公共物品，它具有非排他性和共用性。使用公共服务的社会成员不能轻易地排除他人使用同样的服务，人们可以共同使用这类服务，其使用价值在社会成员之间不可分割。社会保障服务就是为了实现社会保障功能，而由社会向其成员提供的一种具有社会性的公共服务，凡是具有合法的社会保障需求的成员都可以使用这种服务，以满足自身的保障需求。同时，社会保障服务. 也要求保障对象，即保障服务的使用者要以积极的姿态参与这种服务过程，使服务功能在积极的社会互动中得以实现。

3. 保障性。保障性是社会服务保障的基本功能特征。服务有各种不同类型的服务，可以发挥各种不同的功能。社会保障体系中的服务，不是无所不包的服务，而是针对社会成员可能面临的生、老、病、死、失业、贫困等生存风险所提供的保障性服务，这种服务与其他的资金和物质保障措施相配合，帮助遭遇生存风险的社会成员克服困难，以保障他们的基本生活和增加他们的福利。因此，这种服务的目的、手段和评估标准等都必须符合社会保障的功能要求。

社会服务保障的特征是多方面的，而上述三项特征是最为基本的。

二、社会服务保障在社会保障体系中的地位和作用

现代社会中人们面临的生存风险不仅是多样的而且是系统的，要抵御这些风险仅靠资金和物质资料是远远不够的，还需要有各种服务和帮助。即便是一个充裕的养老金的领取者，当其独自卧病在床时，如没有医疗和生活照料等服务，养老金于之也失去了意义。同样一个失业者如果只领取失业救济金，而没有相应的就业中介服务和必要的岗位技能培训，他的再就业也会变得更加困难。因此在一个健全的社会保障体系中，社会服务保障是必不可少的组成部分，它有着资金和物质保障不可替代的地位和作用。

在现代社会保障体系中，无论是社会保险、社会救助、社会福利还是优抚保障都离不开服务性的保障措施，因为所有的保障项目中都客观存在着服务保障的需求。如前所述，如果仅有资金和物质保障，而没有服务性保障，社会保障的功能就无法完整地实现。

社会保险中的养老、医疗、失业、工伤、生育等保障项目，都必须有服务性的保障措施才能实现其保障功能。老人要安度晚年除了获得养老金之外，相应的医疗服务、生活照料等是必不可少的；医疗、工伤、生育保险从来就离不开医疗和相关的服务；而现代失业保险中，有相当部分的保险支出是用于失业者的岗位技能培训和就业中介服务。

社会救助中的城乡贫困救济、自然灾害救助、扶贫开发等同样都离不开服务性保障措施。社区帮困服务、五保供养服务等在城乡贫困救助中发挥着极其重要的作用。若没有灾害紧急救护、灾民安置、生产恢复等服务，自然灾害救助也就无从谈起。扶贫开发更是不同于传统发钱发粮的扶贫救助，扶贫开发的主要方式是在政府和社会的政策、项目、技术、资金、信息等的扶持下，通过贫困地区群众自身的参与和开发，摆脱贫困面貌。扶贫开发是造血型扶贫，其中政策引导和服务比简单的资金投入具有更重要的意义。

我国的社会福利事业中，在各类儿童、老人、残疾人等福利院中，收养人员的医疗、教育、康复、生活照料等服务是福利保障最基本的内容，用于这些服务方面的投入往往比直接的衣食供给投入更大。在残疾人康复和就业安排中、企事业单位的职工福利中，福利服务都是必不可少的组成部分。

社会优抚和退伍军人安置是一项特殊的社会保障，其注重物质和精神、资金和服务并重的保障特征，决定了在精神褒扬和为优抚对象提供各种拥军优属的社会服务有着特别重要的作用。

在社会保障体系的所有项目中，服务保障不仅与资金和物质保障发挥着互补作用，而且因其自身的特殊性，可以降低社会保障成本，提高社会保障效益。服务保障通过广泛吸纳各种社会力量，包括志愿者参与社会保障服务，可以拓展社会保障的资源渠道，形成社会各方共同承担社会保障职能的合理机制。通过个性化和参与式的服务，还可以进而提高保障对象

的社会适应和自我发展能力，更好地体现现代社会保障制度以人为本和促进社会进步的宗旨。

总之，无论是从纵向的社会保障制度发展历史方面考察，还是从横向的社会保障制度内在结构方面考察，社会服务保障都是实现社会保障功能不可或缺的基本方式和手段，在现代社会保障制度中有着不可替代的作用和地位。

第二节　社会服务保障与社会工作的发展

一、社会工作具有的服务保障功能

现代社会工作是运用科学的知识和专业的方法，帮助社会成员预防和克服社会生活功能失调，解决社会问题，实施社会福利，促进社会成员与社会协调发展的社会服务工作，是现代社会福利制度的组成部分。

社会工作是工业革命后，在传统慈善事业的基础上形成的一门新兴学科和一种社会福利机制。社会工作与社会保障制度的发展有着十分密切的历史渊源，社会保障和社会工作都可以追溯到英国颁布旧《济贫法》等社会救助事业兴起之际。德国社会保险制度的建立，美国《社会保障法》的实施对现代社会工作的发展都有着十分重要的影响。

专业社会工作形成于19世纪末20世纪初的欧美发达国家，以后逐步拓展到世界其他地区，成为现代社会发展和社会福利制度的重要组成部分。专业社会工作在一些国家，又称作社会服务（social service）或社会福利服务（ social welfare service）。由专业的社会工作者和工作机构运用个案工作、小组工作、社区工作等方法，在家庭为儿童、老人、残障康复、犯罪矫治、社区发展等广泛的领域里开展社会服务，帮助社会成员特别是社会弱势群体克服生活阻碍，解决社会问题，以促进社会的稳定和发展。

随着社会工作的日益专业化、制度化，它在社会生活的各个层面都发挥着越来越重要的作用。在微观层面，社会工作为保障个人和家庭的生活，帮助社会成员解困救难，促进他们社会适应能力的增强和自身的发展。在中观层面，改善社会组织和社区的外部环境和内在结构，增强它们的组织功能，促进它们与社会协调发展。在宏观层面，影响和完善政府的社会政策和社会福利制度，以保障人权，促进社会的公正和进步。

由于发展的历史过程和体制上的差异，在西方福利国家，社会福利是广义的大概念，社会工作和社会保障都是整个社会福利制度的组成部分，通过在服务和资金上的功能互补，共同发挥着社会福利保障的功能。社会工作与社会保障服务在许多场合下并不被严格区分，然而，就服务的领域和范围而言，社会工作的作用和范围较之社会保障服务更为宽泛。

但是，不论在体制和概念上有何差异，以服务的方式把社会福利政策转化成社会福利实践，使社会成员的福利服务需求得以满足，始终是社会工作的基本功能，社会工作是以服务形态存在的社会福利工作。尽管社会工作和社会服务保障在体制构架和发展路径上既存在联系又有分别，社会工作的基本属性和功能特征，决定了它与社会服务保障具有内在的一致性。

社会工作和社会服务保障的基本理念都是以人为本，通过维护每个社会成员的基本生存和发展权利，增进社会的公共福利，以实现人类社会的和谐公正与繁荣进步。

社会工作和社会服务保障的基本功能都是社会生活的安全网和社会发展的稳定器，通过对社会成员基本生活的保障，调节社会的贫富差距，解决社会问题，促进经济与社会的协调发展。

社会工作和社会服务保障实现功能的基本方式都是服务，而且两者在服务的范围、手段和重点对象等方面存在着很大的交叉与一致性。养老、医疗、残障、失业、贫困救助等社会保障和福利服务是两者基本的服务内容和范围，服务的基本手段都包括直接服务和间接的社会行政等服务，服务的重点对象都是孤、老、病、残等社会弱势群体。

社会工作与社会服务保障的这种内在一致性表明，许多社会服务保障的项目和内容需要依托专业化社会工作予以实现，而发挥服务性的社会保障作用应该是现代专业化的社会工作最重要的功能之一。

二、全球化背景下社会服务保障需求的变化和社会保障政策的调整

20 世纪 80 年代，全球化浪潮开始兴起。英国社会学家吉登斯认为"全球化可以被定义为世界范围内社会联系的加强。"①全球化对传统的社会系统提出了新的挑战，既引起了社会保障需求的变化，也导致了各国政府社会保障政策的调整。

在全球化的浪潮中，以"跨国公司为主要动力的世界范围内的产业结构调整"是经济全球化的一个重要过程。② 跨国公司不仅在发达国家之间交叉投资，实行企业兼并，资产重组，技术更新，加剧了市场竞争，而且把劳动和资源密集型的产业向发展中国家转移，使投资大量涌入发展中国家。资本的国际化流动，竞争性市场经济的全球化延伸，促进了世界范围内产业结构的升级和调整。在调整中，资本避开了税收沉重和对劳动保护严格的福利国家，使那里的投资减少，税收流失，经济增长缓慢，失业人口增加，福利支出却日益增大，财政负担加重，赤字加大，原有福利体制的危机不断加深。而外资大量涌入的发展中国家，一方面资本的输入刺激了经济的发展，另一方面传统产业结构和社会结构的瓦解，也带来了新的失业和贫困等社会问题。在经济全球化的同时，全球性的环境破坏，人口结构的老龄化，劳动力流动规模的增大，各种社会冲突的加剧，都使得传统的社会保障制度受到了越来越大的挑战。

为了应对挑战和危机，自 20 世纪 80 年代初开始，在世界范围内出现了社会保障制度改革和社会福利政策调整的新潮流。原来就受到批评的西方福利国家，以英国首相撒切尔夫人和美国总统里根上台后调整社会福利政策为标志，开始了社会福利政策的调整。原先实行计划经济的社会主义国家，在向市场经济转轨的过程中，逐渐放弃了传统的国家保险模式，开始了对社会保障制度的改革和重建。

社会福利制度的变革可以说是当代西方最棘手的社会问题之一，二战后到 20 世纪 70 年代初，西方福利国家经历了发展的"黄金时期"。20 世纪 70 年代的世界能源危机，使西方福利制度的内在缺陷和矛盾开始显露。随着西方新自由主义思潮的兴起，传统的凯恩斯主义和贝弗里奇的福利思想受到了强烈抨击，英国首相撒切尔夫人和美国总统里根对传统的福利制

---

① 安东尼·吉登斯著，郑戈译：《第三条道路——社会民主主义的复兴》，北京大学出版社、三联书店，2000

② 龙永图：《关于经济全球化问题》，《太平洋学报》1999 年第一期。

度进行了改革，推行新自由主义福利政策，提高社会保险费率，削减社会保障支出，引入非政府机制管理保障项目等政策。新自由主义福利政策也影响到了其他西方福利国家。虽然在整个20世纪80年代这种新自由主义的福利制度变革，实际迈出的步伐并不大，但却受到福利制度受益阶层的强烈反对，特别是对西方选举制度有着重要影响力的中产阶级，抨击新自由主义福利政策过于维护资本的利益，批评撒切尔－里根主义并没有解决西方福利制度出现的问题，主张寻找一种各个阶层都能接受的福利政策来指导西方的社会保障制度改革。

20世纪90年代以后，随着冷战的结束和全球化时代的来临，一种有别于传统左派和新保守主义右派的所谓"第三条道路"的政治思潮开始崛起。美国总统克林顿和英国首相布莱尔、德国总理施罗德等被认为是"第三条道路"的政治代表人物，而英国社会学家吉登斯等人则是"第三条道路"的思想代表人物。"第三条道路"是指超越"老左派"即传统的社会民主主义和"新右派"即新自由主义，以实现"社会民主主义复兴"为目标的道路①。"第三条道路"的倡导者们主张建立合作包容型的新社会关系，使每个人每个团体都参与到社会中，培养社会共同体精神；确立能够团结各种社会力量的新政治中心，改革政治规则和政党制度；实现由政府管理向社会共同治理转型，避免政府和公民社会的两元对立，协调政府与非政府机构、中央与地方、政府各部门之间的关系，实现共同治理；改革社会福利制度，重新定位福利制度的功能②。

在传统福利制度和新自由主义福利政策之间，寻找新的社会福利制度的改革思路，是"第三条道路"理论和实践的重要组成部分。"第三条道路"的倡导者们主张建立一种能照顾到各个阶层利益的福利制度，一方面要承认原有的"从摇篮到坟墓"的福利制度会导致异化和官僚主义，扭曲福利制度建立的初衷；另一方面要认识到福利制度的改革不是单纯为了削减福利开支，而是要把贝弗里奇时代"消极福利观"转变为"积极福利观"，使福利制度适应新的生活环境。改革的重点是让除了国家以外的个人和其他组织都要对社会福利负责，把原来的福利国家改革为"社会投资国家"，建立起良性的风险—安全关系和个人责任—集体责任关系。保险原则、对风险的预防仍然会是社会投资国家的核心，但是社会福利支出要改变方向，在任何可能的情况下支出应投资于人力资本，而不是直接给予利益。在改革中，国家应该重新定位，在新型的混合经济中要控制垄断，保持经济竞争，建立和维护市场的制度基础，减少市场波动；保护公共的、政治的或者文化的产品免受市场的恶意侵扰；保障工人的物质条件和合同关系；应付灾难和处理灾难后果③。

"第三条道路"不仅是一种政治思潮，更是当前一些西方国家政府的政策实践。根据"第三条道路"的设计，一些西方国家正沿着这条思路在推行社会保障制度的改革，社会保障的支出再度回升，各种扶贫项目强调以社区为中心建立支持网络，培育社会资本，在家庭、保健、育儿、教育、交通等方面，通过自助和社区的互助为低收入群体济贫解困。在老龄问题上，在拓展养老金来源的同时，更强调老年人的积极参与和为高龄老人提供社会服务。在应对失业问题上，则特别强调福利支出的投资性，即要更多地把失业救助支出用于失业者的培训和教育上，使之成为有利于推动就业的人力资本的投资。在保障国民健康方面，把环境保护看

① 安东尼·吉登斯：《第三条道路——社会民主主义的复兴》，郑戈译，北京大学出版社、三联书店，2000。
② 杨雪冬、薛晓源：《"第三条道路"与新的理论》，社会科学文献出版社，2000。
③ 杨雪冬、薛晓源：《"第三条道路"与新的理论》，社会科学文献出版社，2000。

做是一种具有普遍福利性质的“生态福利”政策加以实施。在这些变革中，十分突出传统福利观念的改变和服务性保障措施的改进与完善，这不仅对西方社会保障制度的改革和未来的走向产生了深刻的影响，而且也给其他正在向市场经济转轨的国家以创造性的启迪。因此，“第三条道路”在一定意义上反映了新世纪人类社会福利制度发展的新探索。

全球化浪潮的冲击，失业率的上升和贫困的增加，政府社会福利政策的调整，在客观上使得社会保障的需求也发生了新的变化，特别是其中的服务性保障需求变得更加迫切和重要。

在服务保障的数量和范围上，鉴于社会保障资源的不足和福利支出方向的改变，人们在生活、就业等方面遭遇更多困难的同时，普遍要求在养老、医疗、失业培训、贫困救助等方面获得更多的社会服务，以帮助他们克服困难，面对新的形势和环境，而不是削减服务。而且，与全球化的趋势相适应，社会第三部门的社会服务也出现了跨越国界的趋势，这更激发了人们拓展社会服务的愿望，即希望社会服务的理念和方式能传遍世界各个角落，经过本土化的构建，向世界各地需要服务的人们提供帮助。

在服务保障的质量上，人们要求克服传统的福利体制下社会服务中的“行政化”和“官僚化”倾向，改变社会服务质量低的状况，降低服务成本，提高服务质量，打破传统专业化服务的局限，使服务更加综合有效，更加贴近人们的生活。

在提供服务的渠道和方式上，人们要求政府、市场和社会第三部门之间更加协调，中央政府和地方及基层社区之间建立更加合理的分权机制和伙伴关系，用新的共同治理模式取代传统的政府管理模式，使地方和社区发挥更加重要的作用，培育和发展更多的社区服务机构和自助服务组织，使服务接受者更多地参与服务过程，使社会服务的提供方式更加多元化、人性化。

社会服务保障需求的这种变化，反过来也会影响和促进社会保障和社会服务体系的完善与发展。

三、中国社会服务保障体系的建设和专业社会工作的发展

中国真正意义上的现代社会保障制度创建于新中国成立之初，在传统计划经济体制下形成的社会保障体系，实行的主要是“国家－单位”保障模式。改革开放以后，随着社会主义市场经济体制的逐步确立以及社会结构的深刻变迁，原计划经济体制下形成的社会保障体系出现了体制排异，保障功能日益萎缩，体制矛盾日益突出。20 世纪 80 年代中期，中央在关于“七五”计划的建议中提出了改革我国社会保障制度的历史任务，由此开始了中国社会保障制度的全面改革。而深化改革的核心问题，是如何以新的思路和制度设计，动员组织社会保障资源，建立一个行之有效的多元化的社会保障体系。

中国现行社会保障制度的设计从一开始就借鉴了许多西方工业化市场经济国家的经验，以避免重蹈福利国家的覆辙。多渠道筹资、降低政府的保障负担和保障风险始终是新体制设计关注的焦点。但是，一个多元化的适应现代社会发展需要的社会保障体系，应跳出单纯的经济学视角，从更广阔的社会发展角度考察，它不仅仅要解决分担保障负担，谋求保障基金收支平衡的难题，还要克服制度选择的社会价值理念和社会整合机制的问题。

作为现代社会维护公民基本生存权利的社会安全制度，在制度选择的基本导向上，必须全面确立以人为本的社会价值理念，使保障制度真正体现社会公平和对人的终极关怀。人的

生存需要，即使是最基本的生存需要，也不仅仅是简单的糊口需要，而是生理的、心理的、经济的、社会的各种需要的全面综合。退休老人、失业职工、困难家庭、残疾人士不仅需要基本的经济保障，而且需要社会的关怀、参与和服务，现代社会保障制度要正视这种需要，不能只见钱不见人。在保障功能的实施机制上，不能只重视资金保障而忽视服务保障；不能只建立保障资金和物品的发放机构，而没有满足人的多种保障需求、增强保障对象自身能力的社会服务机构。资金保障与服务保障的互补，既是满足人性化保障的客观要求，又是提高相对不足的保障资金利用效率的必要途径。建立独立于企事业单位之外的社会保障制度需要社会服务体系的支持①。只有当一个福利保障体系能较好地体现人性关怀和社会公平的时候，才能使社会保障责任的分担成为一种积极的社会整合机制。只有当一个福利保障体系兼具较为完善的资金和服务保障功能的时候，才能使有限的保障资源通过多元整合得到有效的利用。

我国社会保障制度改革中显露出来的，不仅是资金不足、服务不足的问题，更是收支难以平衡、物质保障和服务保障不平衡的问题。因此体现人性关怀，加强服务保障体系建设，应该成为进一步深化我国社会保障制度改革的一项重要目标。而要实现这个目标，充分重视现代社会工作的福利服务功能，积极推进中国专业化社会工作的发展尤为值得关注。

推进专业化社会工作的发展，是中国经济体制转轨和社会转型的客观要求。2006 年 10 月，中共十六届六中全会通过了《中共中央关于构建社会主义和谐社会若干重大问题的决定》。《决定》明确指出，“建设宏大的社会工作人才队伍。造就一支结构合理、素质优良的社会工作人才队伍，是构建社会主义和谐社会的迫切需要”。《决定》提出要“建立健全以培养、评价、使用、激励为主要内容的政策措施和制度保障，确定职业规范和从业标准，加强专业培训，提高社会工作人员职业素质和专业水平。制定人才培养规划，加快高等院校社会工作人才培养体系建设，抓紧培养大批社会工作急需的各类专门人才。充实公共服务和社会管理部门，配备社会工作专门人员，完善社会工作岗位设置，通过多种渠道吸纳社会工作人才，提高专业化社会服务水平。”《决定》的发布强有力地推动了我国社会工作职业化、专业化的发展。

2011 年 11 月中央组织部、民政部等 18 个部门联合制定并下发了《关于加强社会工作专业人才队伍建设的意见》。《意见》指出，社会工作专业人才是具有一定社会工作专业知识和技能，在社会福利、社会救助、慈善事业、社区建设、婚姻家庭、精神卫生、残障康复、教育辅导、就业援助、职工帮扶、犯罪预防、禁毒戒毒、矫治帮教、人口计生、纠纷调解、应急处置等领域直接提供社会服务的专门人员。充分发挥他们在困难救助、矛盾调处、人文关怀、心理疏导、行为矫治、关系调适等个性化、多样化服务方面的专业优势，对解决社会问题、应对社会风险、促进社会和谐、推动社会发展具有重要的基础性作用。《意见》提出，“到 2020 年，建立较为完善的社会工作专业人才队伍建设运行机制和工作格局，使社会工作专业人才队伍的数量、结构和素质能力适应构建社会主义和谐社会的需要，满足广大人民群众不断增长的服务需求。”《意见》要求，相关事业单位须设置专业社会工作岗位。养老院、孤儿院、社会救助站等以社会工作服务为主的事业单位，可将社工岗位明确为专业技术岗位。并以政府购买服务等方式，引导公益慈善组织和民营单位吸纳专业社工。各级政府要将应由政府负担的社工人才队伍建

① 王思斌：《混合福利制度与弱势群体社会资本的发展》，载《中国社会工作研究》（第 1 辑），社会科学文献出版社，2002。

设经费纳入财政预算，彩票公益金也将加大对专业社工队伍的支持力度；对专业社工服务机构实施税收优惠。

《意见》从中国经济和社会发展的现实需要出发，将发展中国特色的专业社会工作与中国迫切需要解决的社会问题结合起来，特别是与社会福利、社会救助、慈善事业、残障康复、就业援助等社会保障的服务项目结合起来，这就指明了，充分发挥社会工作所具有的社会福利服务功能，对现阶段中国社会保障制度改革的深化，对社会服务保障体系的建设具有的特别重要的价值。

如今，各地的专业社会工作者在政策的支持和引导下，已经开始在社会服务保障的各个领域发挥着开拓性的支撑作用，老年社会工作者正在推动建立社会化的养老服务体系；医疗社会工作深化了医疗保险制度的改革和完善；残疾人社会工作促进着残疾福利事业的发展和残疾人的自强自立；专业化的劳动就业培训和中介服务则使得失业保险和救助变得更加积极；而综合的社区工作和社区服务直接建构着贫困救助和帮扶服务的和谐的体制环境。总之，一旦专业化的社会工作成为社会服务保障体系的重要支柱，必将为中国的社会保障制度改革开辟出新的前景，同时也将为中国专业化社会工作的发展寻找到具体途径和体制空间。

思考题

1. 社会服务保障与专业化社会工作之间的关系是什么？
2. 在全球化背景下，西方社会福利政策的调整出现了哪些新的趋势？
3. 在全球化和社会福利政策调整的影响下，社会服务保障需求发生了哪些新的变化？
4. 我国为什么要在建设社会服务保障体系的进程中推进专业化社会工作的发展？

参考文献

[1] 郑功成.论社会保障领域的理论建设.《中国社会保险》.1995(7)

[2] 郑功成.《社会保障学——理念、制度、实践与思辨》.商务印书馆.2000

[3] 郑功成.《中国社会保障论》.湖北人民出版社.1994

[4] 尼古拉斯·巴尔著，郑秉文、穆怀中译.《福利国家经济学》.中国劳动社会保障出版社.2002

[5] A. J. M. 米尔恩著，夏勇、张志铭译.《人的权利与人的多样性——人权哲学》.中国大百科全书出版社.1995

[6] 郑功成、张奇林、许飞琼.《中华慈善事业》.广东经济出版社.1999

[7] 国际劳工局.《展望21世纪：社会保障的发展》.劳动人事出版社.1998

[8] 经济合作与发展组织秘书处.《危机中的福利国家》.华夏出版社.1990

[9] 陈炳才、许江萍.《英国——从凯恩斯主义到货币主义》.武汉出版社.1997

[10] 张平、孙敏.《瑞典——社会福利经济的典范》.武汉出版社.1997

[11] 黄安年.《当代美国社会保障政策》.中国社会科学出版社.1998

[12] 郑秉文.《世界银行养老金改革观点的重要变化：从三支柱到五支柱》.http://www.tecn.cn/data

[13] 王觉非.《近代英国史》.南京大学出版社.1997

[14] 和春雷.《社会保障制度的国际比较》.法律出版社.2000

[15] 考斯塔·埃斯平－安德森著，郑秉文译.《福利资本主义的三个世界》.法律出版社.2000

[16] 杨玲.《美国、瑞典社会保障制度比较研究》.武汉大学学报(哲学社会科学版).2006(1)

[17] 丁建定.《工人阶级与英国现代社会保障制度的建立》.河南大学学报(社会科学版).2001(11)

[18] 郑功成.《中国社会保障制度变迁与评估》.中国人民大学出版社.2002

[19] 郑功成.《加入WTO与中国的社会保障改革》.《管理世界》.2002(4)

[20] 郑功成.《治理模式——养老保险私有化改革述评》.《经济学动态》.2001(2)

[21] 郑功成.《论中国特色的社会保障道路》.武汉大学出版社.1997

[22] 金耀基.《从传统到现代》.中国人民大学出版社.1999

[23] 穆怀中.《社会保障国际比较》.中国劳动社会保障出版社.2002

[24] 贝弗里奇.《贝弗里奇报告——社会保险相关服务》.中国劳动社会保障出版社.2004

[25] 孙光德、董克用.《社会保障概论》.中国人民大学出版社.2000

[26] 郑功成.《智利模式——养老保险私有化改革评述》.《经济学动态》.2001(5)

[27] 岳宗福.《五险一金——制度、案例、答疑》.中国法制出版社.2008

[28] 郑功成.《〈社会保险法〉：我国社会保障法制建设的里程碑》.《中国劳动》.2011(1)

[29] 胡晓义.《走向和谐:中国社会保障发展60年》.中国劳动社会保障出版社.2009
[30] 蒋月.《工伤保险法:案例评析与问题研究》.中国法制出版社.2009
[31] 国际劳工局.《2000年世界劳动报告》.中国劳动社会保障出版社.2001
[32] 张相、史继科.《怎样理解工伤职工无过错责任原则》.《中国劳动》.2002(12)
[33] 马景刚.《法院判决工伤认定合法有效》.《中国劳动》.2003(6)
[34] 陈泰才.《工伤保险条例实用指南》.中国人事出版社.2003
[35] 李炳安.《劳动和社会保障法》.厦门大学出版社.2010
[36] 林嘉.《劳动法和社会保障法》.中国人民大学出版社.2009
[37] 国家统计局.《中国统计摘要(2004)》.中国统计出版社.2004
[38] 潘锦棠.《社会保障学》.东北财经大学出版社.2010
[39] 张元端.《发达国家和地区的社会保障性住房建设体系》.http://www. xmzfbz,gov.crl/article. action? article. id =689.2006 -11 -9
[40] 白宇飞.《全球金融危机与世界经济新格局》.企业管理出版社.2009
[41] 肖文海.《完善住房公积金制度的理论与实践》.中国财政经济出版社.2008
[42] 陈信勇.《劳动与社会保障法》.浙江大学出版社.2007
[43] 李秀昆、张兆林.《住房公积金解读》.中国财政经济出版社.2007
[44] 杨团.《社区公共服务论析》.华夏出版社.2002
[45] 郑功成.《社会保障与弱势群体保护》.中国人民大学出版社.2003
[46] 时政新.《中国社会救助体系研究》.中国社会科学出版社.2002
[47] 张彦、陈红霞.《社会保障概论》.南京大学出版社.1999
[48] 乐章.《社会救助学》.北京大学出版社.2008
[49] 郑功成.《社会保障学》.商务印书馆.2000
[50] 郭晋平.《中国社会保障制度总览》.中国民主法制出版社.1995
[51] 郑功成.《实现全国统筹是基本养老保险制度刻不容缓的既定目标》.理论前沿.2008(18)
[52] 史柏年.《中国社会养老保险制度研究》.经济管理出版社.1999
[53] 苏振芳.《社会保障概论》.中国审计出版社、中国社会出版社.2001
[54] 刘燕生.《社会保障事典》.当代中国出版社.1998
[55] 齐海鹏.《社会保障教程》.东北财经大学出版社.2010
[56] 章晓懿.《社会保障概论》.上海交通大学出版社.2010
[57]《社会保障资金财政监督》编委会.《社会保障资金财政监督》.中国财政经济出版社.2005
[58] 陈元.《建立和完善覆盖城乡全体居民的社会保障体系研究》.研究出版社.2010
[59] 郑尚元.《工伤保险法律制度研究》.北京大学出版社.2004
[60] 刘昕.《薪酬管理》.中国人民大学出版社.2002
[61] 郑功成.《社会保障制度》.中央广播电视大学出版社.2004
[62] 王东岩.《劳动科学研究论文选编》.地震出版社.1997
[63] 郑功成.《论慈善事业的本质规律》.中国社会报.1996 -09 -26
[64] 安东尼·吉登斯著,郑戈译.《第三条道路——社会民主主义的复兴》.北京大学出

版社.2000

[65] 陈佳贵.《中国社会保障发展报告(1997－2001)》.社会科学文献出版社.2001

[66] 杨雪冬、薛晓源.《"第三条道路"与新的理论》.社会科学文献出版社.2000

[67] 王思斌.《混合福利制度与弱势群体社会资本的发展》.载《中国社会工作研究》(第1辑),社会科学文献出版社.2002

[68] 王梦奎.《中国社会保障制度改革》.中国发展出版社.2001

[69] Traattner, Walter I. (1989). From Poor Law to Walfare State. US:The Free Press

读者反馈意见

亲爱的读者：

感谢您对《社会保障学》的支持和热爱，为了今后为您提供更好的服务，请您抽出宝贵的时间来填写下面的意见反馈表，以便我们更好地对本教材做进一步改进，同时如果您在使用本教材的过程中遇到了什么问题，或者有什么好的建议，也请您来信、来电告诉我们。

地址：北京市丰台区科学城南极星大厦108室

电话：010－83794590/83794403

电子邮箱：caikai6223@263.net　QQ：649319527　QQ：1694299827

网址：WWW.KFHWH.CN

教材名称：《社会保障学》

个人资料：

姓名：__________ 年龄：__________ 所在院校/专业__________

文化程度：__________ 通讯地址：__________

联系电话：__________ 电子信箱：__________

您使用本书是作为：□指定教材□选用教材□辅导教材

您对封面设计的满意度：

□很满意□满意□一般□不满意□改进建议__________

您对本书印刷质量的满意度：

□很满意□满意□一般□不满意□改进建议__________

您对本书的总体满意度：

从语言质量角度看□很满意□满意□一般□不满意□

从科技含量角度看□很满意□满意□一般□不满意□

本书最令您满意的是：

□指导明确□内容充实□讲解详尽□实例丰富

您认为本书在哪些地方应进行修改？（可附页）

____

____

您希望本书在哪些方面可进行改进？（可附页）

____

____